浙江省高校人文社会科学重点研究基地——浙江工商大学应用经济学研究基地项目"结构转变、集聚与经济增长"（项目编号：JYTyyjj201504RC）

国家自然科学基金项目"我国二元经济背景下的增长与发展研究"（项目编号：71273216）

产业集聚、结构转变与经济增长

朱昊 著

Industrial Agglomeration, Structural Change and Economic Growth

中国社会科学出版社

图书在版编目（CIP）数据

产业集聚、结构转变与经济增长/朱昊著 . —北京：中国社会科学出版社，2017.9
ISBN 978 – 7 – 5203 – 0858 – 8

Ⅰ.①产… Ⅱ.①朱… Ⅲ.①产业结构调整—研究—中国 Ⅳ.①F269.24

中国版本图书馆 CIP 数据核字（2017）第 210439 号

出版人	赵剑英
责任编辑	侯苗苗
责任校对	周晓东
责任印制	王　超
出　　版	中国社会科学出版社
社　　址	北京鼓楼西大街甲 158 号
邮　　编	100720
网　　址	http://www.csspw.cn
发 行 部	010 – 84083685
门 市 部	010 – 84029450
经　　销	新华书店及其他书店
印　　刷	北京明恒达印务有限公司
装　　订	廊坊市广阳区广增装订厂
版　　次	2017 年 9 月第 1 版
印　　次	2017 年 9 月第 1 次印刷
开　　本	710×1000　1/16
印　　张	15.5
插　　页	2
字　　数	231 千字
定　　价	66.00 元

凡购买中国社会科学出版社图书，如有质量问题请与本社营销中心联系调换
电话：010 – 84083683
版权所有　侵权必究

序 言

纵观世界各国的经济发展历史，产业结构的变迁以及经济活动的空间集聚始终是紧密关联的两条主线。这两条分别基于时间维度和空间维度延伸演化的脉络相互依存并交织，生动地叙述着城市、区域乃至国家经济兴衰起落的故事。与此同时，沿着经济增长理论演进的长河回溯，可以发现结构转变早在古典政治经济学时期便已被纳入经济学家的研究视域，而随着20世纪八九十年代新经济地理学的兴起，经济活动的集聚现象也日益得到了国内外研究的关注。然而，尽管产业结构转变和集聚无论在理论上还是经济增长的实践中均是不可分割的统一体，目前却鲜有在增长框架下同时考虑结构转变和集聚因素的理论和经验研究。我们认为，从发展的视角审视经济增长的历程并解释经济增长的区域差异，就必须将结构转变和集聚的视角加以结合。在我国目前亟须深入挖掘新常态下经济增长动力的宏观背景下，注重集聚效应的产业结构转变才能为我国经济增长注入持续的活力。因此，本书致力于从各个层面全方位深入考察结构转变过程中集聚对经济增长所起的推动作用，从而得出无论是城乡二元结构转变，还是制造业部门内部的结构转变与升级，都离不开经济活动集聚效应的结论。

首先，从城乡二元结构转变的视角出发，本书探讨了产业集聚在传统农业部门向现代非农产业部门转变过程中扮演的角色。本书以我国城市化与区域经济增长为背景，在相关研究的基础上构建城乡两部门增长模型探讨城市化过程中的结构转变和集聚因素对经济增长的影响和作用，并进一步利用我国1998—2012年的区域面板数据展开实证分析。分析的主要结论表明，从集聚和结构转变的双重视角出发，更能解释我国城市化对经济增长的影响以及各区域经济增长表现的差异，注重集聚效应的城市化才是经济可持续增长的动力。

其次，本书基于现代非农产业部门内部（第二产业和第三产业）结构转变以及产业关联的视角分析了产业共同集聚对于城市经济增长的重要作用。具体而言，本书首先构建了一个包含共同集聚与结构转变的现代产业部门增长模型，分析第二产业和第三产业共同集聚在现代产业部门内部结构转变过程及长期经济增长中的作用，然后利用中国工业企业数据库以及全国225个地级城市的微观数据构造反映共同集聚程度的指标，采用动态面板数据的GMM估计法以及空间计量模型深入考察了第二产业和第三产业共同集聚对经济增长的影响。分析显示，总体而论，共同集聚对经济增长存在显著正向影响，同时产业结构的高端化与发达的交通基础设施将有助于共同集聚增长效应的发挥。进一步地，从经济规模看，大城市共同集聚的增长效应显著优于中小城市，而从细分行业的产业关联性看，关联性更强的行业部门的共同集聚也表现出更强劲的对增长的促进作用。

再次，本书将研究的视角进一步聚焦于制造业部门内部的结构转变与集聚问题。具体而言，该部分研究主要关注集聚视角下制造业部门结构升级以及集聚形式（专业化或多样化）的选择问题。关于前者，本书利用中国工业企业数据库构建能够反映产业结构升级程度的三类统计指标，并通过实证分析验证了资本和技术密集型行业的集聚在整体上能够通过影响制造业部门结构升级对经济增长绩效起到积极的作用。进一步地，产业结构升级中的集聚效应在不同规模的城市之间存在明显的差异，大城市仍然体现出在集聚增长效应方面的优势。关于后者，本书参照变异系数构建了反映城市制造业部门专业化或多样化程度的指标，并通过实证检验研究我国的城市发展究竟更多受到由专业化带来的马歇尔—阿罗—罗默外部性（简称MAR外部性）还是由多样化带来的雅各布斯外部性的影响。计量分析的结果表明，虽然从全国整体上看，专业化或多样化程度对城市经济增长并不存在明显影响，但两者在不同经济规模和人口规模的城市内部的增长效应存在显著差异。大城市主要获益于雅各布斯外部性的好处，而中小城市则主要受 MAR 外部性的推动。

最后，本书概括了主要研究结论，并在此基础上提出了具有针对性并着眼于推动城市和区域发挥经济活动集聚效应的政策建议。

目 录

第一章 导论 1

第一节 研究背景及意义 1
第二节 研究路径和方法 9
第三节 结构安排 11

第二章 产业结构转变与经济增长的相关理论评述 18

第一节 发展经济学理论的结构转变思想 18
第二节 现代经济增长理论的结构转变分析 22
第三节 实证研究视角下的产业结构转变与增长 41

第三章 产业集聚与经济增长的相关理论评述 46

第一节 古典区位理论:最初的尝试 46
第二节 传统经济地理学的困境与空间不可能定理 53
第三节 新经济地理学的产生与发展:集聚与增长的视角 60
第四节 "新"新经济地理学在产业集聚与经济增长上的
　　　　若干创新 68
第五节 实证研究视角下的产业集聚与经济增长 71
第六节 小结与讨论 78

第四章 产业集聚视角下的二元结构转变与区域经济增长 ... 79

第一节 集聚、二元结构转变与经济增长:一个可供深入
　　　　研究的理论模型 79

第二节　对模型假设和构建的几点说明 …………………… 85
　　第三节　基于省级面板数据的实证检验 …………………… 88
　　第四节　小结与讨论 ………………………………………… 97

第五章　几大产业关联和集聚中的城市经济增长 ……………… 99
　　第一节　关于第二和第三产业集聚主要文献的回顾和
　　　　　　理解 ………………………………………………… 100
　　第二节　第二和第三产业共同集聚、产业结构转变与经济增长：
　　　　　　一个理论模型 ……………………………………… 102
　　第三节　我国第二和第三产业共同集聚之经验性事实的
　　　　　　考察 ………………………………………………… 109
　　第四节　基于工业企业数据库和城市数据的实证分析 …… 118
　　第五节　小结与讨论 ………………………………………… 133

第六章　制造业结构升级、产业集聚与城市经济增长 ………… 135
　　第一节　对产业集聚与产业结构升级之主要研究文献的
　　　　　　相关解说 …………………………………………… 135
　　第二节　基于我国制造业结构升级现状的经验分析 ……… 143
　　第三节　集聚视角下的制造业结构升级与经济增长的一般
　　　　　　图景分析 …………………………………………… 151
　　第四节　小结与讨论 ………………………………………… 156

第七章　制造业专业化、多样化与城市生产率差异的分析 …… 158
　　第一节　对专业化与多样化相关理论文献的回顾与评说 … 158
　　第二节　地方化经济与城市化经济之模式争论的理论和
　　　　　　经验分析 …………………………………………… 171
　　第三节　马歇尔外部性还是雅各布斯外部性：拓展的
　　　　　　视角 ………………………………………………… 189
　　第四节　小结与讨论 ………………………………………… 200

第八章 主要结论与政策建议 ………………………………… 202

　　第一节　主要结论 …………………………………………… 202

　　第二节　政策建议 …………………………………………… 206

　　第三节　主要创新点与不足之处 …………………………… 209

参考文献 …………………………………………………………… 211

第一章 导论

第一节 研究背景及意义

一 研究背景

自改革开放伊始,我国经济就步入了高速增长的时代。20世纪80—90年代,我国的国内生产总值的年平均增速接近10%,在进入2000年以后,年平均增速更一度达到两位数以上,如此斐然的成就举世瞩目,被许多国外经济学者和研究机构冠以"中国奇迹"的称谓。在国民经济高速增长的推动下,从2010年起,我国经济总量超过日本,成为世界第二大经济体。然而,近年来,我国的经济增长速度出现了明显放缓的趋势,其原因一方面可以归结为2008年爆发的全球性金融危机所导致的世界性经济衰退和经济复苏乏力的影响,另一方面可以归结为国内长期积累的结构性矛盾集中体现的结果。2007年,我国国内生产总值的年增长率仍高达14.2%,但到了2012年,该增长率已经降到了7.8%,2016年第二季度更是跌至6.7%。我国政府于2008年推出的总额为4万亿元的财政刺激方案和10万亿元的信贷支持政策虽然取得了一定的成效,但并没有如愿带来经济持续的复苏反弹,反而带来了需要进行长时间消化的巨额成本。根据国家统计局所公布的数据,2016年6月,我国制造业采购经理人指数(Purchasing Managers' Index,PMI)为50%,较5月回落了0.1个百分点,正好位于国际公认的荣枯线上。同时,根据2016年1—6月的统计数据显示,我国工业生产者出厂价格指数(Producer Price Index,PPI)同比下降了3.9%,降幅较1—5月缩窄0.2个百分点。其中,6月的PPI同比下降了2.6%,环比下降了0.2%,已连续52个月保持负增长的态势。虽然PPI的降幅出现了连续6个月缩窄的反弹势头,并在一定程度上显示出工业制成品的价格出现回暖迹象,但主要宏观经济统计指标仍表明制造业在继续萎缩,各项指数大多显示经济的下行压力较大,这加剧了人们对我国经济衰退的担忧,并使寻找和开发我国经济增长的动力与潜力问题再次成为人们关注的焦点。

伴随着我国经济的快速增长,2012年我国的人均国内生产总值突破了6000美元大关,这标志着我国开始迈入中高收入国家的行列。接下来,如何进一步调动经济体中的积极因素,使我国逐渐缩小与世界发达国家人均收入水平的差距,成为当前亟待解决的关键问题之一。关于这一点,世界银行在其于2006年发布的《东亚经济发展报告》中提出了"中等收入陷阱"(Middle Income Trap)这一概念。一般认为,"中等收入陷阱"现象在世界各国的经济发展进程中经常出现,受困于这一效应的制约,鲜有处于中等收入水平的经济体成功地跻身高收入国家行列。不仅如此,这些国家往往还会陷入经济增长的停滞期,既无法在劳动力成本方面与其他低收入国家竞争,又无法在技术前沿和尖端技术研发方面与富裕国家竞争。以往的国际经验显示,以阿根廷、菲律宾和马来西亚为代表的一部分拉丁美洲和东南亚的发展中国家早在20世纪70年代便已进入了中等收入国家行列,但直到2007年,这些国家仍然徘徊在人均国内生产总值3000—5000美元的发展阶段,并且在较短时期内难以见到经济增长的动力和希望。"中等收入陷阱"概念的提出引起了经济学界的普遍争论,许多批判者认为主流经济学中并没有关于这一概念的理论依据,同时以日本和韩国为代表的一些东亚国家成功跨越"中等收入陷阱"的发展历程也显示它并非经济发展过程中的普遍规律。即便如此,国内经济学家不得不承认的一点是,我国的经济增长确实面临诸多问题,如劳动力供给面临"刘易斯拐点"、资源的高消耗和对环境的破坏、创新动力的缺乏、社会阶层的固化和收入差距的拉大等,这些都导致我国传统的依靠要素投入的粗放型经济增长方式即将面临增长源泉的枯竭,并将最终造成增长的停滞、徘徊甚至倒退的结果。实际上，一个国家能否跨越"中等收入陷阱"，关键在于其能否实现经济的可持续增长，而这就需要重构新的增长动力，挖掘新的增长潜力，实现增长动力和增长机制的转换，因此，对于增长动力和潜力的系统性研究对于当下的中国经济而言，显得尤为必要和迫切。

那么，究竟什么是我国未来经济增长的动力？国内的相关舆论对此众说纷纭，莫衷一是，或强调完善市场体制的作用，或强调新型城镇化建设的推动，或强调产业结构升级和技术创新，或强调刺激和扩大内需，不一而足。2014年4月10日，国务院总理李克强在博鳌亚洲论坛开幕大会上发表主旨演讲时表示，我国经济增长的三大新动力是促改革、调结构和改善民生。实际上，对我国增长动力的不同表述在很大程度上取决于我们在考察经济增长过程中所使用的各类理论依据。在主流经济学中，人们讨论增长动力问题所普遍借助的分析框架通常无外乎着眼于长期供给的新增长理论以及关注最终产品需求和短期波动的凯恩斯主义经济学。一般而言，经常为经济学家和政策制定者所津津乐道的就是由部分凯恩斯主义者所倡导的推动我国经济增长的"三驾马车"：投资、消费和净出口。若从最终产品需求的角度分析我国经济的增长动力，得到普遍认同的观点是，一直以来，中国的经济增长主要靠投资拉动，投资对经济增长的贡献度较高，而在消费增速缓慢、净出口萎缩的状况下，投资对经济增长的拉动作用显得更加不可或缺，但由于投资的主体常常是政府，再加上投资的边际收益不可避免地受到边际收益递减规律的制约，这种增长方式带来的结果必然是私人投资的进一步萎缩、产能过剩以及投资效率的低下。正如克鲁格曼所指出的，中国经济正面临着在急剧的过度投资和消费不足之间实现"再平衡"的严峻考验，增长的动力应从投资转向拉动消费。

但是正如著名经济学家吴敬琏所言，凯恩斯主义的短期分析框架并不适合分析长期经济增长问题。就长期增长动力而言，我们的分析视角仍应集中于供给方面，应关注生产函数中的要素投入和全要素生产率（Total Factor Productivity, TFP）。根据新增长理论的观点，资本、劳动和土地等要素的投入都将面临边际报酬递减，只有人力资本的提升、知识的积累以及技术创新才是可持续增长的来源。以吴敬琏为代表的大部分国内学者均认为，过去中国的经济增长主要依赖于生产要素（特别是资本）的投入，并通过资源的消费来维持经济的增长，TFP的改进对中国经济增长的贡献不大，因此从总体上看，我国经济走的是典型的粗放型经济增长方式之路。通过对TFP的分解，还可以进一步观察技术进步和效率改进对经济增长各自的作用，但就目前的研究现状而言，关于技术进步增长效应方面的结论仍然不够统一。总之，基于新增长理论，我们可以认为，可持续增长的本质来自全要素生产率的提升，这其中又主要包括效率的改进和技术创新，前者体现为现有技术和资源约束下的资源配置效率的提升，而后者则来自生产技术前沿的推进。因此，要实现增长方式从投资驱动向效率和创新驱动的转换，我们需要深入思考的核心问题是：什么因素会影响资源配置的效率和技术创新的程度？基于新近的经济理论与现实，我们认为，"结构"是其中的关键和核心。

在经济增长理论中，技术进步与创新机制及其对增长的影响一直是核心议题，而随着研究的深入和融合，发展经济学所强调的结构转变对增长的影响也日益得到重视。事实上，随着经济学研究的深入，经济增长理论和发展经济学出现了逐步融合的趋向，早期的发展经济学家所关注的伴随着经济增长的结构转变问题重新被纳入了增长经济学的研究视野。阿吉翁和豪威特（Aghion & Howitt，2009）指出，在过去的20年中，发展经济学家从合理性的角度质疑了现有的总量形式的增长模型，而要从发展的视角来审视增长，就不得不关注经济增长中的结构问题。另外，班纳吉和杜弗洛（Banerjee & Duflo，2005）首次指出了部门间的再配置作为一种主要的增长引擎的重要性。林毅夫和苏剑（2014）在其著作《新结构经济学：反思经济发展与政策的理论框架》中也强调了结构转型和升级对于发展中国家的重要作用。当然，这里所提到的结构问题一般指经济结构或产业结构。同时，经济结构不仅包括产业部门的产值结构与就业结构，还包括长期被忽视的空间结构。近年来，区域与城市经济学、新经济地理学等学科的复兴和兴起将集聚这一表征经济活动空间结构的关键指标重新纳入增长研究的主流领域。根据新经济地理学的观点，经济活动的空间集聚有助于提高生产率，同时也会影响创新。当我们回顾历史时，可以发现恰如人类经济发展史所展示的那样，经济发展过程密切伴随着产业结构的转变和经济活动的空间集聚，这也体现为发展史上的工业化和城市化。因此，从发展的视角探究经济的长期可持续增长，对于依然处于深度城市化和工业化的现阶段中国经济增长而言显得尤为重要，而透过发展看增长，其核心在于探究增长过程中结构转变和集聚的影响和作用。这就要求我们必须借助结构的视角，从产业结构、空间结构以及二者联动的层面考虑其对效率和创新的影响，重新审视我国经济增长的动力和潜力。

另外，世界主要国家经济发展的历程实际上也是产业结构不断变动和深化的过程。现代经济增长不仅伴随着经济总量持续快速的提高，而且伴随着产业结构在长期内显著的变动。随着劳动分工的不断深化以及技术水平的持续发展，产业类别以及产业部门的数量也日益增多，这就使产业内部和产业之间各种生产要素和各种产出品之间的相互联系变得越来越复杂，同时，各个产业彼此之间通过前向与后向关联效应也逐渐形成了一种相互依存度不断提高的系统网络。这也意味着各类产业之间的相互关联程度正在日益提高，产业之间的结构效应与现代经济增长之间的联系也变得越来越重要。而自改革开放以来，我国经济发展的总体模式并没有得到根本性的转变，依靠廉价要素投入而迅速扩张的粗放型经济增长模式在取得高速增长的同时也给我国经济和社会发展带来了诸多矛盾和问题。面对我国日益严峻的资源"瓶颈"约束和环境压力，依靠加大传统要素投入发展经济的模式已经难以为继，建立一种全面协调可持续的经济发展模式迫在眉睫，其中，经济结构的调整起到了至关重要的作用。

关于产业结构转变对经济增长的正向影响，著名的发展经济学家钱纳里和塞尔奎因（Chenery & Syrquin, 1989）在其著作《工业化和经济增长的比较研究》中做出了简洁的说明，即经济体的各部门具有不同的生产率水平以及生产率的增长率，因此若劳动和资本等生产要素从生产率水平较低或者生产率增长率较低的产业部门流向生产率水平相对较高或者具有生产率高增长率的产业部门，总体的生产率水平也会得到提高和改善。这种基于要素流动而产生的产业结构变动对经济体增长率的贡献被概括为"结构红利假说"（Kuznets，1979；Pender，2002）。自该假说被提出之后，国外相关研究开始致力于验证发展中国家的经济增长究竟在多大程度上受益于产业结构转变所带来的所谓"结构红利效应"（Timmer & Szirmai，2000；Fagerberg，2000；Pender，2002；Singh，2004）。而近年来，测算我国"结构红利效应"大小的实证研究也逐渐增多，其中大部分研究均表明我国的"结构红利效应"在20世纪90年代以前对经济增长起到了较为积极的推动作用，但在进入20世纪90年代中后期之后，该效应有逐步减弱的趋势（蔡昉和王德文，1999；吕铁，2002；李小平和陈勇，2007；李小平，2008；干春晖和郑若谷，2009；苏振东等，2012）。这也契合了鲍莫尔（Baumol，1967）所提出的"鲍莫尔成本病"概念（也称"渐进停滞理论"）。[①] 因此，深入探究其中的原因，对于解决如何让产业结构转变焕发出新的活力从而继续发挥其对经济增长的积极贡献这一问题有着重要的意义。

与之相对应，经济活动的空间集聚现象也同样对经济增长的过程带来了不可忽视的影响。经济活动的最主要载体——城市便可以视为集聚经济发展的产物，现代产业部门（以制造业和生产性服务业为代表）的集聚和发展是城市经济兴起和增长的前提，而进一步地，产业分工、专业化和多样化又共同构成了产业结构的空间布局，即不同规模和等级的城市体系。一般认为，集聚经济通过规模收益递增效应对经济增长起推动作用，集聚经济的规模决定了城市规模。城市化对经济增长的重要贡献在于经济活动集聚所产生的共享、学习和匹配效应（Duranton & Puga，2004），而这三种效应又共同作用于创新能力的提

---

① 鲍莫尔（Baumol，1967）和福切斯（Fuchs，1968）利用一个两部门非均衡经济增长模型表明随着经济的发展，服务业部门将同时出现就业增长较快与生产率增长滞后的现象，从而使其生产成本不断上升，出现"成本病"，影响产业结构转变的增长效应。

升。在当代，越来越多的理论研究和经验事实都表明了伴随产业结构变动引起的产业集聚和扩散是导致区域经济增长绩效差异的根源。正如前所述，产业集聚的规模决定了城市的规模，专业化和多样化的产业分工模式演变又会导致城市体系结构的相应改变，因此，在解释我国经济增长的动力与区域经济增长绩效差异时，集聚始终是无法回避的关键因素。

二 研究意义

纵览经济学理论的发展和演变历史，经济结构（尤其是产业结构）的演变一直是经济学研究的重要议题之一。而随着近年来研究的逐步深入以及学科间交叉融合趋势的不断加强，区域与城市经济学、新经济地理学等新兴学科渐渐被纳入了主流经济学的研究范围，其所强调的集聚因素也日益受到现代经济增长理论的重视。在今天，经济发展过程中的经济结构演变问题以及经济活动的空间集聚对经济增长的影响问题已经成为经济增长研究亟待解决的核心议题［参见阿吉翁和豪威特（Aghion & Howitt，2009）以及亨德森和蒂斯（Henderson & Thisse，2004）的代表性著作］。我们认为，基于改革开放之后我国经济高速发展的现实，立足于发展的视角探究经济增长问题显得尤为关键和必要，而要正确地透过发展看待增长，就必须将经济发展过程中的产业结构演变与空间集聚因素同时纳入经济增长理论的研究框架。另外，正如人类社会的经济发展历史所揭示，城市的发展过程恰恰正是城市产业结构变迁和城市内部经济活动在空间上聚散演变的过程，城市经济的发展集中体现了经济结构转变和经济活动的集聚，两者共同描绘了世界主要城市兴衰起落的壮阔图景。世界银行（2009）的发展报告《2009年世界发展报告：重塑世界经济地理》也揭示了城市在国家和区域经济发展中日益重要的作用。由此可见，从城市的视角出发，构建一个统一的理论框架探索经济结构、集聚活动的动态演变与经济增长的关联，对我国经济的可持续发展具有重大的理论意义。进一步地，考虑商品与服务贸易及交通运输等因素，在城市经济增长模型中建立各城市经济活动的相互联系，从而将以单一城市为基础的分析框架拓展至多城市的分析框架，有助于在理论层面上更科学地审视城市群背景下的经济结构转变与集聚现象，更精确地透析城市群发展的历程以及城市群内部分工协作的机理，为城市群的增长提供科学的理论指引。

立足于当前我国经济发展的实际，可以发现虽然在过去的三十余年时间里，我国经济实现了举世瞩目的长期高速增长（GDP年均增速高达9%以上），但在经济结构的转型程度以及经济活动集聚效应的发挥上与世界主要发达国家仍然存在较大的差距。2015年，我国三次产业部门的产值比重为9∶40.5∶50.5，其中，第三产业部门的产值比重在历史上首次突破50%。这一方面说明我国正在逐步实现国民经济主体从第一、第二产业部门向第三产业部门的平稳过渡，另一方面也说明与发达国家的产业结构演变进程相比依然大大落后。根据相关数据显示，当前我国三次产业的产值结构大致与美国20世纪40年代和英国19世纪80年代的产值结构相当，就业结构更是只相当于美国20世纪初和英国19世纪早期的水平。由此可以看出，我国在实现经济结构转型和产业结构合理化、科学化、高端化的道路上还有很多难题需要克服。同时我们还必须注意到，尽管以城市化和工业化为显著特征的结构转变进程在我国的各个区域均呈现出如火如荼的态势，但是各个区域的经济增长绩效却大相径庭。我们认为，这一现象主要可以归因于各地经济活动的空间集聚效应不尽相同，在肯定经济结构转型对区域经济增长推动作用的同时，也必须结合考虑经济活动的集聚效应。同时，国家制定的"十三五"规划提出了构建产业新体系的目标，其中着重要求加快建设制造业强国、实施工业强基工程、支持战略性新兴产业发展、加快发展和培育现代服务业，另外也对区域经济总体布局以及以人为核心的新型城镇化布局做出了整体的统筹规划。这就要求我们不仅要进一步加快经济结构转型升级的步伐，努力实现制造业和服务业的高端化，而且要通过在全国范围内合理配置经济资源，大力培育以城市群或经济带为表现形式的经济增长极，使其更好地发挥产业内部的集聚效应。总而言之，产业结构的演变历程以及经济活动的空间布局形态是一个国家经济发展水平的重要体现，同时也是分析一国经济增长潜力和前景的重要依据。从结构和集聚的视角审视我国的经济增长进程，更有助于对我国未来的经济增长水平做出科学合理的预测，从而也具有实践层面上的深远意义。

第二节 研究路径和方法

一 研究路径

从总体上看，本书将立足于产业结构转变的视角，以发展的观点看待我国经济增长过程中的动力和潜力，同时将空间维度上的经济活动集聚因素视为影响经济增长和要素生产效率的关键因素纳入分析框架，力图通过理论和实证分析的结合完整地呈现产业结构转变和经济活动的集聚共同推动经济增长的渠道和机制。本书的研究路径如图1-1所示。

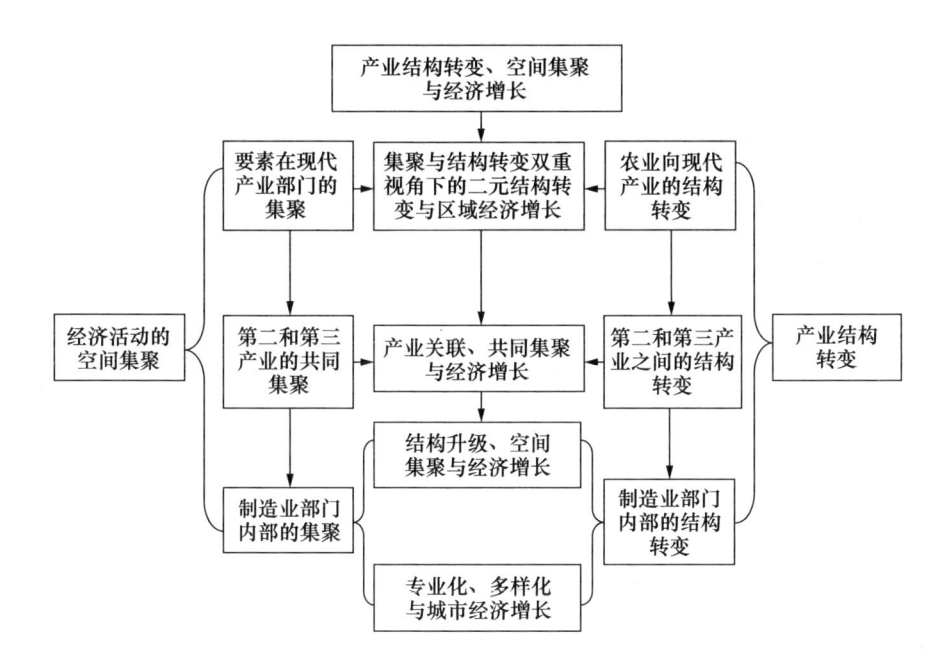

图 1-1 研究路径

从图 1-1 可以看出，在展开对产业结构转变和空间集聚的经济增长效应的分析时，本书的研究将从最为宏观的城乡二元结构转变层面入手，逐渐进展至以制造业部门为代表的产业内部企业的结构升级这一相对意义上的微观层面。首先，本书将着眼于城乡二元结构的转变（城市化）以及城市非农产业部门（现代产业部门）的集聚对区域经济增长的影响。在此基础上，本书探讨了隶属于城市现代产业部门的第二产业（以制造业为代表）和第三产业（以生产性服务业为代表）之间的相互关联性以及基于此的产业间集聚对城市经济增长的影响。然后，本书进一步讨论了制造业和生产性服务业各自内部的结构升级以及基于此的产业内集聚对城市经济增长的影响，并且就产业内集聚和产业间集聚的相对效果进行了综合性的讨论。最后，本书将探究产业的空间布局及集聚模式的具体选择问题，实际上是在前三部分基于不同层面的产业结构视角得出"集聚在经济增长过程中十分重要"的结论后回答"如何选择集聚模式"这一问题，这可以视为前三部分研究内容的合理延伸。

二 主要研究方法

本书主要采用如下几种方法展开具体的理论与经验研究：

第一，定性分析与定量分析相结合。在本书每个部分的论证与研究中，我们都将做到定性分析与定量分析相结合，在定性分析的基础上开展定量分析。例如，在本书第四章的研究内容中，我们将首先开展定性分析，在分析归纳现有文献研究成果的基础上提出自身的理论假设，并对其进行充分的演绎、归纳和论证，随后进入定量分析的范畴，首先通过数理模型的构建和推导对理论假设进行量化和验证，然后再通过计量分析为数理模型的主要结论以及理论假设提供必要的实证支持。本书所使用的具体计量分析方法包括动态面板数据的 GMM 估计法以及空间计量经济学的相关分析工具（空间滞后模型和空间误差模型）等。

第二，静态分析与动态分析相结合。无论是产业结构转变还是经济活动的空间集聚，在时间维度上都可以视为一个动态演进的过程。同时，我们还必须在特定的时间节点观察各区域以及城市内部经济活动的布局情况和集聚效应的强度。在数理模型的构建中,我们也需要同时考虑产业结构转变和集聚的短期均衡状况以及长期的动态演化结果。这都要求在具体的研究中做到静态分析与动态分析相结合,既关注当前态势,也关注长期趋势。

第三,比较分析法。比较分析法同样贯穿于本书的主体章节之中。在本书第四章的研究内容中,我们将分别分析我国东、中、西部区域的城市化进程对区域经济增长的影响程度,并通过对比区域之间的差异体现集聚因素在城市化推动区域经济增长中所扮演的重要角色。另外,在本书第五章至第七章的研究中,我们将采用分组回归或者引入虚拟变量的方法对不同经济规模或人口规模的城市内部集聚所发挥的增长效应进行对比分析,得出大城市的共同集聚更有利于推动经济增长、大城市高新技术产业集聚对制造业结构升级以及经济增长有着更强推动作用等关键结论。同时,本书第五章还基于不同细分行业部门之间关联性大小的差异展开分组回归,通过对比分析发现了产业关联强度与共同集聚效果大小之间的关系。

第四,历史分析法。在进行与经济增长相关问题的探讨和研究时,历史维度始终是不可或缺的重要因素之一。在分析产业结构变迁问题以及集聚效应形成和演变的机制时,我们都将仔细考察历史因素在其中所发挥的关键作用。

第三节 结构安排

通过对以往相关研究的回溯与梳理,我们发现,无论是在增长经济学(新古典增长理论)还是发展经济学领域,产业结构的变迁和演化过程在经济增长和全要素生产率提升的过程中所起的重要作用均日益得到关注与重视。另外,随着新经济地理学、空间经济学和城市经济学等新兴学科的兴起,在以往研究中经常被忽视甚至遗忘的经济活动空间维度自古典区位理论之后再次被注入了全新的生命力。其中,经济活动的空间集聚现象得到了格外突出的强调。综合现有国内外研究的成果，我们认为，城市这一特殊的经济活动地理单元作为国民经济运行体系的微观浓缩，本身便是探究我国经济增长动力与潜力的理想媒介，加之城市实际上可以被视为现代经济学研究中增长和发展的关键影响因素——基于时间维度的结构转变效应和基于空间维度的集聚效应集中体现的载体，透过城市的视角将结构转变过程与经济活动的空间集聚现象纳入统一的现代经济增长理论分析框架，必将为探索我国产业结构进一步转型升级的道路提供具有启发意义的洞见。因此，本书将从城市的视角出发，综合考察产业结构转变、集聚的相互关联以及两者对经济增长的作用机制与影响效果。从这一整体研究思路出发，本书的主体章节内容安排如下：

第二章和第三章分别回溯经济学研究中关于结构转变与经济增长以及空间集聚现象与经济增长的理论探讨，力图通过文献的梳理表明在现代经济增长理论中，结构转变与集聚已经成为不可或缺的两个重要议题，从而为建立同时包含结构转变、集聚与经济增长的分析框架提供理论上的支撑。

第四章的研究主题为集聚视角下的城市化与区域经济增长。对于城市化和经济增长的关系，虽然目前还存在一些学术争议，但多数研究均认为城市化是增长的引擎，特别是在国内，中国社会科学院中国经济增长与宏观稳定课题组（2009）、王小鲁（2010）等研究也指出城市化将继续成为今后推动我国经济增长的主要动力。那么，城市化具体如何推动经济增长？从相关文献的讨论中，我们可以观察到，虽然城市化进程中也包含了其他因素，但其对经济增长的影响主要通过二元经济的结构转变和集聚的机制来实现。城市化的过程首先主要体现为二元经济结构的转变，具体表现为农村剩余劳动力向城市现代产业部门的转移。同时，从空间地理的角度来看，城市化本身也是一个产业和人口向城市集聚的过程。结合我国区域经济发展不平衡的现实可以看出，尽管我国各区域的城市化进程均处于高速推进的状态，但是实际的经济增长绩效却呈现出较大的地域差异。正如前述国内相关研究文献所显示，不同的研究对于城市化作用于区域经济增长的效果持有大相径庭甚至完全对立的观点。因此，我们认为在考量城市化对经济增长的影响机制时应同时综合考虑二元结构转变和经济活动的集聚效应，不同区域城市经济集聚效应的差异可能会影响城市化的增长效应。该部分将着重从理论和实证两方面展开二元结构转变、集聚与经济增长关联性的研究，考虑集聚视角下二元结构转变对经济增长的影响。在理论方面，本书将结合中国城市化的基本事实，对松山（Matsuyama，1992）描述二元结构转变过程的基准模型进行拓展，在增长的框架下考虑城市和农村的不同代表性个体的微观选择，并同时纳入城乡劳动力转移和现代非农产业的集聚效应，着重考察在存在劳动力转移成本以及集聚外部性差异的情形下，二元结构转变与集聚的联系及其对经济增长的促进作用。进一步地，在实证研究方面，本书将结合衡量我国各区域内城市化进程的相关面板数据，利用空间基尼系数构造体现经济活动集聚程度的合理指标，采用动态面板数据的GMM估计这一计量方法实证检验理论分析的基本结论，在验证"结构红利假说"的基础上考察二元结构转变和集聚对我国区域经济增长的推动效应及增长动力机制的区域差异。

第五章主要探讨产业关联、第二和第三产业共同集聚与城市经济增长的议题。虽然国内外存在大量研究城市经济增长的文献，但是据我们所知，目前还较少有在实质上同时考察城市产业关联以及城市产业活动的集聚效应对城市经济增长影响的研究。另外，随着我国经济的快速发展，制造业部门在空间地域上的集聚程度得益于交易成本及运输费用的下降而不断提高，服务业（特别是生产性服务业）部门的集聚程度同样也得到了很大程度的加强，在产业分工和空间结构上与制造业部门形成了互动发展的格局（文玫，2004）。但现有研究主要关注单个产业部门的集聚，除了埃里森和格莱泽（Ellison & Glaeser, 1997）以及埃里森等（Ellison et al., 2010）的代表性文献之外鲜有涉及具有上下游关联的第二和第三产业共同集聚的研究。基于前一部分的讨论，我们认为与区域经济增长类似，影响城市经济增长与发展的关键因素仍然可以归结为产业结构的转变和空间集聚效应的发挥。当然，由于本部分主要关注城市本身的增长问题，我们将集中讨论主要分布在城市的现代非农产业内部的结构转变和空间集聚对城市经济增长的影响，着重从理论和实证两个方面探讨具有相互关联的第二产业（以制造业部门为代表）和第三产业（以服务业部门为代表）共同集聚推动城市经济增长的具体机制及效果。首先，我们将借鉴阿西莫格鲁和圭利埃里（Acemoglu & Guerrieri，2008）探讨结构转变的非平衡增长模型，并在其基础上加入第二和第三产业共同集聚的效应，使其同时影响现代产业部门的总量生产函数以及制造业和服务业部门的技术进步率，在此基础上展开探讨共同集聚、产业结构高级化与现代经济增长之间的关联性。进一步地，在实证研究方面，我们首先将借鉴德弗鲁（Devereux，2008）、刘志彪和郑江淮（2008）以及陈国亮和陈建军（2008）所提出的用于考察产业共同集聚的指标并加以合理修正，利用我国地级市和工业企业的微观数据考察我国两位数制造业部门与不同的生产性服务业部门之间的共同集聚程度，然后引入与集聚密切关联的反映产业结构高端化以及交通便利程度的变量作为交互项，通过动态面板数据的 GMM 估计法以及空间计量经济学中的空间滞后模型（SLM）和空间误差模型（SEM）分别估计全国范围内第二和第三产业共同集聚对经济增长的影响。在此基础上，我们将基于统计数据所展示的经验性事实，根据经济规模分组进一步考察共同集聚在不同规模的城市之间是否存在差异性影响。然后，我们还将细分制造业和生产性服务业部门的下属行业，考察细分行业部门之间的关联性是否影响共同集聚效应的发挥。

第六章的研究主题为产业结构升级、空间集聚与城市经济增长。进入 21 世纪以来，信息化与知识经济已经成为我国制造业部门发展的主要方向，利用最新的信息和技术条件改造传统的制造业部门，以技术进步和知识溢出效应开辟新型工业化道路已经成为必然的选择。另外，以服务业为代表的第三产业部门也逐渐向高端化和高附加值化的趋势不断演进。实际上，这一过程也同时意味着从单纯依靠传统要素投入的粗放型经济增长模式向依靠技术进步和结构调整的集约型经济增长模式转变，而立足于产业层面来看，这一转变将以产业结构升级的形式呈现。在这一部分，我们将以制造业部门内部的产业结构升级为例，同样利用我国地级市和工业企业的微观数据探讨经济活动的空间集聚对产业结构升级进程进而对城市经济增长绩效的影响。鉴于在第三章的研究中，我们已经突出强调了体现为二元结构转变的城市化进程中集聚因素的重要性，故在该部分我们仍然提出集聚因素对产业结构升级起关键性推动作用的理论假说，进一步地，我们认为缺乏集聚效应的产业结构升级过程无益于城市经济的持续增长。

具体而言，该部分将主要通过计量分析验证上述理论假说。首先，我们利用中国工业企业数据库构建能够反映产业结构升级程度的三类统计指标（修正之后的产业结构年均变动率、莫尔结构变化值以及产业结构超前系数），同时选取区位熵作为衡量产业集聚的指标，对我国地级市的制造业结构升级现状进行统计描述，力图发现经济规模不同的城市在产业集聚水平以及结构升级程度上存在的显著差异。其次，我们利用动态面板数据模型的 GMM 估计法检测资本和技术密集型行业的集聚通过影响制造业部门结构升级对经济增长绩效的作用。在本部分，我们仿照第三章中的做法，将反映资本与技术密集型产业集聚程度的指标（区位熵）以交互项的形式引入模型，以考察其通过推动结构升级对经济增长所产生的效果。首先，我们将基于全国层面的视角对上述关系进行实证研究，随后根据统计数据显示的经验性事实进行基于城市经济发展水平的分组回归，考察产业结构升级中的集聚效应是否在不同规模的城市之间存在明显的差异。在该部分的分析中，我们还将通过替换衡量结构升级程度的指标体现计量结果的稳健性。

第七章将基于制造业部门的视角探讨集聚的具体形式与城市生产率差异之间的关联。在分别基于二元结构转变、产业间相互关联和产业结构升级的视角讨论了经济活动的集聚因素在区域及城市经济增长中发挥的作用之后，该部分将以制造业部门为例，深入探讨产业结构和集聚形式差异（多样化和专业化）对城市生产率的影响。该部分需要解决的核心问题可以归结为：我国城市究竟应该基于何种标准选择多样化或专业化发展道路？根据现有研究，专业化所带来的外部性效应（地方化经济）通常被称为马歇尔—阿罗—罗默外部性（Marshall-Arrow-Romer externality，简称马歇尔外部性或 MAR 外部性），多样化所带来的外部性效应（城市化经济）通常被称为雅各布斯外部性（Jacobs externality）。值得注意的是，波特（Porter，1990）在雅各布斯（Jacobs，1969）关于多样化效应理论的基础上进一步肯定了市场竞争有利于知识溢出和技术进步，从而能够促进劳动生产率提高的观点，但认为竞争主要源于同一产业的内部而非不同的产业之间。受此启发，该部分首先采用基于变异系数而构建的相对分散化指数衡量生产专业化或多样化的程度，对我国地级市制造业部门内部的专业化（多样化）程度进行基本的统计描述，然后展开全国层面制造业部门专业化（多样化）对经济增长推动作用的实证分析，此处我们将在以往实证研究同时考虑 MAR 外部性以及雅各布斯外部性对城市经济增长影响的基础上，进一步引入体现波特外部性（Porter externality，主要衡量市场竞争程度）的指标讨论其对于城市经济增长的影响。之后，我们将基于统计数据所揭示的经验事实以及亨德森（Henderson，1986，2003）的理论假说，将城市按照经济规模和人口规模进行分类，并以虚拟变量的形式引入计量模型，讨论专业化和多样化程度在不同经济规模和人口规模的城市内部增长效应存在的差异。

最后，第八章作为本书的结论部分，将对前文立足于不同角度审视集聚在结构转变中所发挥的增长效应所得出的主要结论做出进一步的概括与梳理，并在此基础上分层次提出具有针对性的政策建议，指明本书研究中的主要创新点以及以后的拓展方向。

如前所述，本书将以产业结构转变的视角为出发点，对于我国经济增长过程中的动力和潜力提出新的观点和看法，同时将空间维度上的经济活动集聚因素视为影响经济增长和要素生产效率的关键因素，将其作为本书分析框架的核心楔子，力图通过理论和实证分析的结合完整地呈现产业结构转变和经济活动的集聚共同推动经济增长的渠道和机制。为此，本书的研究将基于三个层次考察集聚在结构转变过程中所起的重要作用。这三个层面分别是城乡二元结构转变（传统的农业部门向现代非农产业部门的结构转变）、现代非农产业部门内部的结构转变（第二和第三产业之间的结构转变）以及制造业部门内部的结构转变（制造业部门的结构升级与产业布局安排）。首先，本书着眼于城乡二元结构转变的视角，以我国的城市化进程作为主线，并将城市化视为二元结构转变和要素在城市生产部门不断集聚的统一体，从理论分析和经验分析两个角度探讨了我国城市化过程中城市现代非农产业部门的集聚对二元结构转变和区域经济增长的影响以及该效果存在的区域差异。在此基础上，本书将关注的焦点转移至城市内部，从现代非农产业部门内部结构转变的视角出发，探讨了同属于城市现代非农产业部门的第二产业（以制造业为代表）和第三产业（以生产性服务业为代表）之间的相互关联性以及基于此的产业间共同集聚对城市经济增长的影响，以期发现不同城市规模与第二和第三产业细分行业部门的关联强度对共同集聚增长效应造成的差异。之后，本书进一步聚焦于产业集聚在城市制造业部门内部的结构转变中扮演的角色，致力于解决如何在制造业部门内部的结构转型与升级以及产业空间布局形式选择（专业化或多样化）的过程中充分发挥经济活动空间集聚效果的问题。

　　总之，本书余下的内容将在回顾以往理论研究的基础上拓展新经济地理学和增长经济学的相关结论，以三大层次的产业结构转变作为贯穿研究始终的主线，从而通过分析表明无论是宏观层面的城乡二元经济结构转变，还是相对微观的制造业部门内部的结构转变，都离不开经济活动在空间上的集聚。集聚可以通过推动我国经济各个层面上的产业结构转变发挥对经济增长的持续推动作用。

第二章 产业结构转变与经济增长的相关理论评述

在漫长的人类经济发展史上，经济结构的变迁总是同时伴随着经济总量的不断增长。早在数百年前，杰出的古典政治经济学家们便注意到了经济体中的结构转变问题并对其展开了富有启发意义的探讨。在新古典增长理论兴起之后，结构转变问题便成为探讨经济增长所不可或缺的关键要素之一，相关的理论模型与实证研究均日臻完善。本章主要致力于梳理和总结相关研究所取得的主要成果，同时借助经典的理论模型分析结构转变对经济增长的作用机制，最后对国内外现有的探讨结构转变与经济增长关联性的实证研究结果做一概括性的介绍。

第一节 发展经济学理论的结构转变思想

如前所述，在经济思想史上，关于经济增长过程中结构转变问题的探讨最早可以追溯至古典政治经济学时期。英国古典政治经济学的开创者和杰出的代表人物之一——威廉·配第（William Petty，1672）就曾指出世界各国收入水平及发展阶段的差异主要归因为产业结构的不同，并且结合当时英国经济发展的实际，从人均国民收入的视角做出了概括性的总结，即相对于农业而言，工业的收入更多，而商业的收入又比工业的收入更多。这一思想被后世的发展经济学家赋予了更加丰富的内涵，例如，霍夫曼（Hoffman，1931）研究了制造业内部消费资料产业与生产资料产业的结构关系，并通过观察20多个国家

18世纪以来的发展历史和统计资料，提出了制造业部门将随着经济发展从以轻工业部门为主导逐渐向以重工业部门为主导演化的"霍夫曼定理"。克拉克（Clark，1940）在此基础上依据59个国家的经验数据系统地总结了经济增长过程中产业结构变迁的一般规律，即随着人均国民生产总值的增长，农业部门的劳动力份额呈现出不断下降的趋势，而工业部门和第三产业部门的劳动力份额则不断提高，逐渐成为产业结构变动的主导力量，这一发现后来被命名为"配第—克拉克定理"。之后，著名发展经济学家钱纳里（Chenery，1956；1960）和库兹涅茨（Kuznets，1959；1971；1973）最先将产业结构的变动趋势同时用劳动力份额以及产值比例进行双重刻画，通过引入产业部门比较劳动生产率（产值比例与劳动力份额之比）深入分析20多个国家产业结构变动的具体规律，进一步拓展了"配第—克拉克定理"的结论，发现随着一国经济的增长，农业部门的劳动力份额与产值比例均趋于下降，且产值比例下降的幅度更大，比较劳动生产率小于1，而工业部门的产值比例则持续上升，且速度快于劳动力份额的上升，比较劳动生产率大于1，即所谓的"库兹涅茨事实"，这一经验性规律很好地概括了当时世界主要发达国家产业结构的变动趋势。

进一步地，钱纳里和塞尔奎因（Chenery & Syrquin，1975）将研究对象扩展至发展中国家的产业结构变迁，特别是第二次世界大战之后开始兴起的工业化国家的结构转变过程。在该研究中，两人深入分析了结构转变及其主要影响因素，并对其进行了国际比较，由此提出了结构转变与经济增长关联的所谓"标准形式"。根据"标准形式"的描述，75%左右的结构转变过程出现在经济体人均GNP处于100—1000美元的区间之内，这一过程也同时伴随着资本积累和资源优化配置的过程。随着相关研究的完善，钱纳里（Chenery，1984）提炼出了以下关于结构转变和经济增长的关键性结论：第一，结构转变可以被分为初级产品生产、工业化和发达经济三个阶段，在各个阶段，经济体中的各类产业部门对经济增长的贡献程度以及各类生产要素对经济增长的贡献程度存在明显的差异；第二，在结构转变的大部分时期内，劳动力的流动和转移主要发生在农业部门和现代制造业部门之间；第三，新兴工业化国家的经济增长模式可以被归结为外向型、内向型和中间型三类模式，不同的经济增长模式对应着不同的产业结构转变速率，也意味着各产业部门对于经济增长的不同的贡献率；第四，各发展中国家的结构转变并不存在一个统一的模式，它受到经济体的宏观经济政策、制度、文化环境和初始禀赋的影响。

另外，在研究世界主要发展中国家产业结构变迁与经济增长的关联时，发展中国家所特有的城乡二元结构及其增长效应引起了部分发展经济学家的重视。著名发展经济学家刘易斯（Lewis，1954）率先系统论述了发展中国家二元经济结构的形成机理及其对经济增长的影响。刘易斯的分析框架基于一个简单的两部门（非资本主义部门和资本主义部门）经济体展开，其中非资本主义部门以农业部门为主要代表，采用传统的生产方式进行生产，劳动生产率水平较低，工资水平也同样较低，而资本主义部门以工业部门为主要代表，采用现代生产方式进行生产，劳动生产率水平和工资水平均相对较高。其理论最重要的一条假设在于经济体的农业部门中存在无限的过剩劳动力供给，这是因为多数发展中国家的资本存量和生产过程中所需的各类资源相对缺乏，而劳动力资源的供给则相对过剩，故工业部门能够在给定的工资水平上雇用其所想要得到的任何数量的劳动力，即劳动力的供给曲线为一条水平的直线，具有完全的工资弹性。基于这一假设，刘易斯认为发展中国家的农业部门由于边际生产力水平低下而存在大量边际劳动生产率为零的剩余劳动力，其所获工资只能维持基本的生存需要，而城市中的工业部门由于高昂的生活成本等各类因素的推动，工资率大大超出农业部门的水平，这一工资差距将促使农业部门中大量存在的剩余劳动力向工业部门转移，且由于工业部门具有较强的资本积累能力以及较快的技术进步速率，其规模将不断扩张以吸纳越来越多从农业部门流入的劳动力供给。最终，经济体的增长将依赖于农业部门向工业部门不断提供的廉价劳动力以及产业结构的转变（工业部门相对于农业部门的不断扩张）。刘易斯将发展中国家的经济发展过程概括为两个阶段，即无限劳动力供给阶段以及劳动力供给相对不足的所谓"新古典阶段"，两个阶段的本质区别在于工业部门的工资率水平是否发生变化。从这层意义上而言，刘易斯的理论第一次将发展中国家的经济增长现象与其结构转变过程（农村劳动力的迁移和工业化进程的持续演进）联系起来，系统地探讨了发展中国家的工业化和城市化问题，为后来新古典经济增长理论中的结构分析范式提供了坚实的理论基础。

拉尼斯和费景汉（Ranis & Fei，1961）进一步拓展了刘易斯二元结构理论的经典分析框架，将发展中国家的经济增长与结构转变过程划分为三个不同的阶段，即无限劳动力供给阶段、劳动力供给相对不足阶段以及农业商业化阶段。该理论认为，农业部门不仅仅向工业部门输送剩余劳动力，同时也向工业部门提供农业剩余（农业部门的总产出在扣除农村劳动力在生产和生活过程中对农产品的消费之后的剩余部分）。在劳动力供给相对不足的阶段，转移至工业部门的农业劳动力边际生产率开始大于零，这会使农业部门的总产出受到影响，从而农产品的价格也随之上涨，工业部门只能接收到比之前更少的农业剩余，而到了农业商业化阶段，由于农业部门已经不存在传统意义上的"隐性失业"现象，两部门之间的工资水平差异将逐渐缩小直至完全消失，此时工业部门必须将工资水平提高到农业部门劳动力的边际生产率水平之上才能进一步满足自身规模扩张对于劳动力的需求。最终，经济体中的农业部门便完成了向现代农业部门的过渡，其工资水平的决定也完全实现了市场化。在这一结构转变和经济增长的过程当中，必须使经济体两部门的劳动生产率保持平衡增长的态势，同时农业部门向工业部门的劳动力转移速率也必须快于经济体的人口增长率，即工业部门必须维持比总体人口增长率更高的劳动力增长率。之后，乔根森（Jorgensen，1961）将拉尼斯和费景汉的理论纳入新古典经济学的分析框架重新进行审视，进一步肯定了农业剩余在推动二元结构转变和经济增长中的重要作用。当农业剩余开始出现时，农业部门的剩余劳动力向工业部门流动的过程便宣告开始，工业部门也有了规模扩张和产值增长的物质基础。农业剩余越多，两部门工资差异程度越大，农村剩余劳动力的转移规模也就越大，工业部门也将因为充分利用农业剩余进行资本积累和技术创新而获得更大的发展。另外，农业剩余的产生取决于经济体的人口增长率与农产品产出增长率之间的比较。人口增长率受到人均农产品供给的制约,存在一个理论上的最大值,当人口增长率低于该最大值时,农产品产出增长率与人口增长率保持同步,人均农产品拥有量处于稳态水平,此时不存在农业剩余,同时也不存在工业部门出现的物质基础,而当人口增长率达到该最大值时,农产品产出的增长率将大于经济体的人口增长率,此时农业剩余开始出现,工业部门也开始兴起。这一思想对于下一节将要介绍的统一增长理论有着有益的启示意义。

不难看出,在上述关于结构转变和经济增长的早期代表性研究中,经济增长大多被视为推动产业结构转变的原因和条件,关于结构变迁问题的讨论被置于宏观经济环境发展和演变的背景下展开。

第二节 现代经济增长理论的结构转变分析

一 产业结构转变与经济增长:松山模型及其拓展

随着研究的深入,现代经济增长理论研究开始逐渐将产业结构变动视为影响经济增长的重要因素之一,并尝试将结构转变因素纳入由索洛(Solow,1956)等开创的新古典增长理论的研究视域。这一方面最早的努力来自钱纳里(Chenery,1975;1979)对新古典增长模型的拓展。遗憾的是,钱纳里虽然在增长方程中加入了代表结构转变的变量(生产要素从农业中转出的比率)以衡量其对经济增长的作用效果,但其学术价值主要停留在实证层面上,未能展开更加详尽的理论探讨。自20世纪90年代开始,随着增长理论的迅猛发展,一批经济学家成功构建了包含两部门或多部门的一般均衡增长模型以探讨结构转变对增长的作用机理。其中,最具代表性的分析框架之一来自松山(Matsuyama,1992)的开创性研究,该研究建立了一个包含农业和工业的两部门模型,设定了体现对农产品最低消费需求的斯通—吉瑞式效用函数(Stone - Geary utility function)以引入恩格尔法则发挥作用的机制。其中,农产品的收入需求弹性较之工业品而言更低,因此通过合理设定农产品与工业品之间的替代弹性,可以发现随着经济体中个人收入水平的提升,对工业品的消费需求便会增加。进一步地,在供给方面,体现为"干中学"过程的技术进步方程以及规模报酬递增的柯布—道格拉斯式生产函数确保了工业化进程的顺利实现。在其基准模型中,农业部门的技术进步率为零,但经济体初始的农业生产力水平决定了其可向工业部门输送的劳动力总量,从而与一国的产业结构变迁过程密切相关,经过对模型的进一步拓展,该研究认为经济结构转变的内在动力源于农业部门劳动生产率水平的提高,进而为经济增长(平衡增长路径)提供了保证。

在松山模型的基础上,埃切瓦里拉(Echevarria,1997)采用动态一般均衡模型研究产业部门结构与经济增长的关系,通过设定非位似的效用函数以及可变的农产品产出份额,从需求因素(消费者偏好)的渠道入手探求产业结构与收入水平对经济增长的影响。康萨玛特、里贝罗和谢丹阳(Kongsamut,Rebelo & Xie,2001)对解释结构变迁和经济体平衡增长之间的关系做了更加系统的尝试,在三部门经济增长模型中采用了包括农产品、工业品和服务产品在内的非齐次效用函数,并且设定三类商品的收入需求弹性依次递增(其中,工业品的收入需求弹性为1)。在模型中,农业部门、工业部门以及服务业部门分别经历了产出份额与就业份额的下降、不变与上升的过程,这一产业结构变迁的过程主要依赖于外生给定的各个产业部门的技术进步率以及消费者的非齐次性偏好。然而,该模型中结构变迁的过程只可能在经济体处于平衡增长路径(总产出的增长率保持不变且最终产品生产部门的技术进步率为常数)时出现,这一过于严苛的"刀锋均衡"显然与结构转变和经济增长的相关"卡尔多事实"相悖。蕾切尔—倪和皮萨里德斯(Ngai & Pissarides,2007)修正了这一"刀锋均衡",在松山模型的基础上论证了产业部门结构变化与经济体均衡增长的一致性,认为劳动力在各部门之间的自由流动导致各部门全要素生产率增长率(以技术进步率衡量)产生变化,进而影响整个经济体的平衡增长路径,这一结论在引入中间品生产部门时仍然成立。具体而言,当最终产品生产部门之间的替代弹性较低时,部门间的全要素生产率差异可以引起就业结构的变化（劳动力从高技术水平部门向低技术水平部门转移），而当最终产品生产部门之间的替代弹性较高时，劳动力在部门间的流动方向恰好相反。最后，只要效用函数采用对数形式，消费者对各类商品的瞬时替代弹性为1，且制造业部门的全要素生产率增长率为常数，则伴随着结构转变的经济体总平衡增长路径必然存在。弗尔米和兹维穆勒（Foellmi & Zweimuller，2008）构建的模型则表明了产业结构变迁与经济增长之间的双向影响关系，在其理论模型框架中主要强调需求因素的作用，根据恩格尔需求等级设定消费偏好，而且假设新产品被持续引进，在一开始，新产品是具有较高收入弹性的奢侈品，但随着产品生命周期的终结，这些产品最终只能沦为具有较低收入弹性的必需品。该模型的主要结论与"卡尔多事实"相吻合。另外，阿西莫格鲁和圭利埃里（Acemoglu & Guerrieri，2008）同样讨论了结构转变与经济增长的关系问题，强调部门之间的不同要素投入比例必须与资本深化过程相结合，进而认为结构转变的动力机制在于部门间要素的比例差异以及资本的深化，但其模型并不足以解释非资本密集型行业的结构转变过程及对经济增长的影响。

总体而言，在产业结构转变与经济增长关联的研究文献中，结构转变的动因可分为需求和供给两类（Acemoglu et al.，2009）。从需求角度来看，结构转变的动因来自对不同部门产品的非位似偏好，即不同部门产品的需求特征不同，随着经济的增长，消费结构发生变化，由此引致经济结构转变。从供给角度来看，大多数研究认为，结构的转变是由经济部门之间不同的生产率所导致，不同部门技术进步速度的不同造成了产业部门的结构转变。近期许多结构转变的研究开始同时从供给和需求的角度分析结构转变对经济增长的作用机制。例如，波塔尼和费里斯（Bonatti & Felice，2008）的研究通过构建一个包含两部门的内生增长模型来研究生产部门的构成（产业机构或就业结构）变化如何影响总体经济增长。就供给方面而言，模型设定经济体中存在生产消费品和投资品的技术进步部门以及只生产消费品的技术停滞部门，且技术停滞部门使用技术进步部门的中间产品作为投入，从而间接从技术进步部门的全要素生产率改进中获得外部性和知识溢出的好处。就需求方面而言，模型分别讨论了位似和非位似两种消费偏好形式的情形，并且分析了不同需求假设条件下的经济增长动力。他们的研究不仅为前述鲍莫尔（Baumol，1967）的"渐进停滞理论"提供了微观基础，而且得出了另一个具有启发意义的结论：当考虑到技术停滞部门的非位似偏好时，只要技术进步部门消耗了足够大比例的技术停滞部门所生产的中间产品，则"渐进停滞"现象就不会产生，而且此时经济可以实现持续增长。因此，该模型证明了内生增长理论意义上的驱动因素（在模型中体现为"干中学"效应和技术溢出的结合）仅仅是经济体持续增长的必要条件而非充分条件，最终需求的结构以及经济体的部门结构才是保证经济体实现长期增长的重要决定因素。此外，林和普雷斯科特（Hayashi & Prescott，2008）的研究以及阿尔维斯—夸德拉多和波什克（Alvarez-Cuadrado & Poschke，2011）的研究同样在模型中综合考虑了供求两方面的因素。

二 统一增长理论：结构转变的视角

立足于人类社会经济增长与发展的角度，可以粗略地将人类经济发展史划分为两个不同的阶段。一是所谓"马尔萨斯陷阱"（Malthusian trap）阶段，该阶段的主要特征在于生产技术水平与经济体人口规模均以缓慢的速率增长，同时人口规模的增长带来了所谓"稀释效应"，使经济体总产出水平上升的同时伴随着人均收入水平的缓慢上升或基本停滞。这一过程主宰了迄今为止人类经济发展史的绝大部分时间，一直持续到第一次工业革命发生和扩散之际。二是所谓"可持续增长"（sustainable growth）阶段，主要表现为技术进步率的持续加速增长以及人均收入水平的持续上升，同时经济体的人口增长率也呈下降趋势，出现"人口转型"（demographic transition）现象，平均生活质量也得以显著改善。20世纪50年代之后出现的新古典增长理论以及内生增长理论虽然提供了经济增长问题的基准分析框架，并且能够在一定程度上解释经济增长的内在动力，但是从整个人类社会发展的历史角度看，上述两种增长理论均带有很大的局限性。具体而言，新古典增长理论与内生增长理论只适用于工业革命产生之后世界经济的快速增长时期（即所谓"可持续增长"阶段），而对于工业革命产生之前经济发展与技术进步的漫长停滞期（即所谓"马尔萨斯陷阱"阶段）则显得束手无策。为了合理解释整个社会从"马尔萨斯陷阱"向现代经济增长过渡的机制，即人类历史的发展如何从"马尔萨斯陷阱"逐渐起飞并进入持续的经济增长阶段，同时伴随着经济转型过程中出现的人口转型和"大分流"（great divergence）现象，从而将经济增长理论的应用范围拓展至整个人类社会的发展历程，同时对经济增长过程中的人口转型、产业部门结构转变和收入分配等问题进行深入探讨，盖勒和韦尔（Galor & Weil, 2000）首先进行了创立统一增长理论框架的尝试。从目前取得的研究成果来看，该模型以及后续研究的相关拓展为厘清结构转变和经济增长之间的逻辑关联提供了有益的借鉴。

（一）统一增长理论的基准模型

在基准的统一增长理论中，人类社会的发展被划分为三个阶段：马尔萨斯式增长时期、后马尔萨斯式增长时期以及现代经济增长时期。前两个时期的区别主要在于技术进步的速度，后两个时期的区别主要在于人口增长的速度。该模型认为，不同经济增长时期之间的过渡是一种缓慢的、渐进式的过程，不可能纯粹由于偶然的、外生的冲击因素（如技术冲击）所引起，这个过程可以被归结在包含技术进步、人力资本积累、家庭的最优生育选择等因素在内的一个复杂的动力系统中。简言之，内生的技术进步或是外生的技术冲击等都是使经济从停滞状态到实现持续增长的重要原因。在马尔萨斯式增长时期，缓慢的技术进步逐渐产生了对于人力资本的需求，同时使家庭的可支配收入增加，家庭在面临放宽的预算约束时可以选择生育更多的子女或者重新配置资源进行人力资本投资，提高生育子女的质量。而后一种选择会进一步提高人力资本的积累水平从而推动技术进步的速度，技术进步又进一步扩大对人力资本的需求，使人力资本投资进一步增加。这一个良性循环最终引致了经济转型，使经济从马尔萨斯式增长时期过渡到后马尔萨斯增长时期再进一步过渡到现代经济增长时期。

在该模型中，若经济体处于马尔萨斯式增长时期，则其呈现出如下基本特征：首先，消费者的预算约束被限制在消费生活必需品上；

第二章 产业结构转变与经济增长的相关理论评述 / 27

其次,技术进步引起的人均收入增加会被人口总量的增加抵消;最后,由于技术进步率快于人口增长率,因此人均收入的增加最终能够实现。除此之外,模型中技术进步的动力可以归结为创新思想的增加、对新技术的需求、技术扩散以及分工与贸易等因素。技术进步推动了人力资本的形成与积累,进而影响着代表性家庭的最优生育选择问题(既定预算约束下数量与质量的相互替代),这也成为经济体人口转型与持续增长的内在动力。

盖勒和韦尔(Galor & Weil, 2000)考虑了一个无限离散期间下的世代交替模型,在经济发展的每一个阶段,经济体中的生产者都会使用土地以及效率劳动作为投入要素生产一种同质的商品。土地的数量由外生因素给定,在每个时期均保持固定不变,而效率劳动的数量则由代表性家庭在其所生育后代的数量和人力资本水平之间的最优化选择而决定。最终产品的生产函数由下式给出:

$$Y_t = H_t^{\alpha}(A_t X)^{1-\alpha} \quad (2-1)$$

其中,H_t 表示时期 t 所雇用的效率劳动数量总和,X 代表 t 时期投入的土地数量,A_t 表示时期 t 由内生因素决定的技术水平,$A_t X$ 称为有效资源。由此容易得到人均产出的表达式(设 t 时期劳动力数量为 L_t):

$$y_t = h_t^{\alpha} x_t^{1-\alpha}, \quad h_t \equiv H_t/L_t, \quad x_t \equiv (A_t X)/L_t \quad (2-2)$$

为简化起见,最终产品的生产中未考虑资本投入以及土地所有权问题,因此土地的要素报酬为零,t 时期效率劳动的要素报酬 w_t 等于其平均产量,即:

$$w_t = y_t/h_t = (x_t/h_t)^{1-\alpha} \quad (2-3)$$

经济社会在第 t 期新增加 L_t 单位的同质劳动力,每个劳动力均由单亲抚养。在第 t 期新增加的劳动力(称为第 t 代)均存活两期,即第 $t-1$ 期和第 t 期。在第 $t-1$ 期,劳动力不具备工作能力,仅仅消费其亲人所提供的一单位时间禀赋的一部分,这一比例随着其人力资本存量的增加而上升,而在第 t 期,劳动力同样得到一单位的时间禀赋,并将其在参加工作和抚养后代之间进行分配,寻求一个最佳的时间分配方案使在劳动力市场上的工资收入以及后代数量和质量(以人力资本水平衡量）所带来的总效用最大化。由此，代表性消费者的效用函数可以表示为：

$$u^t = (c_t)^{1-\gamma}(n_t h_{t+1})^{\gamma}, \quad \gamma \in (0, 1) \tag{2-4}$$

其中，c_t 表示第 t 期的消费量（必须超过维持生存的水平 $\tilde{c}$），n_t 表示拥有的后代数量，h_{t+1} 表示每个后代的人力资本水平。

假定抚养后代只需要时间的投入，设第 t 代中的成员 i 抚养一个受教育水平为 e_{t+1} 的后代所需花费的时间为 $\tau + e_{t+1}$（τ 为抚养后代使其生存所必须花费的时间，$\tau < \gamma$）。综上，代表性个体在第 t 期所面临的预算约束为：

$$w_t h_t n_t (\tau + e_{t+1}) + c_t \leq w_t h_t \equiv z_t \tag{2-5}$$

其中，z_t 表示代表性个体可能获得的最大工资收入（潜在收入水平）。

另外，经济体的人力资本水平由受教育程度以及技术水平所决定，其生产函数如下所示（g_t 表示第 t 期的技术增长率，A_t 表示第 t 期的技术水平，并假设 $h_{eg} > 0$）：

$$h_{t+1} = h(e_{t+1}, g_{t+1}), \quad g_{t+1} \equiv (A_{t+1} - A_t)/A_t \tag{2-6}$$

假设处于技术停滞阶段且未接受任何教育的个体也拥有基本的人力资本水平（以单位化为 1 的形式表示），但此时单纯的教育投入无法增加人力资本水平，则有：$h(0, 0) = 1$，$h_e(0, 0) = 0$。

在以上基本设定下，可以求解代表性消费者的最优化问题。在模型中，代表性消费者选择 c_t，n_t 与 e_{t+1} 使自身效用最大化。将式（2-5）与式（2-6）代入式（2-4）消去 c_t，可得如下最优化问题：

$$\{n_t, e_{t+1}\} = \arg\max\{w_t h_t [1 - n_t(\tau + e_{t+1})]\}^{1-\gamma}[n_t h(e_{t+1}, g_{t+1})]^{\gamma}$$

$$s.t. \quad w_t h_t [1 - n_t(\tau + e_{t+1})] \geq \tilde{c}$$

$$(n_t, e_{t+1}) \geq 0 \tag{2-7}$$

根据收入水平是否可以满足维持生存所需的最小消费水平进行分类讨论，设收入的分界点 $\tilde{z} \equiv \tilde{c}/(1-\gamma)$，则上述最优化问题的解可以初步表示成如下形式：

$$n_t[\tau + e_{t+1}] = \begin{cases} \gamma & if \quad z_t \geq \tilde{z} \\ 1 - [\tilde{c}/w_t h_t] & if \quad z_t < \tilde{z} \end{cases} \tag{2-8}$$

在最优解处，由于 e_{t+1} 为 g_{t+1} 的增函数，故有：

$$e_{t+1} = e(g_{t+1}) \begin{cases} = 0 & if \quad g_{t+1} \leq \hat{g} \\ > 0 & if \quad g_{t+1} > \hat{g} \end{cases} \quad (2-9)$$

可以看出，无论代表性个体的收入水平如何，工资水平的变化不会影响其最优化决策，而社会中技术进步的程度可以通过作用于受教育水平以及教育的回报率而影响其最优化决策。将式（2-9）代入式（2-8）可得：

$$n_t = \begin{cases} \dfrac{\gamma}{\tau + e(g_{t+1})} \equiv n^b(g_{t+1}) & if \quad z_t \geq \tilde{z} \\ \dfrac{1 - [\tilde{c}/z_t]}{\tau + e(g_{t+1})} \equiv n^a(g_{t+1}, z(e_t, g_t, x_t)) & if \quad z_t < \tilde{z} \end{cases}$$

$$z_t \equiv w_t h_t = z(e_t, g_t, x_t) \quad (2-10)$$

对上式进行比较静态分析可得：技术进步速度的加快会使代表性个体减少生育的后代数量，相应地提高后代的质量（人力资本水平）。当预算约束束紧时，收入水平的提高只会使代表性个体增加生育的后代数量，而不会使其提高后代的质量；当预算约束非束紧时，收入水平的提高既不会使代表性个体增加生育的后代数量，也不会使其提高后代的质量。以上结论可表示如下：

$\partial n_t / \partial g_{t+1} \leq 0$，$\partial e_{t+1} / \partial g_{t+1} \geq 0$，$\partial e_{t+1} / \partial z_t = 0$

$$\partial n_t / \partial z_t \begin{cases} > 0 & if \quad z_t < \tilde{z} \\ = 0 & if \quad z_t \geq \tilde{z} \end{cases}$$

进一步地，考虑技术进步因素，可将第 t 期和第 $t+1$ 期之间的技术进步水平 g_{t+1} 表示为：

$$g_{t+1} \equiv \frac{A_{t+1} - A_t}{A_t} = g(e_t, L_t)$$

$g(0, L_t) > 0$，$g_i(e_t, L_t) > 0$，$g_{ii}(e_t, L_t) < 0$，$i = e_t, L_t$ （2-11）

由此易得第 $t+1$ 期的技术水平的表达式（第 0 期的技术水平记为 A_0）：

$$A_{t+1} = (1 + g_{t+1})A_t \quad (2-12)$$

以下讨论经济体人口以及有效资源的动态路径。根据前文的设定，经济中人口的变动由下式决定：

$$L_{t+1} = n_t L_t \tag{2-13}$$

将式（2-10）（n_t 的表达式）代入式（2-13），可得：

$$L_{t+1} = \begin{cases} n^b(g_{t+1})L_t & if \quad z_t \geq \tilde{z} \\ n^a(g_{t+1}, z(e_t, g_t, x_t))L_t & if \quad z_t < \tilde{z} \end{cases} \tag{2-14}$$

由人均有效资源的定义式可得其变动情况由下式决定：

$$x_{t+1} = \frac{1+g_{t+1}}{n_t} x_t, \quad x_0 \equiv A_0 X / L_0 \tag{2-15}$$

将式（2-10）与式（2-11）代入式（2-15），可得：

$$x_{t+1} = \begin{cases} \dfrac{[1+g(e_t, L_t)][\tau+e(g(e_t, L_t))]}{\gamma} x_t \equiv \varphi^b(e_t, L_t)x_t \\ \qquad\qquad\qquad\qquad\qquad\qquad if \quad z_t \geq \tilde{z} \\ \dfrac{[1+g(e_t, L_t)][\tau+e(g(e_t, L_t))]}{1-[\tilde{c}/z(e_t, g_t, x_t)]} x_t \equiv \varphi^a(e_t, g_t, x_t, L_t)x_t \\ \qquad\qquad\qquad\qquad\qquad\qquad if \quad z_t < \tilde{z} \end{cases} \tag{2-16}$$

接下来，可以通过刻画该模型的动态系统讨论经济体的长期增长路径，上述式（2-9）、式（2-11）、式（2-14）及式（2-16）完整地描述了每一期变量序列 $\{e_t, g_t, x_t, L_t\}_{t=0}^{\infty}$ 的动态变化，在预算约束束紧（收入水平只能维持基本生存需要）时，经济的动态系统如以下方程组所示（初始的 e_0、g_0 和 x_0 均给定）：

$$\begin{cases} x_{t+1} = \varphi^a(e_t, g_t, x_t, L_t)x_t \\ e_{t+1} = e(g(e_t, L_t)) \\ g_{t+1} = g(e_t, L_t) \\ L_{t+1} = n^a(g(e_t, L_t), z(e_t, g_t, x_t))L_t \end{cases} \quad for \quad z_t < \tilde{z} \tag{2-17}$$

在预算约束未束紧（收入水平较高）时，经济的动态系统如以下方程组所示：

$$\begin{cases} x_{t+1} = \varphi^b(e_t, x_t, L_t)x_t \\ e_{t+1} = e(g(e_t, L_t)) \\ L_{t+1} = n^b(g(e_t, L_t))L_t \end{cases} \quad for \quad z_t \geq \tilde{z} \quad (2-18)$$

观察以上两个动态系统,可知无论预算约束是否束紧,受教育水平 e_t 以及技术进步 g_t 两个变量均构成一个独立的动态子系统,在给定人口数量为 L 的情况下,可以分别讨论 e_t 与 g_t 构成的子系统的动态以及整个系统的全局动态。

1. e_t 与 g_t 的动态

在图 2-1 中,该模型所对应的动态系统存在唯一的全局稳定均衡点 $[\bar{e}(L), \bar{g}(L)] = [0, g^l(L)]$,其中 $g^l(L)$ 随着 L 的增大而上升,但均衡受教育水平仍然为 0。在图 2-2 中,曲线 $g_{t+1} = g(e_t, L)$ 随着 L 的增大而向上移动,与曲线 $e_{t+1} = e(g_{t+1})$ 相交形成三个均衡点,其中 $[\bar{e}(L), \bar{g}(L)] = [0, g^l(L)]$ 与 $[\bar{e}(L), \bar{g}(L)] = [e^h(L), g^h(L)]$ 为两个局部稳定的均衡点,而 $[\bar{e}(L), \bar{g}(L)] = [e^u(L), g^u(L)]$ 为不稳定的均衡点,$[e^h(L), g^h(L)]$ 以及 $g^l(L)$ 随着 L 的增大而上升。在图 2-3 中,曲线 $g_{t+1} = g(e_t, L)$ 进一步上移,与曲线 $e_{t+1} = e(g_{t+1})$ 相交形成唯一的全局稳定均衡点 $[\bar{e}(L), \bar{g}(L)] = [e^h(L), g^h(L)]$,$[e^h(L), g^h(L)]$ 随着 L 的增大而上升。

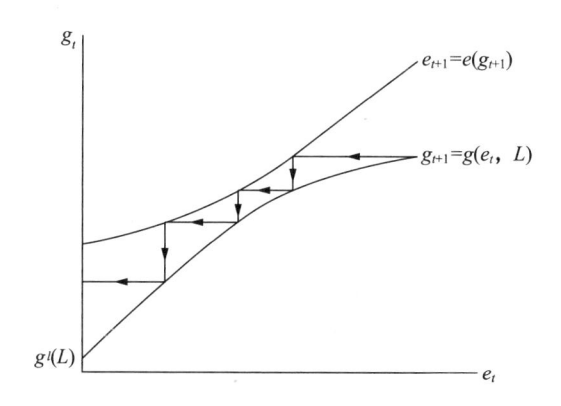

图 2-1 人口数量较小时 e_t 与 g_t 的动态路径

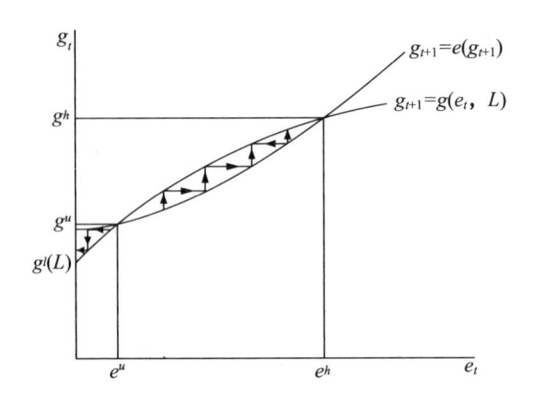

图 2-2 人口数量为中等时 e_t 与 g_t 的动态路径

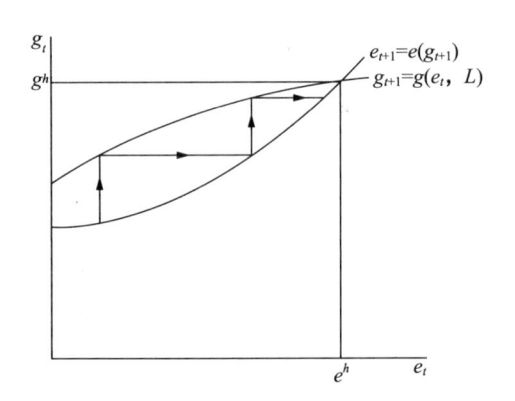

图 2-3 人口数量较大时 e_t 与 g_t 的动态路径

2. 模型的全局动态

在以上讨论的基础上，模型的全局动态系统主要展示了经济体从马尔萨斯式增长时期向后马尔萨斯时期过渡并最终进入现代经济增长时期的过程。对模型全局的动态分析建立在一系列相位图分析的基础上，每一个经济增长时期对应一定数量的人口，并用人口的增长表示不同相位图之间的转变。这些相位图包含着三个要素：马尔萨斯边界（MM 曲线）、XX 曲线和 EE 曲线。

在马尔萨斯边界上，代表性消费者的收入水平恰恰为能够维持生存的收入水平。这意味着马尔萨斯边界成为划分马尔萨斯式增长时期和后马尔萨斯式增长时期的标志。根据前文对收入分界点 $\tilde{z}$ 以及收入水平 z_t 的定义 [式 (2-2)、式 (2-3)、式 (2-5) 与式 (2-6)],马尔萨斯边界可以表示为如下曲线的形式:

$$MM \equiv \{(e_t, x_t, g_t, L): x_t^{1-\alpha} h(e_t, g_t)^\alpha = \tilde{c}/(1-\gamma)\}$$

给定技术水平 g_t,可以定义条件马尔萨斯边界,如下所示:

$$MM_{\mid g_t} \equiv \{(e_t, x_t, L): x_t^{1-\alpha} h(e_t, g_t)^\alpha = \tilde{c}/(1-\gamma) \mid g_t\}$$

根据相关函数的性质,可以得出在条件马尔萨斯边界上,x_t 是关于 e_t 的递减且严格凸的函数这一结论,如图 2-4 至图 2-6 所示。

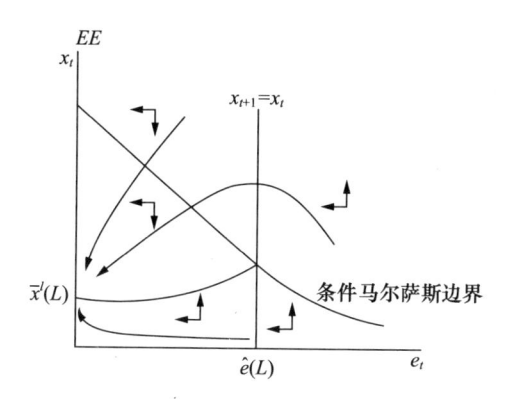

图 2-4 人口数量较小时 e_t 与 x_t 的动态路径

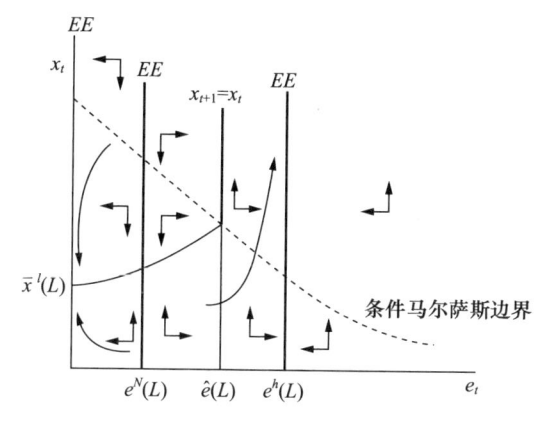

图 2-5 人口数量为中等时 e_t 与 x_t 的动态路径

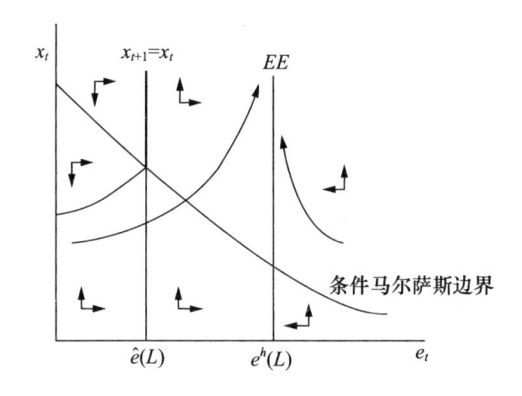

图 2-6　人口数量较大时 e_t 与 x_t 的动态路径

在动态相位图中，条件马尔萨斯边界为一条与 x_t 轴相交且单调递减、严格凸的曲线，且随着 x_t 的增加无限趋近于 e_t 轴，当 g_t 上升时，条件马尔萨斯边界在动态图中的位置也随之上升。

XX 曲线表示满足人均有效资源 x_t 处于稳定状态的三元集 $\{e_t, g_t, x_t, L\}$，即：

$$XX \equiv \{(e_t, x_t, g_t, L): x_{t+1} = x_t\}$$

根据式（2-15）可得，在 XX 曲线上，人口增长率与技术进步速度相等。在条件马尔萨斯边界上方的区域，用于抚养后代的时间比例与人均有效资源无关（进一步地，人均有效资源与人口增长率无关），人口增长率是技术进步速度的递减函数，而与人口增长率相等的技术进步速度对应着一个特定的受教育水平，记该受教育水平为 $\hat{e}$，则其即为 XX 曲线与条件马尔萨斯边界的交点，在此交点以上的部分，XX 曲线为一条垂直线。而在条件马尔萨斯边界下方的区域，人口增长率受到人均有效资源的制约，人均有效资源越少，人口增长率也随之越低，与之对应的技术进步速度也就越慢，进一步地，与之相联系的受教育水平也就越低，因此 x_t 与 e_t 在条件马尔萨斯边界下方的区域呈现同向变动的关系，XX 曲线的斜率为正。由此得出的 XX 曲线与条件马尔萨斯边界相交于受教育水平为 $\hat{e}(L)$ 的点。

XX 曲线的形状也可用如下的函数形式描述。在条件马尔萨斯边界上方的区域，存在唯一的 $\hat{e}$ 使 $0 < \hat{e}(L) < e^h(L)$，并且有如下的关系成立：

$$x_{t+1} - x_t \begin{cases} >0 & if \quad e_t > \hat{e}(L) \\ =0 & if \quad e_t = \hat{e}(L) \\ <0 & if \quad e_t < \hat{e}(L) \end{cases} \quad (2-19)$$

而对于条件马尔萨斯边界下方的区域，设技术进步速度 g_t 给定，则 x_t 与 e_t 在 XX 曲线上构成一一对应的单值函数，记为 $x_t = x(e_t)$，可知有如下关系成立：

$$x_{t+1} - x_t \begin{cases} <0 & if \quad (e_t, x_t) > (e_t, x(e_t)) & for & 0 \leq e_t \leq \hat{e}(L) \\ =0 & if \quad x_t = x(e_t) & for & 0 \leq e_t \leq \hat{e}(L) \\ >0 & if \quad (e_t, x_t) < (e_t, x(e_t)) & for & 0 \leq e_t \leq \hat{e}(L) \text{ or } e_t > \hat{e}(L) \end{cases}$$

$$(2-20)$$

最后，与 XX 曲线相似，EE 曲线表示满足受教育水平 e_t 处于稳定状态的三元集 $\{e_t, g_t, x_t, L\}$，即：

$$EE \equiv \{(e_t, x_t, g_t, L): e_{t+1} = e_t\}$$

根据式（2-9）与式（2-11）可得：$e_{t+1} = e[g(e_t, L)]$，因此对于给定的人口数量，稳态条件下的受教育水平 e_t 与 x_t 和 g_t 无关，EE 曲线的形状与变化移动可以由之前 e_t 与 g_t 构成的动态子系统来描述。具体而言，当人口数量较小时，e_t 与 g_t 构成的动态子系统有唯一的全局稳定均衡点 $[\bar{e}(L), \bar{g}(L)] = [0, g^l(L)]$，因此相应的 EE 曲线在 e_t 与 x_t 构成的动态相位图里为在 $e = 0$ 处垂直的一条直线，进一步地，e_t 的全局动态由下式刻画：

$$e_{t+1} - e_t \begin{cases} =0 & if \quad e_t = 0 \\ <0 & if \quad e_t > 0 \end{cases} \quad (2-21)$$

当人口数量为中等时，由于 e_t 与 g_t 构成的动态子系统有三个均衡点，因此相应的 EE 曲线在 e_t 与 x_t 构成的动态相位图里也表现为三条分别垂直于 $e = 0$、$e = e^u(L)$ 以及 $e = e^h(L)$ 的直线，进一步地，e_t 的全局动态由下式刻画：

$$e_{t+1} - e_t \begin{cases} <0 & if \quad 0 < e_t < e^u(L) \quad or \quad e_t > e^h(L) \\ =0 & if \quad e_t = [0, e^u(L), e^h(L)] \\ >0 & if \quad e^u(L) < e_t < e^h(L) \end{cases}$$

$$(2-22)$$

当人口数量较大时，e_t 与 g_t 构成的动态子系统有唯一的全局稳定均衡点 $[\bar{e}(L), \bar{g}(L)] = [e^h(L), g^h(L)]$，因此相应的 EE 曲线在 e_t 与 x_t 构成的动态相位图里为在 $e = e^h(L)$ 处垂直的一条直线，进一步地，e_t 的全局动态由下式刻画：

$$e_{t+1} - e_t \begin{cases} >0 & if \quad 0 \leq e_t < e^h(L) \\ =0 & if \quad e_t = e^h(L) \\ <0 & if \quad e_t > e^h(L) \end{cases} \qquad (2-23)$$

由以上动态相位图可得，在给定技术进步速度 g_t 的条件下，经济系统的稳态均衡在不同阶段表现为不同的形式：在经济发展的早期阶段，人口数量相对较小，此时经济的全局稳态均衡点为 EE 曲线和 XX 曲线的交点 $[0, \bar{x}^l(L)]$（称为马尔萨斯稳态均衡点），随着经济继续向前发展，人口数量逐渐增加，经济出现了两个均衡点，即之前的马尔萨斯稳态均衡点以及鞍点稳定均衡 $[e^u(L), x^u(L)]$，鞍点路径为整条垂直于 $e = e^u(L)$ 处的直线，最后，经济发展进入成熟阶段，人口数量相对较大，经济的稳态均衡路径为整条 EE 曲线，在 EE 曲线上，x_t 以恒定的速率增长。

如上所示，经济的动态系统相位图（见图 2-1 至图 2-6）完整描述了整个经济体从马尔萨斯式增长时期到后马尔萨斯式增长时期再到现代经济增长时期的过程，这一过程还伴随着人口的转型。在马尔萨斯式增长时期，人口规模较小，较低的技术进步率不足以使消费者产生提高后代受教育水平和人力资本存量的动机，正如图 2-1 和图 2-4 所示，经济体的全局稳定均衡意味着水平为 0 的受教育程度以及较低的技术进步率，为 $[0, g^l(L)]$，图 2-4 中出现的马尔萨斯稳态均衡点即马尔萨斯陷阱。总之，在给定较小的人口规模以及较低的技术进步率的前提下，个体的受教育水平与人均有效资源的增长率均为

0，人均产出的增长率也为0，经济体中对人口数量或有效资源的冲击都可以被马尔萨斯增长模式所吸收。

随着人口由于技术进步的原因而缓慢增长，图2-1中的曲线 $g_{t+1} = g(e_t, L)$ 逐渐向上移动，图2-4中的XX曲线也逐渐向上移动，带动全局稳态均衡点逐渐向上移动，在移动的过程中，均衡状态下的技术进步率有微小的增加，但是均衡状态下的个体受教育水平仍然为0。然而，当曲线 $g_{t+1} = g(e_t, L)$ 向上移动的幅度足够大时，动态系统均衡点的性质将会发生完全的改变，如图2-2和图2-5所示，经济体将会出现两个均衡点：马尔萨斯稳态均衡以及意味着较高的受教育水平、较高的技术进步率和人均有效资源（人均收入）增长的现代经济稳态均衡，但如果没有外生冲击因素的作用，经济仍然将停留在马尔萨斯稳态均衡点的状态。

当曲线 $g_{t+1} = g(e_t, L)$ 进一步向上移动时，如图2-3和图2-6所示，马尔萨斯稳态均衡将消失，经济体只存在一个全局稳定的现代经济稳态均衡，这一稳态均衡点意味着较高的受教育水平以及技术进步率，人均有效资源（人均收入）也以恒定的速率增长。

总之，在整个经济发展的过程中，技术进步率和受教育水平相互作用使经济体最终收敛于现代经济稳态均衡。技术进步率的提高对人口数量的变化起了两个方面的作用：一方面，技术进步率的提高使代表性家庭面临的预算约束更加松弛，从而能使代表性家庭有更多的资源用于抚养后代；另一方面，技术进步率的提高也使代表性家庭进行资源再配置以致力于提高后代的受教育水平（人力资本存量）。在后马尔萨斯式增长时期，由于对人力资本的需求较为有限，技术进步率提高的作用主要表现在第一个方面，代表性家庭利用可支配资源的增加同时扩大后代的规模以及提高后代的受教育水平。代表性家庭对人力资本的投资与技术进步率的提高之间的相互作用形成了一个良性循环：人力资本的形成使技术进步率进一步提高，这反过来又增加了对人力资本的需求，促使代表性家庭更多地将资源花费在后代的人力资本投资上，这就最终使经济体在跨越"马尔萨斯陷阱"的同时完成了人口转型。人口数量增长与人均收入增长相互抵消的效应不复存在，而人力资本积累与技术进步率提高之间的相互作用使经济进入持续增长的稳定状态。在现代经济增长时期，由于技术进步率远远超过人口增长率，故人均有效资源持续上升。如果人口规模恒定不变，则受教育水平、技术进步率、人均有效资源的增长率以及人均产出的增长率在稳态增长路径上也均保持不变。

（二）包含结构转变的统一增长模型

由于统一增长理论的重要贡献之一在于以数理模型的形式阐释了经济发展过程中现代经济部门（以制造业部门为代表）的兴起，因此后续的相关研究大多采用两部门（农业部门与制造业部门）的分析框架推导结构转型与经济增长稳态变化之间的关联。其中，最具代表性的研究来自汉森和普雷斯科特（Hanson & Prescott，2002），两人构造了一个简洁明了却能够成功揭示结构变迁以及经济体不同发展阶段的数理模型。在该模型中，经济体的生产由两类部门（被称为马尔萨斯部门的农业部门和被称为索洛部门的现代制造业部门）共同构成，两类部门生产同质的产品，且均采用规模报酬不变的生产技术。其中，马尔萨斯部门的生产需要使用资本、劳动、供给数量固定不变的土地以及全要素生产率（与传统生产技术关联），而索洛部门的生产仅需要使用资本、劳动以及全要素生产率（与现代生产技术关联）。同时，代表性消费者的最优决策在世代交替模型的背景下以权衡青年时期和老年时期的消费数量的形式加以体现，其效用函数采取一般对数效用函数的形式。模型的人口增长率依赖于代表性消费者的生活水平（与青年时期的消费量直接关联）。当经济体采用马尔萨斯部门的生产技术时，由于存在数量固定不变的要素投入，且人均产出的增长带来人口增长率的提升，最终会使人均产出的增长完全被新增的人口数量所稀释，维持在一个基本不变的稳态水平。在以上基本设定下，该模型展示了技术进步推动结构转变进而导致经济增长出现不同稳态的情形。具体而言，在经济发展的初期，技术水平较低，市场处于完全竞争的状态，代表性厂商面对给定的工资率和利率水平，并没有额外的动力采用索洛部门的生产技术，这使经济体中只存在使用马尔萨斯部门生产技术的厂商。而随着生产技术的逐步发展，经济体的技术水平

第二章 产业结构转变与经济增长的相关理论评述

将突破某个临界值，此时代表性厂商将发现使用索洛部门的生产技术更加有利可图，且此时人均产出的增长不再受固定的土地供给数量以及人口增长的限制，出现持续而稳定的经济增长路径。需要注意的是，在该模型中，技术进步由全要素生产率的变化而外生给定，而技术进步的内在原因被完全忽略，同时由于该模型未涉及人口数量演化的微观基础（代表性家庭生育数量与质量的选择），故也不涉及人口的转型问题。

针对上述模型中技术进步外生化的缺陷，一些后续研究对推动结构转变和经济增长的动力进行了内生化处理。田村（Tamura，2002）通过在两部门模型中引入人力资本的积累机制解释经济体从传统农业部门向现代工业部门的过渡以及相伴随的经济增长路径。该模型包括农业部门和工业部门，其中农业生产的投入要素为劳动力和固定数量的土地供给，工业生产的投入要素为劳动力和通过贸易所取得的中间投入品。中间投入品的获得需要花费一定的交易成本，而经济体中人力资本的存量与交易成本呈反向变动关系。在经济体发展的初期阶段，农业部门的生产占据主导性的地位，社会人力资本存量水平较低，但由于人力资本的积累可以提升农业部门的劳动生产率进而提升代表性家庭的收入水平，代表性家庭会出于效用最大化的动机选择进行一定数量的后代人力资本投资。随着人力资本的不断积累，用于工业生产的中间投入品的交易成本将逐渐下降，这就促成了经济体从农业部门向工业部门的结构转变过程，进而使经济体摆脱"马尔萨斯陷阱"并实现持续稳定的增长。该模型通过推导得出了人力资本积累的临界点，该临界点受到农业部门与工业部门的劳动生产率之比以及人均土地面积的影响，若农业部门的相对劳动生产率越高，人均土地面积越大，则向工业部门过渡的结构转变过程所需要的人力资本水平也就越高，转型的速度也就越慢。

德斯迈特和帕伦特（Desmet & Parente，2012）利用规模经济效应阐释了结构转变以及经济增长路径之间的相互关联。仿照基准模型的设定，该两部门模型一开始刻画了一个以农业生产方式为主的经济体，且低下的农业部门劳动生产率以及人均收入水平成为经济体落入

"马尔萨斯陷阱"的主要特征。与此同时，由于工业部门受劳动力及固定成本投入的制约发展不充分，代表性厂商的生产规模较小。引人注意的是，该模型设定了一个圆形的产品市场，并将商品的差异化组合与圆周上的每个点建立一一对应的关系。当市场规模扩大时，经济体中的工业品种类将不断增加，这一多样化的趋势将使圆形市场上的散点更加集中，同时相邻位置的散点所代表的商品差异化组合之间的替代弹性也会不断上升。此时，工业部门的代表性厂商将在利润最大化动机的驱使下不断扩大生产规模以充分享有规模经济的好处，并增加对于产品创新的研发力度。在这一环境下，随着农业生产部门的技术不断进步，经济体的人口数量不断增加，受益于市场规模扩大的效应，工业部门开始逐渐兴起，而当市场规模突破一定的临界值之后，代表性厂商将充分利用规模经济效应进行产品的横向创新，实现生产成本的节约，从而推动了结构转变以及经济持续增长的进程。

随着相关研究的深入，经济学家开始将统一增长模型内的结构转变问题与人口转型问题相结合。斯图里克和维斯多夫（Strulik & Weisdorf, 2008）构造了一个可以完整地解释结构转变以及人口、收入与经济增长变化路径之间的相互关联的内生增长模型，其中的关键机制在于代表性消费者抚养后代的成本变化以及由此引起的最优生育决策的变化。在该模型中，人口转型以及经济增长的长期趋势可以用产业结构的变迁以及农产品价格的相对变化加以解释。在世代交替模型的分析框架下，代表性消费者在儿童时期只消费农产品（食物）和工业品，而在成年期则从事生产劳动并决定抚育后代的最优数量，其效用函数采取拟线性效用函数的形式。在生产方面，该模型同样包括两类在技术上存在差异的产业部门，即传统的农业部门和现代的工业部门。在经济体发展的初期阶段，人口总量较小，且农业部门由于采用劳动密集型生产技术而雇用较多数量的劳动力。此时生产过程中的"干中学"效应相当有限，人均产出水平只够维持代表性经济主体的基本生存需要。尽管如此，"干中学"效应的存在仍然使农业部门的劳动生产率缓慢增长，且由于农业部门的"干中学"效应强于工业部门，农业部门的劳动生产率也高于工业部门。进一步地，农业部门的劳动生产率增长一方面使农产品（食物）的价格趋于下降，进而使代表性消费者抚养后代的成本下降，代表性消费者由此倾向于提高生育率，整个经济体的人口增长率也随之上升；另一方面，由于恩格尔定律的作用，代表性消费者农产品（食物）支出占其总收入的比例将不断下降，配置到工业部门的劳动力比例也将不断上升。当两类产业部门的"干中学"效应均随着时间的推移而逐步强化时，劳动力从农业部门向工业部门的转移便会使工业部门的劳动生产率增长速度超过农业部门的劳动生产率增长速度。这会使工业制成品变得相对便宜，农产品（食物）变得相对昂贵，进而代表性消费者抚养后代的成本上升，生育率趋于下降，最终使人口的增长速度不断放缓直至完全停滞。据此，模型讨论了"干中学"效应大小与经济体结构转变程度和经济增长路径之间的关系：当农业部门的"干中学"效应不明显（产出弹性相对较小）时，其生产率将一直保持在较低的水平上，人均产出水平的增加总会被总人口数量的增加所抵消，劳动力从农业部门向工业部门的转移进程受到阻碍，工业部门发展缓慢，经济体的经济增长速度趋于停滞，受困于"马尔萨斯陷阱"之中；而当农业部门的"干中学"效应较为明显（产出弹性相对较大）时，人口数量增加将带来农业部门劳动生产率的稳步提高，农产品（食物）的相对价格也不断下降，经济体的人均产出将持续稳步增长，劳动力也将持续从农业部门流动至工业部门，进入发散式的非平衡增长路径之中。

第三节 实证研究视角下的产业结构转变与增长

在实证研究层面，相关文献对经济结构转变与经济增长的关系进行了大量的统计与计量分析。在这些分析中，由于考虑到经济体的城市化进程实际上反映了经济结构的变迁，故其中多数研究均以城市化水平（与人口相关的指标）代表经济体结构转变的程度。兰帕德（Lampard，1955）开创性的研究最先表明城市化进程与经济发展阶段之间存在一致性,这一研究结论也得到了贝利(Berry,1965)和理查德森(Richardson,1981)的实证结果的支持。进一步地,部分研究采用时间序列分析法发现了城市化水平随着人均GDP的上升而上升,一些基于面板数据的实证研究则表明了城市化与经济增长之间存在长期均衡关系(Moomaw & Shatter, 1996; McCoskey & Kao, 1998)。亨德森(Henderson,2000)根据不同国家城市化水平以及人均GDP的截面数据粗略计算了城市化水平与人均GDP之间的相关系数。巴蒂内尔(Bertinell,2004)则发现了城市化与经济增长之间存在U形关系。在国内的相关研究中,已有研究成果在城市化对我国各区域经济增长绩效的具体影响这一问题上存在很大的分歧。段瑞君和安虎森(2009)发现城市化对中国各区域经济增长均有着很大程度的促进作用。金荣学和解洪涛(2010)则认为,初始城市化水平较低的省份才明显存在城市化增速与经济增长之间的强相关关系,即城市化推动经济增长的作用只显著体现在经济发展水平相对落后的地区。曹裕等(2010)通过引入城市化缩小收入差距的中间机制得出了类似的结论。与此相反,姚奕和郭军华(2010)通过因果关系检验发现城市化对经济增长的推动作用在东部地区更加明显,韩燕和聂华林(2012)的研究也同样表明了经济发达地区更能体现城市化对经济增长的推动作用。

除了以传统的城市化水平作为衡量结构转变的指标外,还有部分研究通过分解经济增长总量以探究结构转变因素在其中的贡献。例如,其中的"偏离份额法"将经济体中的劳动生产率(全要素生产率)变化分解为结构效应、生产率效应以及交互乘积项(Ledebur & Moomaw, 1983; Bracalente & Perugini, 2010),如式(2-24)所示:

$$\begin{aligned} P_t - P_0 &= \sum_{k=1}^{m} S_{tk} P_{tk} - \sum_{k=1}^{m} S_{0k} P_{0k} \\ &= \sum_{k=1}^{m} (S_{tk} - S_{0k}) P_{0k} + \sum_{k=1}^{m} S_{0k} (P_{tk} - P_{0k}) \\ &\quad + \sum_{k=1}^{m} (S_{tk} - S_{0k}) (P_{tk} - P_{0k}) \end{aligned} \qquad (2-24)$$

在上式中,t代表时间,k代表部门,P代表劳动生产率水平,S

代表部门的就业份额。等号右边的第一项被称为"静态结构变迁效应",是指在生产率水平保持不变的前提下,劳动要素从劳动生产率较低的产业部门转移至劳动生产率较高的产业部门所引起的总体劳动生产率的提升,该项也表明了结构转变对于生产率水平变化的贡献。第二项被称为"生产率增长效应",是指仅仅由于各产业部门内部的技术效率变化以及技术水平提升等因素所引起的各产业部门内部劳动生产率的提升。第三项被称为"动态结构变迁效应",是指总体劳动生产率在劳动要素迁移过程中的净提升(有时也用第一项和第三项的加总衡量结构转变的贡献)。这一分解方法在后来得到了众多研究者的不断完善,例如,提莫尔和斯泽迈(Timmer & Szirmai,2000)打破了同质投入的假设,范和提莫尔(Van & Timmer,2003)将较长的时间周期分成若干较短间隔,对每段间隔内的价格水平都重新确定基期,同时还考虑了农业生产部门中的剩余劳动力,将劳动力在部门之间的转移归因于扩张型部门的作用。在此基础上,两人对亚洲主要国家经济增长中的结构变迁贡献进行了实证研究,发现结构转变在整体上对经济增长起显著的促进作用,在南亚和东南亚国家,结构转变主要体现为劳动力农业向工业部门的转移(二元结构转变),而在东亚国家,结构转变主要体现为劳动力在制造业内部由劳动密集型产业向技术密集型产业的转移。伍斯特哈文和布洛尔斯马(Oosterhaven & Broersma,2007)同样用此方法研究了荷兰在1990—2001年40个区域劳动生产率的差异及其影响因素,发现结构因素在解释劳动生产率差异方面所占的贡献大约为23%,在解释区域增长率差异方面所占的贡献大约为25%。刘伟和张辉(2008)运用该分解公式发现产业结构对我国劳动生产率增长的贡献呈现逐渐降低的趋势,而技术进步在其中的贡献逐渐增强。张军等(2009)则将全要素生产率分解为技术进步、技术效率、规模效应和要素重置效应的变化率(结构转变因素),强调由要素重置而引起的效率改善在今天仍是我国全要素生产率增长的重要动力。

相对于强调供给因素的"偏离份额法","结构分解分析法"(SDA)通过引入投入—产出矩阵,在分解经济增长来源时纳入中间投入品需求以及最终产品需求等因素,从供给和需求两个角度出发,补充和完善了"偏离份额法"的研究思路。SDA 的基准分解方法如下式(2-25)所示(Jacob, 2005; Miller & Blair, 2009):

$$X = XA + f \rightarrow X = (I - A)^{-1} f = Lf$$

$$\rightarrow X_t - X_0 = \frac{1}{2}(L_t - L_0)(f_0 + f_t) + \frac{1}{2}(L_t + L_0)(f_t - f_0)$$

$$\rightarrow \Delta X = \frac{1}{2}\Delta L(f_0 + f_t) + \frac{1}{2}\Delta f(L_t + L_0) \qquad (2-25)$$

其中,t 为时间,X 为产出向量,A 为直接消耗系数矩阵,反映了产业部门之间的关联程度,L 为里昂惕夫逆矩阵,f 为最终需求向量。因此,以上最后一式等号右边的第一项反映了由技术水平变化所引致的中间投入品结构变化对总产出增长的贡献,第二项反映了最终需求变化对总产出增长的贡献。这一方法在国外有着较为广泛的应用(Verspagen, 2002; Pender et al., 2003b; Savona & Lorentz, 2006)。而由于数据的限制,国内对该方法的应用较少,主要的研究来自刘伟和蔡志洲(2008)利用投入—产出表对中间投入变化的描述性分析,他们使用我国 1992 年以来的投入—产出表和传统的直接消耗系数矩阵分析了技术进步、产业结构转变与国民经济增长之间的关系。

另外,基于生产函数分解而建立实证模型研究产业结构与区域经济增长关系的文献也较为多见。具有代表性的研究来自刘伟和李绍荣(2005)对生产函数的分解(其中,结构变量被视为生产要素弹性的函数):

$$Y = K^{\sum_{i=1}^{k}\alpha_i x_i} L^{\sum_{i=1}^{k}\beta_i x_i} e^{\sum_{i=1}^{k}\gamma_i x_i + \varepsilon}$$

$$\rightarrow \ln Y = \left(\sum_{i=1}^{k}\alpha_i x_i\right)\ln K + \left(\sum_{i=1}^{k}\beta_i x_i\right)\ln L + \left(\sum_{i=1}^{k}\gamma_i x_i\right) + \varepsilon$$

$$(2-26)$$

其中,i 表示部门,γ 表示在资本和劳动要素投入不变的情形下剔除资本和劳动产出弹性后,经济结构变量 x_i(可以是产业结构或所有制结构)对产出增量的影响。若这种影响为正,则意味着剔除资本和劳动的贡献之后,在资本和劳动要素投入不变的条件下,经济的总量规模仍然处于扩张状态。即资本和劳动要素的组合形式发生的变化使生产规模扩大，这意味着资本和劳动的组合形式变化有利于增长，这在一定程度上表明此时资本和劳动要素的组合形式（反映结构层面的因素）是提高专业化和社会分工的组合形式。通过研究，两人发现在东部经济区现行的经济结构中，通过改革开放的市场经济转型和提高第三产业在产业结构中的份额，并同时增加混合所有制企业职工和个体从业人员在总劳动人口中的比例会极大地提升经济增长率。在中部经济区的现行经济结构中，降低第一产业或第三产业在产业结构中的份额，并且同时增加混合所有制企业职工和个体从业人员在总劳动人口中的比例会极大地提升经济增长率。而在西部经济区的现行经济结构中，降低第一产业在产业结构中的份额，并且同时降低国有企业和私营企业职工人数在总劳动人口中的比例，增加混合所有制企业职工和个体从业人员在总劳动人口中的比例会极大地有利于经济规模的扩张。

第三章 产业集聚与经济增长的相关理论评述

经济活动的空间集聚现象虽然自从人类社会诞生之初就普遍存在，但由于种种因素的限制，其直至19世纪初才被正式纳入经济学家的研究视域。历经古典区位理论、经济地理学与新经济地理学的演变，对集聚现象的探讨逐渐系统化、理论化，催生了诸多经济学科的重要分支，同时日益与增长经济学和发展经济学的前沿紧密融合。与上一章的结构安排类似，本章同样致力于梳理和总结相关研究所取得的主要成果，同时借助经典的理论模型分析集聚对区域经济增长的作用机制，最后结合现有的经验数据和实证研究结果对本章及前一章所整理的国内外研究现状做出简要的评论。

第一节 古典区位理论：最初的尝试

一 为何忽略空间

一个不容置疑的事实是，自人类文明产生以来，无论是在各大洲之间还是各大洲之内，人类活动与生活水平都是非均匀分布的（Braudel，1979）。抛开生产活动的具体形式，可以发现其均集中分布在地图上空间面积相当有限的少数几个"散点"之上，此即谓之经济活动的空间集聚现象。需要注意的是，这一界定虽然就字面意义而言相当简单，但在现实经济中，集聚本身包含着不同的层次和规模，小到一个街区或市镇中汇聚了各类商业活动的购物区和商业街，大至一个国家内吸引了绝大部分优质生产要素、从事有序的专业化生产并面向整个世界市场的经济区和城市群。由于人口和经济活动在地理上的分布自古以来均呈现出极其鲜明的不平衡特征，研究特定经济活动或产业部门为何会选择在特定的区位发展（从而为何某些区位的经济发展绩效优于其他区位，进而这一区域经济差异如何影响整体经济的发展进程）理应成为经济学研究的重要议题之一。然而，经济学作为一门研究如何优化配置有限的资源使其最大限度满足人类需要的学科，长久以来专注于分析"生产什么"（What）、"何时生产"（When）、"为谁生产"（For whom）和"如何生产"（How）四类问题，唯独忽略了生产活动的空间维度，即"在何处生产"（Where）的问题，即同样的经济活动不管处于区域内的哪个地理位置，均会在完全相同的最优化问题背景下导出无差异的个体理性选择和均衡条件。正如新经济地理学家库姆斯、迈耶和蒂斯在其著作中所言，"经济学教科书给人留下的印象是生产和消费活动都发生在针尖上，没有任何空间维度，无论是土地还是距离都没有涉及。空间及其主要组成要素在很大程度上要么被等同看待，要么被忽略"。[1]

经济学家们对空间要素长时间的选择性忽略有其深刻的历史背景。其中一个相当重要的因素在于中世纪以来国家主义和民族主义在欧洲的盛行。国家这一概念的出现使当时的诸多古典政治经济学家将其视为经济体的唯一代表，国家的边界也成为当时的政治经济学研究中唯一需要留心和注意的空间维度。一个典型的例子是在最初的国际贸易理论中，生产要素通常被设定为在国家内部可以完全流动而在国家之间完全无法流动。另外，在欧洲各国陆续出现的地方通行税废除以及运输体系的改善现象极大地促进了各地之间运输成本和贸易成本的下降，这也在一定程度上使经济学家们相信舍弃空间上的差异是一种接近现实且科学合理的假设。直到19世纪20年代，研究人类经济活动空间分布规律和影响区位选择主要因素的古典区位理论面世，才标志着集聚（空间）因素第一次被纳入了经济学研究的视野当中。其中，杜能、韦伯、克里斯塔勒和廖什等代表性区位理论家奠定了研究

---

[1] 皮埃尔-菲利普·库姆斯、蒂里·迈耶、雅克-弗朗索瓦·蒂斯：《经济地理学：区域和国家一体化》，安虎森等译，中国人民大学出版社2011年版，第23页。

市场经济条件下区域资源配置问题的理论基础,其中许多朴素的观点成为后来区域经济学、经济地理学和空间经济学核心思想的重要来源。

二 杜能的农业区位论

约翰·海因里希·冯·杜能(Johann Heinrich von Thunen)在历史上首先创立了完整的农业区位理论,同时也是公认的区位理论研究先驱者,其于1826年出版的代表作《孤立国同农业和国民经济的关系》不仅回答了当时德国在农业生产方式经历变革,逐步向资本主义商品农业过渡的背景下应如何合理安排农业生产活动的空间布局问题,而且基于经典的"孤立国"假定创设了一个完整的农业区位论框架。在这一理论体系下,完全封闭的所谓"孤立国"以城市(农产品消费市场)为中心被划分为六类不同的同心圆圈层,各圈层均可用地形、土壤条件以及地理方位等因素独一无二地加以刻画并与不同的农业生产活动进行匹配,在这些因素中,运输成本在空间上存在的差异具有最为重要的地位。因此,各类农业土地的利用类型及其生产经营活动的集约化程度不仅依赖于土地天然的肥沃程度,更取决于其到中心农产品消费市场的距离。在如此简洁的设定下,可以发现一旦给定中心城市的地理位置[①]以及城市附近的农业活动类型,其余农业生产活动所涉及的农产品运输成本都将受到影响,在一个竞争性的市场制度安排下,所有的农业生产活动都将在空间上得到最优的配置,并最终形成均衡。

杜能"孤立国"模型的可贵之处并不仅仅在于其首创性,更在于即使以现代经济学的角度审视,其论证的精巧性与深刻程度仍然令人叹服。虽然并未使用复杂高深的数学工具,杜能仍然通过演绎法与边际分析法深入探讨了完全竞争土地市场的空间均衡,由此衍生出的"地租竞价函数"成为城市经济学和经济地理学中的重要概念。"地租竞价函数"接近于现代经济学中保留价格的概念,要求每块土地均通过竞拍程序配置给不同的农业生产活动,而经济体中的每个农民出

---

① 杜能并不关心为何城市会布局在"孤立国"的中心位置。

价的依据在于自身在任意特定空间内使用单位土地可获取的最大剩余（销售收入减去生产成本与运输成本）。最终，土地会被分配给对其出价最高的农民，同时每个特定圈层都会开展专业化程度较高的农业生产。与此相应地，同一圈层内的土地地租将由于土地本身高度的可替代性而趋于相等，而不同圈层的土地地租水平与其离中心城市的地理距离呈反向变动关系。当然，由于分析工具的限制，杜能并未给出建立在数理模型分析框架下的一般空间均衡解，其后继者通过引入里昂惕夫技术并进一步将其扩展至新古典生产函数，最终在增长模型的框架下近乎圆满地解决了这一问题（Dunn，1954；Beckmann，1972a；Schweizer & Varaiya，1976）。

另外，值得一提的是，杜能关于产业活动集聚的离心力与向心力的分析（虽然他还未正式提出这些名词）。其中，产业集聚的离心力主要由高昂的运输成本、原材料成本、工资和地租共同引起。而杜能对产业集聚的向心力的分析则更加富有见地，集聚向心力的以下几方面来源与后来新经济地理学中的"核心—外围"理论对集聚原因的探讨基本吻合。

第一，厂商生产的规模效应。杜能认为，规模报酬递增必然带来各类生产成本的节约，同时城市对产品的大量需求也使生产出现扩大和集中的现象，"只有在大规模的工厂安装节约劳动力的机器设备，才是有利可图的，因为这样可以节省手工劳动的费用，从而进行更廉价更有效的生产……由于所有这些原因，许多工业部门的大型工厂只建在首都是可行的。但是劳动分工与一个工厂的规模密切相关（亚当·斯密说明了分工对劳动产出的规模和生产经济的重要影响）。这就说明，与机器生产是否经济无关，为什么大工厂的人均劳动产出要远高于小工厂的……"[①]

第二，机器大生产背景下厂商之间的分工与协作。这使各厂商能

---

① Thunen, J. H. von., *The Isolated State*, Oxford: Pergammon Press, 1966: 287-288. 转引自藤田昌久、雅克-弗朗斯瓦·蒂斯《集聚经济学：城市、产业区位与全球化》，石敏俊等译，格致出版社、上海三联书店、上海人民出版社2014年版，第11页。

够通过集中于某一特定区域而充分享有投入—产出关联所带来的收益,而新兴的大城市恰恰为这样的空间集中提供了必要的场所。正如杜能所言,"既然是用机器生产机器,不同的工厂和车间生产的产品就是它们自己所需的,并且,只有在工厂和车间挨得足够近,值得它们能够相互帮助从而协调生产的地方,比如在大的城镇,机器才能更有效地生产出来……经济学理论至今没能充分注意到这一因素。然而,正是这一因素解释了为什么工厂的分布通常是公共性的,为什么即便在其他各方面条件都合适的情况下,那些在孤立地点建立起来的工厂的结局通常仍然是不幸的"。[1]

第三,城市对熟练劳动力的吸引。杜能认为,大城市在吸引熟练工人的过程中起到了类似磁铁的作用,较之乡村,以国家首都为代表的各类大城市可以凭借自身更为完善的各类基础设施建设吸引包括艺术家、商人、劳动者、公务员以及学者在内的各类杰出人才,这也为厂商的区位选择提供了重要的决策依据。

三 韦伯的工业区位论

到了19世纪中后期,随着德国工业革命进程的加速以及化工、钢铁和机械制造等一系列新兴工业部门的发展,德国的区位论者开始逐渐将研究重心转移至工业生产部门的区位选择问题,探究厂商如何在激烈的市场竞争中选取最优区位以实现成本最小化和利润最大化,工业区位理论由此应运而生。工业区位论的代表人物阿尔弗雷德·韦伯(Alfred Weber)在其于1909年出版的代表作《工业区位论》中同样采用从抽象到具体的演绎方法系统研究了工业生产活动中的区位选择,同时最先提出了"区位因素"这一重要概念,并将其定义为决定工业空间分布于特定地点的因素或原因,即"作为区位的经济原因运作的力"。[2] 根据韦伯的观点,各类区位因素可以被划分为特殊区位因素和一般区位因素。其中,特殊区位因素主要影响特定的工业部门,

---

[1] Thunen, J. H. von., *The Isolated State*, Oxford: Pergammon Press, 1966: 289 - 290. 转引自藤田昌久、雅克-弗朗斯瓦·蒂斯《集聚经济学:城市、产业区位与全球化》,石敏俊等译,格致出版社、上海三联书店、上海人民出版社2014年版,第11页。

[2] 阿尔弗雷德·韦伯:《工业区位论》,李钢剑等译,商务印书馆2010年版,第2页。

与某类工业部门的特殊性质密切关联（例如原材料的化学性质），一般区位因素则可广泛影响各类工业部门，相对而言更具有研究价值。具体而言，一般区位因素包括运输成本、劳动力成本和空间集聚。其中，运输成本因素决定了工业生产的基本布局形式，劳动力成本使基本布局发生一定程度的偏移，空间集聚则起到进一步推动偏移进程的作用。进一步地，韦伯利用最小成本原理以及所谓"范力农架构"解决了简单的工业部门布局问题。

基于经济地理学的角度，韦伯的一个重大创见在于首先提出了集聚的概念。他认为"集聚因素是一种'优势'，或是一种生产的廉价，或者是生产在很大程度上被带到某一地点所产生的市场化"。[①] 同时，类似于马歇尔（Marshall, 1890）的见解，韦伯将工业生产活动的集聚归结为两个发展阶段：在第一个阶段里，集聚孕育于单个企业的生产与经营规模的扩张之中（规模报酬递增效应）；在第二个阶段里，各企业通过建立分工、协作联系以及共享基础设施进一步强化集聚所带来的收益与好处（正外部经济效应）。更为重要的是，韦伯已经发现生产活动集聚的结果本身包含着分散的因素，两者构成了对立统一的关系。集聚的规模大小决定了分散作用的强度，在韦伯看来，分散作用消除了由集聚现象所导致的地租上升以及由此带来的原材料、劳动力以及相关间接成本上涨的压力。

四 克里斯塔勒和廖什的"中心地"理论

在进入20世纪之后，随着资本主义从自由竞争阶段逐渐向垄断阶段过渡，企业之间的竞争程度也日趋激烈，这就需要从市场竞争的角度出发，进一步拓展和修正原有的区位理论。其中，沃特尔·克里斯塔勒（Walter Christaller）与奥古斯特·廖什（August Losch）所做的贡献尤为杰出。克里斯塔勒最先探讨了服务业在人类生产活动的空间组织系统中所承担的角色，继杜能和韦伯之后将经济体中的所有产业部门均纳入了区位理论体系的研究范畴，并且明确指出"核心—外

[①] 阿尔弗雷德·韦伯：《工业区位论》，李钢剑等译，商务印书馆2010年版，第51页。

围"式的非均衡发展结构乃经济活动中的常态，无须动用政府调控等强制力量使其走向空间布局上的完全平衡。以此为基础，克里斯塔勒构建了其最广为人知的"中心地"理论。在这一理论中，生产活动的空间结构被高度简化抽象为由正六边形的几何单元所组成的网络结构，而所谓"中心地"作为集聚各类生产活动并向周围地域（尤其是农村地域）提供各类商品和服务的场所，位于正六边形的中心位置。通过引入新古典经济学的假设，克里斯塔勒成功论证了消费者和生产者的理性行为以及完全竞争的市场条件将使生产者出于利润最大化的动机集中布局于"中心地"，而消费者则会出于减少通勤费用的动机前往最近的"中心地"购买商品和服务。

"中心地"理论的引人入胜之处还在于对不同"中心地"的等级划分，实际上此可视为现代城市等级体系理论之滥觞。克里斯塔勒通过严谨的数学推导描述了均衡状态下的"中心地"布局结构体系，即各个"中心地"的市场区域均为具有稳定结构的正六边形，每一等级的"中心地"六边形的市场区域的各个顶点处均坐落着一个次一级的"中心地"，最终形成一个完整的"中心地"等级体系以及各六边形市场区域相互规整嵌合的优美的空间结构。"中心地"的等级由其所提供的商品和服务的种类决定，种类越多，"中心地"的等级越高，提供市场服务的范围越大，数量也就越少，同一等级的"中心地"提供的商品和服务种类均大致相同。在此之后，廖什对"中心地"理论进行了有益的补充，认为处于同一等级的"中心地"彼此之间可以存在较大的行业结构和产品结构差异。因此，同一等级的"中心地"之间由于存在商品的互补关系而同样需要交通线的联结，并非如克里斯塔勒认为的那样，不同等级的"中心地"之间的交通线比同一等级的"中心地"之间的交通线更重要。

总之，古典区位理论做出了将人类经济活动的空间因素纳入传统经济学分析框架的最初尝试，其中不乏深刻的见解与思想。然而，尽管古典区位理论家们已经接触并涉及集聚的概念，但进行的多是描述与分析性的工作，并未对集聚背后的形成机制做出科学合理的解释，而对于集聚所产生的正外部性以及推动区域经济增长的效应，更是囿于时代背景和研究水平的限制而鲜有着墨。

第二节 传统经济地理学的困境与空间不可能定理

一 传统经济地理学的发展与困境

自古典区位理论之后，随着新古典经济学研究范式的突飞猛进，尤其是建立在完全竞争假定下的一般均衡模型（Arrow & Debru，1954）的提出与发展，经济地理学作为一门独立的学科开始在竞争式的分析框架下产生，而第二次世界大战后发达国家广泛出现的城市化浪潮也促进经济地理学家们思考资源在城市空间内的有效配置与集聚问题。其中，具有开创性的工作由艾萨德（Isard，1956）和阿隆索（Alonso，1964）完成，其模型在城市和中央商务区的背景下赋予了杜能"地租竞价函数"（Thunen，1826）全新的内涵。此时，城市内部某个特定的空间点所具有的全部空间特征被归结为其与中心商务区的欧氏距离，而城市内部的土地可以用于建设工厂、住房与各类基础设施。借助于完全竞争的土地市场结构以及消费者的效用最大化问题，该模型揭示了如下资源配置的均衡状态：消费者均居住在城市内部，且不论居住于城市内部的哪个空间点，最终必然得到彼此相等的效用水平。这一均衡结果有助于解释城市内部的中心商务区及其周围的土地如何在不同的经济主体和用途之间进行配置，进而自然推广至城市的人口密度与城市土地的地租均和距离中心商务区的远近程度呈反向变动关系的现象（即郊区化与城市人口空间布局结构的钟型化）。这一模型所描述的单中心式的城市结构在一定程度上解释了为何城市内部的生产要素和资源会集中于中心商务区，但由于外生给定了中心商务区的地理位置，其仍无力对经济活动在特定空间内的集聚提供完整的说明。

由于上述模型并未包含厂商最优化选择的因素，小川和藤田（Ogawa & Fujita，1980）受到企业生产要素中"意会知识"（tacit knowledge，也称"非编码化知识"或"缄默知识"）这一概念的启发，通过引入所谓"溢出效应"解释了城市内部企业的布局与选址问题。他们发现，溢出效应的大小与企业之间的欧氏距离呈反向变动关系，即溢出效应随着企业间距离的增加而衰减。具体而言，企业之所以能够产生集聚的力量，根本原因在于企业需要通过面对面的学习与交流获得"意会知识"，从而有效地进行取长补短，而"意会知识"的传播非常依赖企业之间的空间距离，空间距离越近，接收"意会知识"的收益也就越大，这构成了促使企业集聚的"拉力"。另外，企业的集聚也受到雇佣工人平均通勤成本这一"推力"的作用，平均通勤成本的上升必然带来工资以及企业集聚地带周边区域地租水平的上升，从而在一定程度上限制了企业的过度集中。显然，代表性厂商和家庭的最优选址决策在模型中主要取决于"拉力"和"推力"之间的平衡。最终，较高的平均通勤距离会导致居住与生产活动完全分散和混合的空间布局模式，此时并不存在土地的专业化利用。随着通勤成本的逐渐下降，城市的空间结构会发生蜕变，并趋于从事完全专业化生产的单中心模式。后来，太田和藤田（Ota & Fujita, 1993）进一步对城市单中心模型做出拓展，将企业的生产部门分解为管理部门和后勤部门，假定不同企业的管理部门之间需要进行"意会知识"的相互学习与交流，而后勤部门仅与其隶属企业的管理部门之间进行必要的生产与管理信息交流。这一追加设定最终孵化出了更为有趣且贴近现实的均衡，即管理部门和后勤部门的布局结构不仅取决于工人的通勤成本，也取决于企业内部两类部门之间交流所产生的成本。若交流成本和通勤成本均较高，企业的管理部门和后勤部门均将在城市的中心商务区集聚，从而与典型的单中心模式并无二致；若交流成本和通勤成本均出现下降，两类部门将在空间布局上走向分离，其中管理部门仍然集聚于中心商务区，而后勤部门将集聚于城市的郊区地带。这一分离趋势也同时带来了劳动力的分离，并形成两类不同的劳动力市场。遗憾的是，尽管单中心城市模型初步探讨了集聚的内在机理，但却始终未能内生化中心商务区本身的选址问题。因此从本质上而言，经济主体仍然无法真正进行自主的空间区位选择，正是从这一层意义上而言，单中心城市模型的核心思想相对于杜能的"孤立国"模型仍没有本质性的突破，这也成为困扰经济地理学家的核心问题之一。

二 空间不可能定理

上述困局迫使经济学家转而思考空间竞争的本质，其中一部分人对完全竞争与一般均衡的分析框架能否完美解决空间资源配置问题产生了怀疑。最初，他们发现一般均衡理论实际上排除了"一价定律"的存在，因为只要在不同的地点进行交易，同一种类的产品从本质上而言也是不同的产品（Deberu，1959）。进而，一般均衡理论当中许多严格的设定同样会推导出许多与现实生活中经济主体的最优空间选择相悖的结论。首先，严格凸性的消费者偏好将导致消费者购买种类多样的商品（每种商品的最优消费量均为正，且每种商品的消费支出相对于总体收入水平而言可以忽略不计），将这一结论推广至空间维度意味着消费者将在各类不同的区位均购买一定量的住宅（Mirrlees，1972），这显然相当荒谬。其次，即便消费者能够做出如此选择，这也会在极大程度上使效用最大化问题复杂化。因为消费者的部分禀赋只能在特定居住地附近才能得到，因此原本同质的初始禀赋将由于居住地的分散分布变得不同，从而影响消费者所面临的商品束与最优消费束。最后，凸性的厂商生产技术从根本上否定了规模报酬递增的可能性，由此所带来的致命影响在于消除了厂商在某一区位集聚的动机。当运输成本下降时，厂商的分散化布局决策（或将自身的生产单元进行分解）并不意味着总产出的减少（在给定要素投入的前提下）。此时，厂商将转而倾向于在不同的区位分设零散的分支机构，各个区位均可实现自给自足，即所谓"后院资本主义"（Eaton & Lipsey，1977），集聚现象将不复存在。

由库普曼斯和贝克曼（Koopmans & Beckmann，1957）所提出的委派问题进一步动摇了采用一般均衡分析框架解决集聚问题的必要性。在该问题中，技术上不可分的厂商个数与空间中可供生产的地点个数相同，且存在一一对应关系，每个厂商生产固定数量的产品，其生产技术独立于所选择的区位。若各厂商之间并不存在生产上的投入—产出关联，其选址问题可以简化为线性规划问题（线性委派问题），最终可以在土地市场完全竞争的条件下求解出厂商选址的竞争性均衡。然而，当厂商之间不再相互独立，每个厂商在生产过程中均要使用其他厂商的产品且承担相应的运输成本时，若每个区位均可以给厂商带来固定数额的收益，则该委派问题将不存在竞争性均衡解，甚至对于最简单的两厂商两区位模型也是如此。设经济体中存在厂商 $i(i=1,2)$ 与区位 $r(r=A, B)$，区位 A 的土地租金为 R_A，区位 B 的土地租金为 R_B，不妨设厂商 1 被委派至区位 A，厂商 2 被委派至区位 B，且厂商 i 生产 q_i 单位的产品 i 并从另一个厂商处购买 q_j 单位的产品 j（注意此处由于产品在不同的区位生产，故必须视为两类不同的产品），产品 i 在区位 r 处的价格水平为 p_{ir}，运输成本为 t_i。最后，除了将商品向本地市场出售获得的收益之外，厂商还可获得向其他市场出售商品所获得的独立于自身区位选择的正收益 a_i。在如此设定之下，两个厂商各自获得的利润水平如下所示：

$$\pi_{1A} = a_1 + p_{1A}q_1 - p_{2A}q_2 - R_A \tag{3-1}$$

$$\pi_{2B} = a_2 + p_{2B}q_2 - p_{1B}q_1 - R_B \tag{3-2}$$

另外，各个区位产品的均衡价格与运输成本之间的关系如下所示：

$$p_{1B} = p_{1A} + t_1, \quad p_{2A} = p_{2B} + t_2 \tag{3-3}$$

此时可以发现，若不失一般性地设 $R_A \geqslant R_B$，则原来的厂商区位委派无法实现厂商的利润最大化，即厂商有偏离原有区位的动机。要认清这一点，只需比较厂商 1 迁移至区位 B 进行生产所得的利润水平与其原来可获得的利润水平，即：

$$\pi_{1B} = a_1 + p_{1B}q_1 - p_{2B}q_2 - R_B$$

$$\begin{aligned}\pi_{1B} - \pi_{1A} &= (p_{1B} - p_{1A})q_1 - (p_{2B} - p_{2A})q_2 + R_A - R_B \\ &= t_1q_1 + t_2q_2 + (R_A - R_B) > 0\end{aligned} \tag{3-4}$$

由式（3-4）可以看出，厂商 1 通过做出迁移决策可以获得更高的利润，因此原来的区位安排不可能是稳定的竞争均衡。一般地，在存在 M 个厂商及 M 个同质区位的推广情形下，同样不存在可以维持竞争均衡的厂商布局模式（Fujita & Thisse, 2014）。米尔斯（Mills, 1972）对上述结论进行了富有想象力的评论，并指出规模报酬不变与完全竞争的市场结构必然导致一个没有集聚、没有城市的怪诞经济体，"每英亩土地承载着相同的人口和相同的生产活动组合。得出这一结果至关重要的一点就是，规模收益不变使每一种生产活动都可以在任意小的规模上进行且不损失效率。此外，所有土地的生产率相同，均衡要求土地的边际产品价值从而土地租金在任何地方都相同。因此，当处于均衡时，所有投入和产出必须直接和间接地满足居住在该小片地区的所有消费者的需求。这样，每一小片地区都为自给自足的经济体，不存在人口转移和商品运输"。[①]

总之，规模报酬不变与完全竞争的市场结构相结合的分析范式不可能解释现实经济中的集聚现象。斯塔雷特（Starrett，1978）通过严格的数学推导，将这一结论以定理的形式加以呈现，即考虑一个地理位置数量有限的经济体，如果空间是同质的[②]，那么在存在运输成本且偏好满足局部非饱和假设时，不存在包含区位间商品运输的竞争性均衡。这一定理被称为"空间不可能定理"。因此，仅凭经典的一般均衡分析框架，无法同时解释集聚的形成机制与生产要素的流动现象。

"空间不可能定理"的重要意义在于明确了经济活动完全可分的条件下生产要素的完全流动与区际贸易之间的替代关系，此时运输成本可通过代表性厂商的本地化生产完全消除且不会带来任何意义上的效率损失。而只要经济体中的生产活动存在不可分性，则厂商之间的相互作用便会导致运输成本的产生（Starrett，1978）。这意味着只要经济主体面临着最优区位的选择问题，那么要素流动背景下的竞争性均衡便不可能存在。因此，在经济地理学研究中假设经济体存在规模报酬递增便成了更为科学合理的假设，要想深入探讨集聚现象，就必

[①] Mills, E. S., *Studies in the Structure of the Urban Economy*, Baltimore, MD: The Johns Hopkins Press, 1972: 4. 转引自皮埃尔-菲利普·库姆斯、蒂里·迈耶、雅克-弗朗索瓦·蒂斯《经济地理学：区域和国家一体化》，安虎森等译，中国人民大学出版社2011年版，第29页。

[②] 空间同质的内涵可以被归结为代表性家庭的效用函数与代表性厂商的生产函数均独立于其区位选择。

须引入递增的规模报酬这一设定（Krugman，1995）。

另外，经济学家们也逐渐意识到引入空间因素将意味着代表性厂商实行差异化的产品策略，这与不完全竞争的市场结构相互关联。这一思想最初由劳恩哈特（Launhardt，1885）提出，其分析假定厂商总能正确预期到消费者会前往商品总价（厂商所生产的产品的出厂价与消费者前往厂商所在地所付出的通勤成本之和）最低的厂商处购买产品。这会使厂商对其区位附近的消费者拥有某种垄断力量，从而拥有制定差异化价格的能力（此时厂商仍须考虑价格过高时消费者前往其他厂商处购买产品的可能性）。在此基础上，劳恩哈特利用纯策略纳什均衡的思想构建了一个简单的空间内企业的价格竞争与形成模型，并得出厂商愿意在空间内分散布局以减轻价格竞争程度的结论："运输方式的改善对昂贵品相当不利，因为这会使它们失去最有效的价格保护措施，即由低效的运输方式所导致的高价。"[1]

之后，霍特林（Hotelling，1929）承袭了劳恩哈特的思想，从不同的厂商区位布局出发构建了一个标准、规范且简洁的双寡头厂商博弈模型。在模型中，寡头厂商出售完全同质的产品，空间被简化为一条长度给定的线段，且代表性家庭在直线上呈均匀分布，其购买产品所面临的通勤成本与家庭和厂商之间的距离成正比。最初，霍特林取消了寡头厂商的价格竞争，仅保留区位选择上的竞争。此时，寡头厂商均以产品的边际成本为标准定价，其面临的产品需求实际上完全取决于其所吸引的代表性家庭的数量，且厂商追求利润最大化的结果会使其布局于市场的中心（即线段的中点位置），这一结论也被称为"最小差异原理"。在这一简化模型中，市场竞争的本质在于厂商区位的选择，产品的差异化策略也演变为在给定空间内如何选址定位的策略。简言之，在霍特林模型中，空间竞争一开始就以策略性竞争而非完全竞争的面目存在。后来，在进一步拓展的两阶段博弈模型中，这

---

[1] Launhardt, W., *Mathematical Principles of Economics*, Aldershot: Edward Elgar, 1993: 150. 转引自陆铭等《中国区域经济发展：回顾与展望》，格致出版社2011年版，第15—16页。

一点表现得尤为明显：在博弈的第一阶段，寡头厂商根据各自面临的市场需求函数进行生产和经营的最优区位决策；而在博弈的第二阶段，作为价格制定者的寡头厂商了解到代表性家庭知晓厂商布局位置这一事实并各自制定利润最大化的价格水平。霍特林提出了求解该博弈模型的逆向递归方法，首先在厂商区位选择决策给定的情况下求解第二阶段的子博弈精炼均衡，即厂商的最优定价策略，然后再将最优价格代入第一阶段厂商的利润函数，进而求解厂商的最优区位决策。令人惊讶的是，这一博弈模型的建立不仅对于集聚现象的研究有着开创性的价值，其求解思路竟与20世纪70年代所提出的完全信息动态博弈模型的标准求解方法不谋而合（Harsanyi & Selten，1972）。

遗憾的是，霍特林所得出的以差异化厂商之间的策略性竞争为主要手段的空间竞争将使厂商集聚于销售市场的中心位置这一结论虽然具有重大的理论意义（在传统经济地理学的困境还未正式到来之前便提供了破解这一困境的有效分析范式），但其本身的模型分析过程存在致命的缺陷（d'Aspremont et al.，1979）。在分析过程被修正之后，可以发现即使在相当严格的假设之下，若双寡头厂商的区位相当接近（出现集聚现象），模型的子博弈仍然不存在精炼纳什均衡。通过将代表性家庭购买产品的通勤成本重新设定为家庭和厂商之间的距离的二次函数而非线性函数，经济地理学家们才找到了一条出路。此时，模型总存在且仅有一个子博弈精炼纳什均衡，且该均衡的结果与霍特林模型所揭示的完全不同：双寡头厂商将做出完全分散化的区位决策（分别布局于线段的两端）。最终，经济地理学家们认识到了厂商空间竞争的本质可以归结为垄断竞争（Kaldor，1935）。进一步地，对此所做的综合性的总结评论确定了集聚理论的基本构成要素，即规模报酬递增和策略性竞争（垄断竞争）的分析框架（Gabszewicz & Thisse，1986；Scotchmer & Thisse，1992）。

然而，将规模报酬递增假设与垄断竞争的市场结构相结合并不是一项轻松的工作，在此基础上展开模型分析的艰巨性使经济地理学家过度沉迷于新古典分析范式这一"没有空间维度的仙境"之中（Isard，1956）。正如新经济地理学的代表人物克鲁格曼（Krugman，

1995）所言："为何空间问题仍然是经济领域的盲点？这并不是历史的偶然：空间经济学有着某种东西，这种东西生来就给那些熟练建模的主流经济学家制造了难以施展其才能的环境。……这种东西就是……规模收益递增情况下的市场结构问题。"[1]

第三节 新经济地理学的产生与发展：集聚与增长的视角

一 D-S模型与新经济地理学的产生

正如之前的文献综述中所总结的那样，在一个标准的集聚经济模型中，若要假定规模报酬递增现象发挥决定性作用，就必须解决不完全竞争的市场结构问题。经过努力，迪克西特和斯蒂格利茨（Dixit & Stigliz, 1977）提供了一个相当具有启发意义的垄断竞争模型（D-S模型），这一模型以简单、巧妙而严谨的方式同时将规模报酬递增和垄断竞争的市场结构纳入了一般均衡的分析框架，从而基本扫清了建立探讨集聚现象的数理模型的技术障碍，成了后来新经济地理学探讨集聚与经济增长问题的标准框架。

在基准的 D-S 模型中，垄断竞争由消费者的多样化偏好以及厂商对生产资源的固定投入共同引起，经济体只包含农业和制造业两类生产部门，其中农业部门采取完全竞争的市场结构，具有规模报酬不变的特征，生产单一的同质农产品，而制造业部门则采取垄断竞争的市场结构，提供数量繁多的差异化工业制成品，而且每个制造业厂商都具有规模报酬递增（不考虑范围经济）的特征。另外，经济体中的代表性消费者具有完全相同的偏好，其效用函数可用简单的柯布—道格拉斯形式加以刻画，其中工业制成品的消费数量被设定为连续空间

---

[1] Krugman, P. R., *Development, Geography and Economic Theory*, Cambridge, MA: MIT Press, 1995: 35. 转引自皮埃尔-菲利普·库姆斯、蒂里·迈耶、雅克-弗朗索瓦·蒂斯《经济地理学：区域和国家一体化》，安虎森等译，中国人民大学出版社2011年版，第30页。

内的子效用函数（不变替代弹性效用函数，简称 CES 效用函数）形式（其中工业制成品的种类数量由模型本身内生给定）。在经济体中，所有地区中所有工业制成品的生产技术均相同，代表性厂商仅使用唯一的生产要素——劳动进行生产。由于规模经济的存在、存在无限种潜在的替代差异品以及消费者偏好多样化的原因，任何一个代表性厂商都不会选择生产与其他竞争对手完全相同的产品，即每种工业制成品只由一家从事该产品专业化生产的厂商在某一地区生产，经济体中差异化工业制成品的种类数量与代表性制造业厂商的数目相同。

求解该模型的关键之一在于必须分两步构建代表性消费者的最优化问题，即首先确定各类工业品的最优消费数量使其获取整个工业制成品组合的支出最小化，然后确定在满足预算约束的条件下使效用最大化的农产品及工业制成品组合的最优消费数量。另外，D–S 模型引入了所谓"冰山运输成本"的概念（Samuelson，1954），这意味着在两地间运输的产品（包括农产品和工业制成品）只有一部分能够到达目的地，另一部分产品则在路上"融化"。这一巧妙的建模技术使模型无须引入额外的运输部门从而使问题复杂化。通过一系列数学推导，D–S 模型最终可以得出具有垄断势力的代表性厂商的最优化选择以及均衡时产品种类数量的决定。

受到 D–S 模型的启发，克鲁格曼（Krugman，1991a；1991b）构建了一个同时包含规模报酬递增、垄断竞争的市场结构与运输成本的空间经济模型，令人信服地全面解释了经济活动的空间集聚机制，这也标志着新经济地理学作为一门独立的经济学分支学科而诞生。不同于传统的经济地理学研究经济主体区位选择的范式，新经济地理学注重和强调对于经济主体最优选择的微观基础的描述与分析，进而导出市场出清的均衡状态。在新经济地理学的模型中，经济活动的集聚现象由模型本身的因素内生决定，在由集聚力量所形成的"拉力"以及由分散力量所形成的"推力"之间的权衡比较决定了经济主体的最优区位选择。更为重要的是，新经济地理学以数理模型的形式赋予了由著名发展经济学家缪尔达尔（Myrdal，1957）提出的"因果累积循环理论"区域经济学层面的全新内涵，即经济活动的空间集聚现象由所谓"滚雪球效应"驱动,一旦这一效应启动,那么其结果就会得到反复而持续的强化。正如克鲁格曼本人所言:"制造业将集中在大的市场,而作为制造业集中地的市场将因此变得更大。"[①]

二 核心—外围模型:新经济地理学视角下对集聚机制的初探

在新经济地理学的诸多模型中,由克鲁格曼(Krugman,1991a)所提出的核心—外围模型(core-periphery model,以下简称C-P模型)不仅最早建立,而且在新经济地理学体系中具有举足轻重的地位,成为后续相关理论拓展研究的基准模型。在C-P模型中,克鲁格曼考察了由具有相同初始资源禀赋的两个地区构成的经济系统,且每个地区均包含农业和制造业两类部门,对两类部门的基本设定均遵循D-S模型的框架。另外,从事生产的工人(劳动力)也被划分为两种类型,其中农业部门雇用无法自由流动的劳动力(非熟练劳动力),制造业部门雇用可以在不同区域之间自由流动的劳动力(熟练劳动力)。运输成本也同样沿用"冰山运输成本"的设定,且农产品在不同区域间的运输不产生成本,工业制成品在不同区域间的运输需要耗费生产资源并付出成本。这就使均衡时从事农业生产的工人在不同区域间的工资收入彼此相等,且代表性消费者对于工业制成品的需求函数将随着厂商最优选址决策的变化而变化。

利用上述假设条件,克鲁格曼首先在一般均衡的分析框架中讨论了劳动力流动所带来的外部性。当劳动力做出迁移决策时,他们会同时影响迁入区域和迁出区域的劳动力市场和产品市场,其生产能力和消费需求也将随之发生迁移,但这些事实均未纳入劳动力效用最大化的迁移决策函数之中。又由于垄断竞争型的市场结构使生产要素与产品的价格无法准确反映经济个体最优化决策的社会价值,这一外部性对于模型分析而言便显得格外重要。由此,该模型成功发现了在空间上相互分离的产品与劳动力市场互动的背景下经济主体兼具消费者和生产者角色的重要意义。另外,克鲁格曼也在C-P模型中严格证明

---

① Krugman, P. R., "Increasing Returns and Economic Geography", *Journal of Political Economy*, 1991 (99): 486.

了如下事实：运输成本的大小在集聚现象产生的过程当中起到了决定性的作用。

假设运输成本低于某个临界值水平，则所有从事工业制成品生产的"松脚型企业"（footloose enterprise，意指空间流动性较高、易于搬迁的企业）均会在经济体的中心区域聚集，而外围区域仅留下提供同质农产品的企业。这一均衡将使出售工业制成品的企业更好地利用其本身规模报酬递增的性质，因为其能够在较大的市场范围内尽可能多地出售自身的产品。若运输成本高于某个临界值水平，区际运输将受到完全的阻碍，此时经济体在均衡时将呈现完全对称的空间分布格局，各代表性厂商的市场范围缩小，将更加注重本地市场。可以看出，C-P模型所导出的两种不同的空间均衡形式（导致集聚的核心—外围均衡和对称均衡）均是经济主体进行利益最大化决策的自然结果。正是在这层意义上而言，C-P模型实现了对基于标准新古典分析范式的经济地理模型的超越，将集聚和分散两类截然不同的均衡通过规范的数理推导过程完全融合在了一起，同时也开始了对集聚形成机制的重要探讨。

正如前述，根据C-P模型的基本观点，集聚现象的产生源于"推力"（集聚力量）和"拉力"（分散力量）的共同作用。对于"推力"而言，其主要由所谓"本地市场效应"（home market effect）和"价格指数效应"（price index effect）共同引起。一方面，"本地市场效应"与工业制成品的市场需求密切关联，由于运输工业制成品存在"冰山运输成本"，故为了实现运输成本的最小化，代表性厂商均希望将生产地布局在对其产品具有较大市场需求的区域，而向市场需求较小的区域出口自身的产品，这会使市场需求较大的区域吸收较多的厂商在此安家落户，从而导致均衡时布局于具有较大市场需求的区域的制造业厂商数量占经济体中制造业厂商总体数量的比例超过该区域市场容量占全国总市场容量的比例。另一方面，"价格指数效应"与制造业厂商对熟练劳动力的需求密切关联，若某一区域布局了数量较多的制造业厂商，则该区域的熟练劳动力将面临更高的实际工资水平，这是因为正的运输成本使该区域工业制成品的总体价格指数较低，从而消费者所面临的总体价格指数也同样较低。这会使集聚了较多制造业部门的区域吸引越来越多的熟练劳动力。从另一个角度看，这也意味着在制造业集聚的区域内的厂商为了实现自身的利润最大化，无须支付过高的名义工资水平便可雇用到较多的熟练劳动力，由此同样产生了厂商向已经集聚较多制造业部门的区域迁移的动机。不难看出，C-P模型中集聚力量产生的两种来源实际上贯穿了代表性厂商的整个投入—产出—销售链条。

而对于"拉力"而言，其主要由非熟练劳动力的相对数量大小与所谓"拥挤效应"（crowding effect）共同引起。一方面，由于从事农业生产的非熟练劳动力无法进行区域间的自由流动和迁移，故被锁定在了原来的区域内，又因为经济体中的两类劳动力均具有同质偏好（相同的效用函数），所以非熟练劳动力同样存在对于工业制成品的需求。由此容易得到，一旦经济体中的非熟练劳动力相对于熟练劳动力的数量更多，且在空间分布上呈现总体对称的格局，则均衡状态下对于工业制成品的市场需求也会呈现更多的对称性，各区域市场需求的差异程度将大大缩小，最终导致代表性制造业厂商倾向于空间内的分散化布局。另一方面，"拥挤效应"来源于产生集聚现象的区域内部各企业之间的相互竞争，这种竞争倾向于降低企业所面临的本地市场需求，从而削弱企业的获利能力，使企业产生离开集聚区的动机。同样不容忽视的一点是，相对于本地市场对工业制成品的需求可以完全转化为厂商利润而言，非本地市场对工业制成品的需求由于运输成本的制约并不能完全转化为厂商利润。因此，当非本地市场的需求规模相对于本地市场而言更为可观时，也会使位于集聚区内的企业利润水平相对下降。

如此一来，上述关于运输成本的变化导致厂商在空间内聚散的具体机制便可通过"推力"和"拉力"的相对大小加以说明。一开始，经济体的运输成本通常较高，从而"推力"的作用弱于"拉力"，农业部门和制造业部门都将选择在空间上分散布局，形成稳定的对称均衡，而当运输成本下降时，经济体的"推力"与"拉力"都趋于下降，但"拉力"由于对运输成本的变动更加敏感而下降更快，从而使得"推力"的作用大于"拉力"的作用，原有的稳定对称均衡将在运输成本低于某个临界点之后被打破，制造业部门将会源源不断地迁入其中一个区域。最终，当运输成本进一步下降直至低于"维持点"（sustain point）之后（"维持点"和前述临界点一般均不相等），所有的制造业部门都会集聚于同一个区域，只剩下稳定的农业部门布局由于其本身的性质而呈现分散化的特征，核心—外围结构也最终得以形成。

三 核心—外围模型的拓展：集聚与增长的视角

自 C – P 模型问世之后，对于经济活动集聚机制的理论性探讨层出不穷。许多经济地理学家在 C – P 模型的基础上进行了更加贴近现实的拓展。例如，原有模型中关于消费者效用函数采取 CES 形式的设定被修改为二次型的拟线性效用函数形式，"冰山运输成本"也被简化为线性运输成本（Ottaviano et al., 2002）。在这一分析框架下，若经济体呈现线性空间的形式，且核心区域位于线段的中点位置（优势区位），两片外围区域分别位于线段的两个端点上，则位于核心区域的厂商之间的相互竞争在带来运输成本下降的同时，也会由于竞争程度的强化使厂商丧失原有的区位优势，使其选择迁往外围区域。反之，若在该三区域非对称模型中沿袭 C – P 模型关于效用函数和运输成本的设定，所得出的结论会完全相反，即厂商趋于向核心区域迁移（Ago et al., 2006）。同时，鉴于农业部门在大多数发展中国家所承担的重要角色，相关模型开始逐渐重视农业部门的作用（Picard & Zeng, 2005）。该模型引入了农产品的异质性因素，以此说明农产品的运输成本对于制造业部门的空间集聚起到了至关重要的作用。当农产品的运输成本低于某个临界点时，制造业部门的集聚将不可能发生，而高于某个临界点时，制造业部门将随着运输成本的下降先形成集聚的格局，然后趋于分散化。

另外，承袭马歇尔（Marshall, 1890）关于产业地理集聚现象以及集聚外部性的经典论述，杜兰顿和普加（Duranton & Puga, 2004）系统地归纳总结了城市内部形成集聚经济的主要原因，即共享、学习和匹配，三者共同构成了集聚现象的微观基础。其中，共享主要指中间投入品市场的共享，由于生产最终产品的厂商在地理上倾向于接近生产中间投入品的厂商，其可以在一个集中了众多生产中间投入品厂商的区域以较低的成本生产和供给自己的产品。同样地，生产中间投入品的厂商也倾向于在接近生产最终产品厂商的区域开展生产。学习主要指知识与技术的溢出效应，在现实经济中，技术和知识在本地范围内的传播相对于外地而言成本更小，在同一个产业区内，人们通过对生产工具、工艺流程和企业组织形式的创新和改进而产生的新思想被接纳后又可以在与其他人的交流互动中产生出新思想，使知识的扩散过程成为未来创新的源泉，而创新又带动了产业区内部的经济增长，形成良性循环。匹配是指对专业化劳动力市场的共享，即厂商倾向于在专业化劳动力较为丰富的地域组织生产，劳动力也愿意在厂商分布较为密集的地域寻找工作，这种双向选择机制强化了集聚现象的形成。罗森萨尔和斯特兰奇（Rosenthal & Strange，2004）深入研究了地区集聚经济的范围问题，不仅考察了集聚经济在多大的地理范围内产生影响，而且对不同产业性质以及不同企业规模条件下集聚经济的范围差异进行了开创性的研究。

同时，随着城市群（详见本章第五节）这一在空间范围内更大的集聚形式的不断兴起与发展，相关理论研究也开始关注城市群与城市体系的形成与演化机理。藤田和克鲁格曼（Fujita & Krugman，1995）基于前述杜能（Thunen，1826）的"孤立国"思想，使用单中心空间经济模型研究城市体系。在该理论模型中，城市形成与演化的分散力和集聚力分别是城市间产品的运输成本和制造业产品的数量。该模型认为在经济体的人口总量不多且制造业产品数量较少的情况下，"孤立国"可以形成一个空间均衡；而在前述条件得不到满足的情况下，单中心城市体系将向多中心城市体系转化。在此模型的基础上，藤田和森（Fujita & Mori，1997）以及藤田、克鲁格曼和森（Fujita，Krugman & Mori，1999）利用演化的方法将原模型动态化，使原模型可以说明城市体系形成的动态过程，并认为随着经济体内人口规模的逐渐增长，城市体系将通过自组织机制形成一个类似于"中心地"的非常规则的城市层级结构。

在利用理论模型系统探讨集聚活动机理的同时,集聚与经济增长关系的研究也自然而然地被纳入了新经济地理学家们的视野。首先被提出的是分析不考虑资本流动情形下增长与集聚内在关联性的理论模型(Baldwin, 1999; Baldwin, Martin & Ottaviano, 2001),该模型基于克鲁格曼的新经济地理学理论以及罗默的内生增长理论,采用"两地区—两部门(创新部门和差异化产品部门)—两产品(同质产品和异质产品)"的分析范式。如同 C - P 模型的基本设定,同质产品的市场规模报酬不变、完全竞争且不存在运输成本,异质产品的市场则体现为规模报酬递增、垄断竞争与"冰山运输成本"。在运输成本和规模经济递增的权衡中,异质产品的生产部门会选择接近更大市场的地区。因此,经济增长可以通过"前向关联"效应推动经济活动的集聚,反过来,集聚可以通过"后向关联"效应降低集聚度较高地区的创新成本,从而推动经济增长。正如前所述,这其中集聚和经济增长相互促进的机理同样蕴含了缪尔达尔所提出的"循环累积因果论"。另外,消费者和生产部门都对异质产品有需求,如果创新活动只集聚在其中一个地区,那么生产部门也会集聚于这个地区,因此集聚程度是经济体增长率的递增函数。同时,一个地区经济活动集聚程度的上升会使创新成本下降,并吸引更多的研发机构进入,直到其垄断利润为零,从而经济体增长率也是集聚程度的递增函数,这也是"前向关联"以及"后向关联"效应在需求角度的重述。在关于集聚稳态的讨论上,模型认为两地区制造业生产活动平均分布的布局对于经济体正的增长率是不稳定的,除非两个地区拥有外生给定的相等的企业数目。稳定状态意味着全部创新活动集聚在一个地区,且该地区在异质产品的生产上具有专业化优势。这同时也意味着生产和研发活动都集聚在一个地区,尽管程度可能有所不同。之后,上述理论模型被拓展至资本完全流动的情形,并且得出了相似的结论(Martin & Ottaviano, 1999; Baldwin & Forslid, 2000)。在此基础上,巴尔德温和马丁(Baldwin & Martin, 2004)进一步说明了在集聚影响经济增长的机制中,人力资本、物质资本和知识资本的积累(技术进步)起着突出的作用。藤田和蒂斯(Fujita & Thisse; 2002)则为分析集聚与经济增长的关联构建了一个相对简练的模型,模型假设经济中存在两个地区、三个生产部门(传统部门、现代化部门和创新部门)以及两种生产要素(熟练技术工人和非熟练技术工人)。其中,传统部门和现代化部门均使用非熟练技术工人进行生产,非熟练技术工人不能在区域间自由流动,而熟练技术工人可以在区域间自由流动。熟练技术工人总量为外生给定的常数,不随时间而变化。在这些假设下,模型通过构造消费者效用最大化问题以及资源的跨期分配模型得到如下结论:当运输成本足够低时,现代化部门和创新部门都会集聚于一个区域,而另一个区域则专门从事传统部门的生产。无论熟练技术工人能否在区域间流动,现代化部门的厂商数量都会随时间而逐渐增多,从而在经济活动开始空间集聚的同时,经济增长速度也随之加快,两者彼此促进、相互强化,且无论空间产业布局呈现何种形态,现代化部门和创新部门对区域经济增长的贡献均相当明显。此后,随着新经济地理学的进一步发展,在集聚与经济增长的相关研究中又进一步考虑了地方溢出效应以及可变运输成本等因素(Ihara,2005;Dupont,2007;Accetturo,2010)。

第四节 "新"新经济地理学在产业集聚与经济增长上的若干创新

新经济地理学革命性地融合了规模报酬递增和垄断竞争,其标准化的建模结构为空间因素进入主流经济学的研究视域提供了坚实的基础,并开辟了一条研究集聚与经济增长关系的全新道路。然而随着理论研究的进一步深入,新经济地理学模型的缺陷也逐渐展现出来。其中较为重要的一点在于模型的求解过程显得过于复杂,通常需要借助数值模拟等分析工具才能清晰呈现模型的稳定均衡。这也间接制约了新经济地理学的相关实证研究的进展,许多新经济地理学的核心结论仍有待于实证研究提供更多支持性的经验证据(Behrens & Picard,2011)。另外,相关理论开始关注企业异质性对于厂商的区位选择的影响,梅里茨(Melitz,2003)首先在 C – P 模型中加入了企业异质性因素,并发现生产率超过某一临界值的厂商会选择在核心区域集聚,而生产率低于该临界值的厂商将会选择退出市场。进一步地,企业异质性还被引入到关于"松脚型企业"和"松脚型资本"的讨论中,成为决定集聚的重要因素之一(Baldwin & Okubo,2006;Okubo,2011)。在这一背景下,经济学家将立足于企业异质性这一微观企业视角的新经济地理学称为"新"新经济地理学(Ottaviano,2011)。"新"新经济地理学对集聚现象更为科学合理的解释使其主要结论更加贴近现实经济的运行状况,对于集聚与经济增长的关系研究也具有深远的启发意义。

根据"新"新经济地理学的基本观点,企业的异质性本身便构成经济活动集聚的力量。厂商的生产率越高,便越有迁移至核心区域或中心市场的动机,而生产率相对较低的企业随着运输成本的下降,也会出现在空间上集中布局的趋势。更为重要的是,企业异质性的存在更容易使模型的初始均衡表现为不稳定对称均衡的形式,最终向核心—外围结构过渡。前述巴尔德温和大久保(Baldwin & Okubo,2006)的研究在包含企业异质性的模型中强调了所谓"选择效应"和"分类效应"的作用。"选择效应"产生的原因在于市场本身存在着激烈的竞争,劳动生产率相对较高的厂商能够更好地适应竞争的氛围,通过布局于经济体的核心区域实现运输成本的节约并占据相对较大的市场份额,而劳动生产率相对较低的厂商为了避免过度激烈的竞争,只能选择在市场容量相对较小的外围区域布局,较高的运输成本维持着这一分散化的空间布局结构,也帮助低生产率厂商维持着有限的市场份额。"分类效应"产生的原因在于劳动生产率相对较高的厂商迁移至外围区域需要承担高昂的成本,而低劳动生产率的厂商的迁移则较为轻松,这就使旨在吸引更多厂商迁移至外围区域从而缩小区域间经济差距的宏观政策通常只能加速低劳动生产率的厂商在外围区域的集聚进程。这一结论得到了后续研究的支持(Venables,2011),即企业异质性会使具有区位优势的地域聚集高生产率的企业,而低生产率的企业则集中分布在不具有区位优势的边缘地带。这意味着以往的理论研究普遍高估了现实经济生活中的集聚效应，因为当考虑企业异质性时，均衡状态下集聚于核心区域的厂商数量将少于不存在企业异质性的情形，即关于企业异质性的设定实质上包含着分散布局的因素。同时，这一均衡结果并非瞬时达成，而必须经过长期的演变，企业迁移的顺序与自身劳动生产率水平的高低密切关联（Ottaviano，2012）。

巴尔德温和大久保的开创性研究提供了处理企业异质性、集聚和经济增长相互关系的基本框架，为后续的拓展性研究提供了理想的基础。大久保和富浦（Okubo & Tomiura，2010）基于"松脚型企业"和产业关联的视角探讨了厂商的区位选择与空间集聚问题。此时企业异质性不再起到阻碍厂商集中布局的作用，其中生产率较低的厂商在运输成本下降时会首先打破原有的对称性均衡并形成前述分类集聚的格局，而且企业之间的异质化程度越强，原有的对称性均衡便越容易被打破。进一步地，不同于以往的分类集聚，生产率较低的厂商此时同样会在市场容量相对较大的核心区域集中，而由于市场竞争的作用，一部分生产率较高的厂商将会被排挤出核心区域，选择在竞争较少的外围区域扎根。不论如何，此种分类集聚的均衡相对于对称性均衡而言一定意味着更高的社会福利水平。弗斯利德和大久保（Forslid & Okubo，2014）按照劳动生产率的标准将企业进一步细分为高、中、低三个类型，并基于经验事实探讨了运输规模经济在异质性企业集聚中所扮演的角色，发现了一个令人惊讶的稳定均衡：高生产率企业和低生产率企业均选择在外围区域集聚，只有中等生产率企业选择集聚于核心区域。随着运输成本的逐渐下降，所有类型的企业都将出现向核心区域集聚的趋势，而且高生产率企业的迁移过程将花费最多的时间。这是因为高生产率企业出售相对更多的产品，进而需要运输更多的货物，再加之运输规模经济的存在，最终会使其对运输成本下降所带来的迁移效应不敏感。大久保、皮卡德和蒂斯（Okubo, Picard & Thisse，2014）研究了经济体的市场一体化程度对异质性企业区位选择的影响，发现一开始随着运输成本的下降，模型的稳定均衡与标准情况并无二致，即高生产率企业选择在核心区域集聚，低生产率企业选择在外围区域集聚，同时低生产率企业在本地销售的产品由于价格相对较低而具有竞争优势。然而在市场一体化程度逐渐提高时，区域之间的产品价格开始在竞争中趋同，这使高生产率企业销售至外围区域的产品价格下降，从而位于外围区域的低生产率企业将逐渐失去竞争优势，迫使其也向核心区域迁移，最终形成所有企业均集聚于核心区域的均衡。可以看出，该模型实际上描述了市场一体化程度与企业空间集聚程度之间的倒 U 形关系。同时，该模型还认为高生产率企业的数量决定了企业异质性对推动集聚的作用：当高生产率企业数量较多时，该作用较为明显；反之，则相对较弱。

总之，"新"新经济地理学在以往探讨厂商产品水平差异化（正的产品间替代弹性）的基础上引入了由厂商生产率差异而产生的垂直差异化这一维度，从而更深入地解释了经济活动空间集聚的本质。同时，在"新"新经济地理学的分析框架下，厂商的迁移决策将随着外部环境的变化而呈现完全相反的特征，在此基础上展开的关于企业空间集聚形式的探讨也更为丰富。

第五节 实证研究视角下的产业集聚与经济增长

一 城市内部产业集聚与经济增长关系的实证研究

在集聚与经济增长关系的实证研究层面，霍亨伯格和李（Hohenberg & Lees, 1985）最先关注到 19 世纪欧洲的工业革命时期增长和经济活动地理聚集之间的强烈正相关关系，认为集聚表现为城市化水平的提高以及欧洲核心区产业集群的形成。柯成兴（Quah, 1996）利用人口密度指标，通过西班牙、葡萄牙和希腊的数据提出了集聚和增长之间的正相关关系。西考恩（Ciccone, 2002）尝试利用计量模型直接对集聚和增长的关系进行实证检验，分析了 5 个欧洲国家就业密度对平均劳动生产率的影响，认为集聚程度的提高对区域的经济增长有着正向的效应。德克勒和伊顿（Dekle & Eaton, 1999）利用日本的数据、巴普蒂斯塔（Baptista，2006）利用墨西哥制造业部门的数据、布劳恩赫尔姆和博格曼（Braunerhjelm & Borgman，2004）利用瑞典的数据均得到了相似的结论。而布鲁尔哈特和马瑟斯（Brulhart & Mathys，2008）则拓展了西考恩（Ciccone，2002）的研究，分析了就业密度对经济增长的效应，同时还考察了经济增长对集聚的弹性大小。在以上文献中，集聚程度大多以与人口相关的指标表征（如人口密度和就业密度）。之后，实证研究对集聚指标的选取通常考虑生产活动（体现为工业或服务业部门产值）的地理分布，体现为地均产值、空间基尼系数、恩格尔—格莱泽指数（简称 E - G 指数）以及克鲁格曼指数等。亨德森（Henderson，2003）从工业产值的角度测量集聚水平，发现工业部门中高技术含量企业的空间聚集能够有效地提高劳动生产率。克洛泽特和科涅格（Crozet & Koenig，2007）利用欧盟 1980—2000 年的服务业产值数据研究了空间活动的集聚对经济增长的影响，认为生产活动空间分布越不均匀的地区增长速度越快。米特拉和佐藤（Mitra & Sato，2007）使用日本县级水平的两位数产业数据，发现技术效率与外部规模经济之间存在正向的关系。

在国内，范剑勇（2006）用规模报酬递增的地方化解释产业集聚，并通过实证检验说明了产业集聚提高了地区的劳动生产率，进而对地区差距产生影响。陈良文等（2008）利用北京市的经济普查数据得出了与之相似的结论。另外，张卉、詹宇波和周凯（2007）利用中国制造业的相关数据，从产业内集聚和产业间集聚两个角度考察了其对劳动生产率的分区域影响，认为东部地区的产业内集聚处于主导地位，西部地区的产业间集聚处于主导地位。范剑勇和石灵云（2009）利用我国 2000 年和 2004 年的省级层面四位数行业制造业数据，将产业外部性细化为产业内集聚和关联产业集聚（产业间集聚）两种形式，通过计量模型分析了产业内集聚和关联产业集聚对行业劳动生产率的静态效应与滞后效应以及企业所处的竞争环境对劳动生产率的影响。发现产业内集聚和关联产业集聚在总体上均对行业劳动生产率产生了显著的正面影响，而且产业内集聚的效应高于关联产业集聚的效应，这表明了我国产业集聚不仅发生在同一产业内，各关联产业也会由于上下游的投入—产出关系以及知识的外溢等因素而产生关联产业集聚效应。同时，文章还分别就产业内集聚与关联产业集聚的效应在成熟产业和高新技术产业间是否存在差异展开实证分析，发现产业内集聚效应在各产业部门普遍存在，而关联产业集聚效应则主要存在于劳动密集型产业。

从国内外研究的整体现状来看，大多数实证研究成果支持集聚正向推动经济增长的结论。显著的例外来自斯伯格米（Sbergami, 2002）以及布鲁尔哈特和斯伯格米（Brulhart & Sbergami, 2009）的研究，前者表明各类行业的集聚均对经济增长有着显著的负向影响，后者则说明产业集聚与经济增长之间的关系并非简单的不变线性关系。

二 城市间产业集聚（城市群）与经济增长关系的实证研究

国内外相关实证研究除了关注城市内部的经济活动集聚与增长之间的关联之外，还越来越多地着眼于各大城市之间通过相互关联与作用而形成的集聚体，这一集聚体形式通常被称为城市群。从本质上看，城市群是空间集聚效应在更大地理范围内的表现。早在 19 世纪末期，霍华德（Howard, 1898）就率先从群体联合的角度对城市的发展进行了研究。其后城市经济学家格迪斯（Geddes, 1915）采用区域整体规划的方法，将几个邻近城市作为整体研究对象并提出了"组合城市"的概念。这一概念后来几经深化和拓展，最终由戈特曼（Gotteman, 1957）首次正式命名为"城市群"，这也开启了现代意义上的城市群研究。

随着城市体系在经济发展中的作用逐渐显现，对城市群及其与经济增长关系的实证研究也得到了学术界的重视。首先，国外许多发展经济学家和城市经济学家较为详细地讨论了城市群形成、演化的内在机制，这为开展相关的实证研究奠定了坚实的基础。例如，由佩鲁（Perroux, 1955）所提出的增长极理论以及由弗里德曼（Friedman, 1964）所建立的在经济发展阶段论基础上的空间演化模型。藤田、克鲁格曼和维纳布尔斯（Fujita, Krugman & Venables, 1999）结合相关研究论证得出了城市体系的形成与演化是在市场条件下企业追求利润最大化和个人追求效用最大化在空间中表现出的均衡结果。伯里安特等（Berliant et al.，2006）通过动态的一般均衡模型得出，大城市由于经济集聚从而拥有较低的交流成本，因此也有更多可供选择的信息流通方式，也就是有着较高的知识溢出效率，从而城市知识溢出效率的不同促成了城市体系的形成。弗里德曼（Friedman，1986）以及之后的一批经济学家还进一步提出了城市等级体系的概念，明确了城市群的规模、功能定位以及内部的分工协作等问题，将城市群的内涵进一步加以拓展。国内的学者对城市群形成、演变机制和功能定位的讨论同样涉及多个方面，如对国内城市群的等级界定（方创琳等，2005）、对城市群发展阶段的研究（雷朝阳和陈永秀，2009）、城市政府竞争中地方保护主义在国内城市群形成和发展过程中的阻碍作用（余良春和付强，2008；谭真勇等，2009）以及基础设施建设对城市群形成、演变的影响机制（王成新等，2011）等。

其次，在前述研究的基础上，深入探究城市群内部的空间关联与产业关联现象及其增长效应的实证研究成果不断涌现。薛东前、姚士谋和张红（2000）以关中城市圈为例，分别从城市群内部等级规模结构特征、职能分布特征和空间分布特征三方面分析该城市圈的结构，认为历史基础和经济发展水平等都是导致这种结构的原因。姚士谋等（2006）研究了区域发展过程中城市群现象的产生规律及其空间组织系统，并以引力模型为基础论证了城市群现象空间结构的四种范式。除此之外，部分学者用"圈层结构"这一概念定义城市群内城市分布结构，从经济地理学和产业集聚理论的角度分析圈层结构和区域经济的协调发展（吴小波和曾铮，2007）以及产业结构调整如何在圈层内外得以实现（张亚斌、黄吉林和曾铮，2006）。张旭亮和宁越敏（2011）通过对长三角城市群城市等级、经济联系、经济隶属度和国际化程度进行计量分析，指出上海市在长三角城市群中的核心主导地位以及群内的城市结构随经济发展而发生重构的现象。胡建伟（2010）从要素价格均等化、交易费用最小化和资源配置最优化的角度，阐释城市群的发展以及相互融合的趋势，并论证了其如何成为区域经济互动发展的载体。

此外，国内研究对于我国城市群内部经济空间关联程度的分析主要运用空间计量经济学的方法，如董青等（2010）利用探索性空间数据分析技术（Exploratory Spatial Data Analysis，ESDA）和引力模型分析城市群之间的空间相互作用，发现我国城市群空间结构和空间相互作用强度之间呈现明显的正相关关系，空间集聚特征显著。胡毅和张京祥（2010）对 1990—2007 年长三角城市市区及辖县的数据进行分析，发现长三角城市群内部城市间经济发展差异的空间正相关性始终存在，且呈现不断加剧的趋势。

国外关于城市群范围的空间集聚和产业结构分布情况对区域经济增长影响的研究比较少见。亨德森（Henderson，2000）使用了 80—100 个国家 1960—1995 年的 5 年期数据检验了城市生产集中度与经济增长之间的关联性，结果表明最优城市集中度与经济增长间存在类似于"威廉姆森倒 U 形曲线"的关系，即当收入水平较低时二者呈正相关，而当收入超过一定水平时二者呈负相关。国内直接讨论城市群视角下的集聚对区域经济增长影响的研究同样较少，如吴福象和刘志彪（2008）利用长三角城市群内 16 个城市的数据，分析了集聚对经济增长的促进作用。乔彬和李国平（2007）讨论城市群演变及经济发展中的产业关联效应和聚集效应的影响。邓慧慧（2011）对我国三大城市圈之间存在的经济差异做了分析。还有部分国内研究从生产率的角度剖析城市群内部的发展状况，如肖小龙、姚慧琴和常建新（2012）分析了我国西部 7 个主要城市群全要素生产率在 2001—2010 年的动态变化，发现这些城市群的全要素生产率总体呈现不断改善的趋势。最后，一个关于城市群层面集聚对生产率影响的典型研究来自李因果和何晓群（2010），笔者利用我国 10 个主要城市群的城市层面数据展开实证分析，并在结论中表明城市群产业结构和规模的差异对全要素生产率有显著的影响。另外，余静文和王春超（2011）选取了我国京津冀、长三角和珠三角城市圈的县市数据对经济集聚和全要素生产率之间的关系进行了实证研究，发现城市群范围内的空间集聚可以通过产业结构影响生产效率。

三　对集聚效应的识别与界定

随着理论和实证研究对产业集聚现象的探讨逐步深入，如何科学地界定集聚经济（集聚效应）发挥作用的范围，进而提出推动集聚的有效政策，成为实证分析中亟待解决的重要课题之一。由于在现实经济生活中，集聚经济的来源通常具有多样性，加之其多种作用机制往往呈现交互和累积循环的特点，单独识别和分析集聚经济的某一来源和作用机制经常面临着诸多难题。因此，越来越多的经济学家认识到，对集聚经济的识别通常应该采取间接估计的策略，即观测集聚经济对劳动生产率、经济增长或要素价格等方面的影响（Glaeser et al.，1992；Henderson et al.，1995；Rosenthal & Strange，2004；Puga，2010）。然而，间接估计法不可避免地忽略了集聚经济本身形成和发挥作用的复杂微观机制，极易导致相关参数的有偏估计。近年来，随着各类企业甚至个人层面微观数据的完善，利用微观数据控制经济活动中微观个体的异质性从而实现对集聚经济的稳健估计成为越来越受研究者青睐的手段。前述奥塔维诺（Ottaviano，2011）的代表性研究在回顾与梳理新经济地理学相关文献的基础上指出集聚经济的未来研究将从所谓"宏观异质性"转向"微观异质性"（这也是"新"新经济地理学的核心特征），特别强调对于微观数据的分析和利用。在此基础上，对于两个层面的异质性交互作用的研究以及对异质性企业和劳动力的分析将逐步使集聚经济的作用机制明朗化。库姆斯等（Combes et al.，2011）对以往研究在集聚经济识别过程中存在的估计偏误和相应的解决方法进行了综述，其中同样强调了对异质性劳动力和企业的考察，并且认为这将是未来研究中的第一要务。加特森和马丁（Garretsen & Martin，2011）在综述当前有关集聚经济研究的前沿问题时也指出未来对集聚经济的认知研究必须重点关注经济活动中企业和劳动力等微观个体的异质性，并且特别强调对微观个体数据的分析和利用。

虽然对集聚经济过程中微观个体行为的考察能够更加有效地体现集聚经济的本质属性，但这无疑也增加了有效界定和识别集聚经济产生作用的大小和范围的难度。一些前沿研究首先指出了集聚经济当中可能存在的微观经济个体自我选择效应（Veneables, 2011; Ottaviano, 2011; Combes et al., 2012; 梁琦, 2013）。他们认为，具有先天区位优势的地区将基于循环累积因果效应吸引越来越多的高生产率企业和高素质的劳动力，从而进一步强化原有的集聚效应。那么此时明确究竟是高生产率的企业和高素质的劳动力自我选择进入具有区位优势的集聚区还是集聚经济让进入该区域的企业和劳动力变得更加有竞争力便显得十分关键。由于微观经济个体自我选择效应的存在，新近的实证研究试图通过引入企业与劳动力的个体异质性更准确地考量集聚经济所带来的效果。

首先，在企业的异质性方面，巴尔德温等（Baldwin et al., 2006）在新经济地理学的基准分析框架中引入了基于异质性企业的垄断竞争因素，并在实证分析中指出由于选择效应的存在，对集聚效应的检验将出现高估的情形。类似地，梁琦等（2013）利用中国工业企业数据库分析了异质性企业的空间选择与产业集聚效应对地区生产率差距的影响程度，发现企业的自我选择效应在我国显著存在，而集聚经济所产生的效果却并不明显。然而库姆斯等（Combe et al., 2012, 2013）基于法国的微观企业数据构建地嵌套了公司选择模型的集聚经济计量模型，却表明较大城市的企业及劳动力拥有更高的生产率主要源于集聚效应的作用，而非异质性企业的空间选择。

其次，在劳动力的异质性方面，库姆斯等（Combe et al., 2010）将其进一步区分为劳动力数量的内生性和劳动力质量的内生性，并且提出了如下可能的解决路径：通过引入固定效应来捕捉不随时间变化的劳动力和区域的异质性；通过构建更加明晰的区位选择计量模型解决个体区位选择过程中的内生性问题；采用自然实验方法；通过选取适当的工具变量解决可能存在的内生性问题。在具体的实证研究中，库姆斯等（Combe et al., 2011）基于法国的微观数据发现当工资方程被引入劳动力个体固定效应时，就业密度的回归系数会显著降低，这表明劳动力在就业密度更高的城市将会获得不可直接观测的更高生产率。进一步地，库姆斯等（Combe et al., 2013）还基于中国居民收入调查数据库（CHIPS）考察城市的集聚经济对于劳动力个体生产率的影响,并在识别过程中控制了劳动力及企业的个体特征和城市特征。

第六节　小结与讨论

通过上一章和本章对于结构转变、集聚与增长的相关研究的梳理和回溯,我们可以发现如下事实:首先,关于结构转变对经济增长推动作用的理论与实证研究均已较为成熟,与城市化进程相关联的结构转变与集聚现象也已经成为相关理论分析和实证研究的两个最重要议题。但尽管城市化进程中的结构转变与集聚相辅相成、密不可分,但是,理论研究中,同时考虑结构转变和集聚对经济增长影响的文献并不多见。近年来,一些研究尝试将产业结构转变与集聚纳入统一的理论分析框架,如村田(Murata, 2008)同时探讨二元结构转变和集聚的比较静态模型以及对该模型的动态化拓展(Cerina & Mureddu, 2012),但相关研究仍处于探索和起步阶段。同样地,受理论研究的影响,在经验实证分析中同样鲜有同时考虑产业结构转变和集聚因素的研究。其次,立足于城市经济增长的角度,也很少有同时探讨产业结构关联与第二和第三产业共同集聚对城市经济增长影响的相关文献。再次,同时探讨产业结构升级和集聚效应对城市经济增长影响的研究主要着眼于分析单一因素(如金融)的集聚在产业结构升级中所起的作用,较少有将产业内集聚与产业结构升级从实质上相结合的文献。最后,研究专业化和多样化对城市经济增长的文献大都仅仅讨论马歇尔—阿罗—罗默外部性(专业化效应)和雅各布斯外部性(多样化效应)对于生产率贡献的相对作用大小,而忽略了市场竞争因素和城市规模在城市选择集聚模式(专业化或是多样化)时的重要作用,这为加入市场竞争因素(波特外部性)以及基于城市经济规模和人口规模分组展开的计量分析提供了有益的启示。

第四章　产业集聚视角下的二元结构转变与区域经济增长

正如前述，在我国经济的发展过程中，以城市化为基本特征的二元结构转变是推动区域经济增长的重要动力。然而，正如众多实证研究结果所揭示的，二元结构转变的进程对经济增长的推动作用存在正负两个方面的效应。具体审视我国内部各区域的经济增长绩效，可以发现二元结构转变对其发挥作用的程度也存在明显的差异。为了解释这些现象，必须将经济活动在空间上的集聚效应纳入分析框架。本章将以我国城市化与区域经济增长为背景，在相关研究的基础上构建包含结构转变和集聚效应的城乡两部门增长模型展开理论探讨，并进一步利用我国区域面板数据进行了实证分析。本章分析的主要结论表明，从集聚和结构转变的双重视角更能解释我国城市化对经济增长的影响以及各区域经济增长表现的差异，注重集聚效应的城市化才是经济可持续增长的动力。

第一节　集聚、二元结构转变与经济增长：一个可供深入研究的理论模型

一　模型的基本设定

如第三章所述，松山（Matsuyama，1992）为分析二元结构转变与经济增长的关联提供了一个简洁有效的理论模型。该理论模型得到了广泛引用和认可［参阅巴德汉和尤迪（Bardhan & Udry，2002）以及梅尔和劳赫（Meier & Rauch，2004）］，但其中未考虑集聚效应。

本章也沿用其思路构建我们的理论模型。我们同样假设经济存在传统农业和非农现代产业两部门，农业部门在农村进行生产，现代产业部门在城市进行生产。如此，农业部门的劳动力向现代产业部门的流动同时也是人口向城市集聚的进程。进一步，为分析简便，我们仿照前述盖勒和韦尔（Galor & Weil, 2000）在其统一增长理论模型中对生产函数的简洁设定，假设两类生产部门各自的生产函数如下：

$$Y_{at} = A_t L_{at}^{\alpha}, \quad Y_{mt} = M_t L_{mt} \tag{4-1}$$

其中，下标 a 代表农业部门，下标 m 代表现代产业部门。A_t 和 M_t 分别代表农业部门和现代产业部门在第 t 期的技术水平，L_{at} 和 L_{mt} 分别代表农业部门和现代产业部门在第 t 期的劳动投入。进一步地，假定农业部门的技术进步率为常数 γ，即 $A_t - A_{t-1} = \gamma A_{t-1} (\gamma > 0)$，初始技术水平为 A_0。而城市现代产业部门的技术进步则受到集聚效应的影响，在本章简洁的模型中，集聚主要体现为人口的集聚。根据卢卡斯（Lucas, 1988；2004）的观点，人力资本外部性会对城市人口集聚和生产效率提升产生关键影响，另外，正如前述，杜兰顿和普加（Duranton & Puga, 2004）进一步将集聚推动经济增长的微观机制概括为共享、匹配和学习三条代表性路径，这三种作用机制的本质均反映了劳动力集聚的外部性的影响，因此我们在这里可以设定现代产业部门的技术进步方程为 $M_t - M_{t-1} = \kappa L_{mt}^{\beta} M_{t-1} (\beta > 0, \kappa > 0)$，其中系数 β 反映了城市中集聚的外部效应强度，系数 κ 反映了现代产业部门的全要素生产率。

也如通常的设定，假设代表性家庭的效用函数采取如下各期效用贴现加总的形式：

$$U = \sum_{t=0}^{\infty} \rho^t N^i u(c_{at}^i, c_{mt}^i), \quad i = U, R \tag{4-2}$$

其中，ρ 表示消费者的主观贴现率，N^U 和 N^R 分别表示城市地区和农村地区代表性家庭的成员总数。c_{at}^i 和 c_{mt}^i 分别表示来自城市或农村的代表性家庭中的单个消费者在第 t 期对农产品和非农产品的消费量。仿照松山（Matsuyama, 1992）对效用函数形式的设定，此处同样设定效用函数采取斯通—吉瑞形式，即 $u(c_{at}^i, c_{mt}^i) = \theta \ln(c_{at}^i - \bar{c}) + \ln c_{mt}^i$

($\theta>0$,$\bar{c}>0$),其中,$\bar{c}$ 表示对农产品的最低消费量,θ 表示消费者赋予农产品消费的权重。

二 代表性家庭的最优化问题及选择

为简便起见,此处不考虑人口增长的因素,并假定经济体中的人口数量等于劳动力的数量,同时只存在一个农村地区的代表性家庭和一个城市地区的代表性家庭,人口在地区间存在流动性。依据多数发展中国家的发展现实,这里只考虑劳动力从农村向城市的转移。在每一期的转移过程中,劳动力将产生 Φ_t 的转移成本。在这里,我们考虑的主要成本包括城市现代产业部门的技术知识所要求的人力资本提升和城市生活成本等,主要与转移时城市的技术发展水平相关,设 $\Phi_t = \delta M_{t-1}(\delta>0)$。进一步,设第 t 期农村地区向城市现代产业部门转移的劳动力数量为 x_t,城市现代产业部门支付给转移劳动力的工资水平为 w_t,农产品的相对价格水平为 p_t,则农村地区代表性家庭依靠农业部门的收入以及转移至城市现代产业部门的劳动力所获得的工资收入支付对两类产品的消费以及转移成本,其所面临的最优化问题可以表示为(此时农业部门的劳动力为 $L_{at} = N^R - x_t$):

$$\max_{(c_{at}^R, c_{mt}^R, x_t)} : \sum_{t=0}^{\infty} \rho^t N^R [\theta \ln(c_{at}^R - \bar{c}) + \ln c_{mt}^R]$$

$$s.t. \quad N^R(p_t c_{at}^R + c_{mt}^R) = p_t A_t (N^R - x_t)^{\alpha} + (w_t - \Phi_t) x_t \quad (4-3)$$

求解该最优化问题,可得如下一阶最优化条件:

$$p_t(c_{at}^R - \bar{c}) = \theta c_{mt}^R \quad (4-4)$$

$$w_t = \alpha p_t A_t (N^R - x_t)^{\alpha-1} + \Phi_t \quad (4-5)$$

另外,城市地区代表性家庭从事现代产业部门所取得的收入在支付转移劳动力的工资之后均用于两类产品的消费,其所面临的最优化问题可以表示为(此处,城市现代产业部门的劳动力为 $L_{mt} = N^U + x_t$):

$$\max_{(c_{at}^U, c_{mt}^U, x_t)} : \sum_{t=0}^{\infty} \rho^t N^U [\theta \ln(c_{at}^U - \bar{c}) + \ln c_{mt}^U]$$

$$s.t. \quad N^U(p_t c_{at}^U + c_{mt}^U) = M_t(N^U + x_t) - w_t x_t \quad (4-6)$$

其相对应的一阶最优性条件为:

$$p_t(c_{at}^U - \bar{c}) = \theta c_{mt}^U \tag{4-7}$$

$$w_t = M_t \tag{4-8}$$

三 结构转变与集聚对经济增长的影响

首先，在劳动力市场达到均衡状态时，联立式 (4-5) 和式 (4-8) 可得：

$$\alpha p_t A_t (N^R - x_t)^{\alpha-1} + \Phi_t = M_t \tag{4-9}$$

其次，当两类产品的市场均达到出清状态时，我们有：

$$N^U c_{at}^U + N^R c_{at}^R = A_t (N^R - x_t)^{\alpha} \tag{4-10}$$

$$N^U c_{mt}^U + N^R c_{mt}^R = M_t (N^U + x_t) - \Phi_t x_t \tag{4-11}$$

令经济体中的总人口 $N = N^R + N^U$，联立式 (4-4) 和式 (4-7) 可得经济体中农产品与非农产品消费量之间的关系：

$$p_t(N^R c_{at}^R + N^U c_{at}^U - N\bar{c}) = \theta(N^R c_{mt}^R + N^U c_{mt}^U) \tag{4-12}$$

将式 (4-9)、式 (4-10) 和式 (4-11) 的结果代入式 (4-12)，消去 p_t，可得如下关系式：

$$\frac{\alpha A_t (N^R - x_t)^{\alpha-1}}{A_t (N^R - x_t)^{\alpha} - N\bar{c}} = \frac{M_t - \Phi_t}{\theta[M_t(N^U + x_t) - \Phi_t x_t]} \tag{4-13}$$

该式表明从农村向城市部门的劳动力转移将由农业部门和城市现代产业部门的技术水平以及转移成本等所决定。进一步，利用上述 A_t、M_t 以及 Φ_t 的表达式，从式 (4-13) 可得下式：

$$\frac{\alpha(N^R - x_t)^{\alpha-1}}{(N^R - x_t)^{\alpha} - [N\bar{c}/(1+\gamma)^t A_0]} = \frac{\kappa(N^U + x_t)^{\beta} + 1 - \delta}{\theta\{[\kappa(N^U + x_t)^{\beta} + 1](N^U + x_t) - \delta x_t\}} \tag{4-14}$$

在这里，我们首先关注集聚效应的影响。由式 (4-14) 可知，在第 t 期从农村转移至城市的劳动力数量 x_t 受到经济体中城市现代产业部门集聚效应 β 的影响。依据式 (4-14)，设定如下 x_t 和 β 的隐函数：

$$G(x_t, \beta) = \frac{\alpha(N^R - x_t)^{\alpha-1}}{(N^R - x_t)^{\alpha} - [N\bar{c}/(1+\gamma)^t A_0]}$$

$$- \frac{1 + \kappa(N^U + x_t)^{\beta} - \delta}{\theta\{[1 + \kappa(N^U + x_t)^{\beta}](N^U + x_t) - \delta x_t\}} = 0$$

利用生产函数的性质以及对参数取值区间的设定,容易判断$\frac{\partial G}{\partial \beta}<0$,同时$\frac{\partial G}{\partial x_t}>0$。从而由隐函数的求导法则可知$\frac{\partial x_t}{\partial \beta}>0$。这说明如上城市化过程中,城市现代产业部门的集聚能够促进结构转变。

而另一方面,函数$G(x_t,\beta)=0$也可以视为包含农业技术进步$A_t=(1+\gamma)^t A_0$的隐函数,容易判断此时有$\frac{\partial G}{\partial \gamma}<0$,因此$\frac{\partial x_t}{\partial \gamma}>0$。即农业技术进步率对体现为城市化的二元结构转变也存在促进作用,这一结论与松山(Matsuyama,1992)以及刘雅南和邵宜航(2013)的拓展研究相同。

进一步地,由式(4-14)容易观察到上述隐函数中的第一项分母也包含了时间t,对其求导易得$\frac{\partial G}{\partial t}>0$,因此$\frac{\partial x_t}{\partial t}<0$,即在其他影响因素不变的情况下,劳动力转移量$x_t$将逐期递减。在长期内($t\to\infty$时),劳动力转移量将达到稳定状态(记为$x^*$),稳定状态下的转移劳动力数量由下式决定:

$$\frac{\alpha}{N^R-x^*}=\frac{\kappa(N^U+x^*)^\beta+1-\delta}{\theta\{[\kappa(N^U+x^*)^\beta+1](N^U+x^*)-\delta x^*\}} \qquad (4-15)$$

式(4-15)表明,稳态时的劳动力转移数量x^*除了受代表性家庭偏好系数θ以及转移成本系数δ的影响外,也仍然受到经济体中非农产业部门的集聚效果β的影响。同样地,根据隐函数的求导法则,由式(4-15)可以得到$\frac{\partial x^*}{\partial \beta}>0$。因此经济活动的集聚推动城市化进程的结论在稳态情形下依然成立,但可以注意到农业部门的技术进步不会影响稳态的劳动力转移。

现在,我们讨论经济增长状态。由式(4-9)可知,经济体中农产品的相对价格取决于两部门的边际收益之比,即$p_t=\frac{M_t-\Phi_t}{\alpha A_t(N^R-x_t)^{\alpha-1}}$,用$M_t$和$\Phi_t$的表达式代入可得:

$$p_t=\frac{[\kappa(N^U+x_t)^\beta+1-\delta]M_{t-1}}{\alpha A_t(N^R-x_t)^{\alpha-1}}$$

由此可知经济体在第 t 期的总产出 Y_t 和总产出增长率 g_t 分别为：

$$Y_t = p_t Y_{at} + Y_{mt}$$

$$= \frac{1}{\alpha}[\kappa(N^U + x_t)^\beta + 1 - \delta](N^R - x_t)M_{t-1}$$

$$+ [\kappa(N^U + x_t)^\beta + 1](N^U + x_t)M_{t-1} g_t = \frac{Y_t - Y_{t-1}}{Y_{t-1}}$$

$$= \frac{\{[\kappa(N^U + x_t)^\beta + 1 - \delta](N^R - x_t) + \alpha[\kappa(N^U + x_t)^\beta + 1](N^U + x_t)\}[\kappa(N^U + x_{t-1})^\beta + 1]}{[\kappa(N^U + x_{t-1})^\beta + 1 - \delta](N^R - x_{t-1}) + \alpha[\kappa(N^U + x_{t-1})^\beta + 1](N^U + x_{t-1})} - 1$$

在稳态时，$x_t = x_{t-1} = x^*$，稳态经济增长率 g^* 为：

$$g^* = \kappa(N^U + x^*)^\beta$$

这里，我们注意到城市现代产业部门的技术进步方程为 $M_t - M_{t-1} = \kappa L_{mt}^\beta M_{t-1}$，因此稳态时经济体总产出的增长率将与现代产业部门的技术进步率一致：

$$\frac{Y_t - Y_{t-1}}{Y_{t-1}} = \frac{M_t - M_{t-1}}{M_{t-1}} = g^* = \kappa(N^U + x^*)^\beta$$

以上分析表明，在伴随城市化和集聚的经济发展进程中，稳态时的经济增长率将取决于城市的集聚效应和城市化的水平，而这里城市化的水平也受到集聚效应的影响，同时集聚效应的影响也体现在技术进步的过程中。

在以上模型中，对每期的增长率变化的讨论是复杂的，基于在现实经济中农业部门的产出份额相对于现代产业部门而言分量充分小的事实，我们主要分析城市现代产业部门在每期的增长情况，由以上现代产业部门的生产函数的表达式容易知道现代产业部门的增长率 g_{mt} 为：

$$g_{mt} = \frac{Y_{mt}}{Y_{mt-1}} - 1 = \frac{N^U + x_t}{N^U + x_{t-1}}[1 + \kappa(N^U + x_t)^\beta] - 1$$

由该式可以观察到，集聚和城市化影响每一期现代产业部门产出的增长表现。在前一期（第 $t-1$ 期）的基础上，当期（第 t 期）的人口转移量 x_t 和现代产业部门的集聚效应 β 均对产出增长率有正向的影响。同时，由于 $\frac{\partial x_t}{\partial \beta} > 0$，集聚效应还能够间接通过推动城市化作用于经济增长。因此，在其他因素导致当期集聚效应的提升的情况下，集聚将能推进现代产业部门产出的增长。进一步，在经济处于平衡增长路径时，现代产业部门的稳态增长率也将与总体产出增长率保持一致，即 $g_m^* = \kappa (N^U + x^*)^\beta$。

综上分析，在伴随以城市化为表现形式的二元结构转变和集聚现象的经济发展过程中，城市化水平和集聚效应对经济增长存在正向促进作用，而其中集聚效应将通过对城市化和技术进步的双重影响推动经济增长。

在本章第三节的分析中，我们将结合我国各区域发展差异，利用省际面板数据，进一步考察城市化、集聚对各区域经济增长的影响。

第二节 对模型假设和构建的几点说明

通过构建一个同时包含集聚和二元结构转变的增长模型，我们观察到了发展中国家城市化进程中的劳动力集聚效应如何通过作用于现代产业部门的生产率进步推动经济体在长期内的持续增长。对于该模型的基本设定，我们有必要做几点说明，这些说明有助于读者更好地把握模型运行的内在机制。

首先，模型中对于农业部门和现代产业部门生产函数形式的设定反映了两类生产部门之间规模报酬性质的差异。农业部门的生产由于受自然条件和自然资源的限制，通常呈现规模报酬递减的特征，因此，将其生产函数中的参数 α 设定为在 0 到 1 之间的常数内取值是完全合理的。然而，现代产业部门的生产却并不一定如模型中所假设的那样，呈现规模报酬不变的特征。事实上，由于技术进步所带来的生产成本的节约与生产效率的提高，现代产业部门（尤其是新兴产业部门）更多地呈现出规模报酬递增的现象。该模型之所以假定现代产业部门的规模报酬不变，只是为了简化分析和推导过程。事实上，容易验证，即使现代产业部门的生产函数采取规模报酬递增的形式，模型的基本结论也不会被改变。更一般地，只要现代产业部门的规模报酬情况优于农业部门,都不会对模型中集聚所发挥的作用产生本质的影响。

其次,与松山(Matsuyama,1992)的基准模型相比,虽然两个模型都揭示了城乡二元结构转变过程中的劳动力转移现象,也都表明经济体最终会收敛于农村地区向城市地区转移的劳动力数量达到稳定不变的状态,但从实现这一稳态的机制来看,两者略有不同。仔细观察可以发现,该模型之所以能够体现劳动力集聚于城市地区的结构转变效应和增长效应,关键在于假定劳动力的迁移会产生一笔不可被简单忽略的成本(邵宜航和刘雅南,2013)。若劳动力可以不计成本地从农村地区迁移至城市地区,则式(4-13)将不再包含现代产业部门技术进步的因素,从而内化在其中的集聚效应设定也就无从发挥作用。为了明确这一点,回顾松山模型的相关设定,可知经济体中农业部门和现代产业部门的生产函数分别如下所示:

$$Y_{at} = AG(1 - n_t), \quad Y_{mt} = M_t F(n_t)$$

此处,经济体中的劳动力总供给量被单位化为 1,n_t 表示第 t 期从农业部门转移至现代产业部门的劳动力数量,且松山模型假定农业部门的技术水平 A 为外生给定的常数,而现代产业部门的技术水平进步采取如下的形式:

$$M_t - M_{t-1} = \delta Y_{mt-1}$$

严格意义上,由于此时当期现代产业部门的技术进步与前一期的产出水平相关联,从而受前一期现代产业部门所雇用的劳动力数量 n_{t-1} 的影响,上式中的参数 δ 也在一定程度上衡量了技术进步从现代产业部门的劳动力集聚中获得的好处,所以可以视为体现集聚效应大小的参数。然而,由于松山模型未考虑农村劳动力在迁移时所产生的成本,在求解相应的代表性家庭效用最大化问题以及代表性厂商利润最大化问题并考虑使市场中两类商品供求相等的出清条件之后,所得的均衡状态表达式并未包含反映集聚效应的参数 δ,如下所示:

$$G(1 - n_t) - \frac{\beta G'(1 - n_t) F(n_t)}{F'(n_t)} = \frac{\gamma L}{A}$$

其中,参数 γ 进入经济体代表性家庭的效用函数,表示代表性家庭对农产品的最低消费量。与式(4-13)相似,上式决定了农村地区向城市地区转移的劳动力 n_t 在均衡状态下的解。通过模型的基本假定以及简单的求导计算可知，上式的等号左边部分为 n_t 的单调递减函数。且在 $n_t=0$ 时，上式的等号左边被化简为 $G(1)$，而当 $n_t=1$ 时，由于农业部门和现代产业部门的劳动力边际产出均为正值，故上式的等号左边必然小于零。另外，模型合理假定农业生产部门能够生产出足够的农产品用以维持代表性家庭的生存，即 $AG(1)>\gamma L$。利用这一假设条件以及介值定理，容易得出上式必然在区间（0，1）内存在唯一的解，且该解可以表示为农业部门技术水平 A 的递增函数。因此，我们从上式中只能得出传统意义上的二元结构转变（城市化进程）对生产技术水平进而对现代产业部门产出增长率的影响情况，无法观察到集聚效应在其中所起的作用。从这层意义上而言，对于转移成本形式的合理设定是拓展该模型并使之包含集聚效应的关键因素。

最后，该模型也存在有待今后进一步完善和提升的空间。在模型中，农业部门的技术进步率被视为由外生因素给定的常数，尽管这在许多相关理论模型中都是一个常见的设定，但实际上未能反映和揭示农业生产的一些重要特征。农业生产部门同现代产业部门一样，在经济体结构转变和技术进步的过程中体现出"干中学"的效应，现代产业部门的技术进步也可以通过为农业部门提供更多更为廉价的中间投入品（如肥料、农药、收割设备和水泵等）提高其生产率水平。因此，若在模型的设定中充分考虑现代产业部门对农业部门的"反哺"效应以及农业部门本身的"干中学"效应，农业部门在二元结构转变和集聚的过程中所扮演的角色将被更充分地认识。另外，该模型也忽略了资本在现代产业部门生产中的作用。引入生产过程中的资本积累，有助于探讨代表性家庭的跨期最优化问题，也有助于放松现代产业部门中关于无形知识的假设，还可以将在该模型拓展至开放经济情形时通过使经济体的开放程度参数化（考虑资本在国际市场上的不完全流动）检验和分析集聚和二元结构转变在引入对外贸易时的增长效应。当然，上述可能的拓展将使模型的推导和分析大大复杂化，在今后的研究中，如果该模型的基本结论在农业部门生产技术内生化和引入资本之后仍未发生变化，则无疑将为二元结构转变过程中集聚的重要性提供更为坚实的理论基础。

第三节 基于省级面板数据的实证检验

一 数据来源

本章以下的实证研究部分所采用的数据为全国 26 个省级行政区（不包括直辖市以及西藏、台湾地区）1998—2012 年的宏观经济数据。按照传统的划分方法，26 个省级行政区可被划分为东、中、西三大区域。其中，东部地区包括广东、福建、江苏、海南、辽宁、浙江、山东、河北 8 个省级行政区，中部地区包括山西、内蒙古、吉林、黑龙江、安徽、江西、河南、湖北、湖南 9 个省级行政区，西部地区包括广西、陕西、新疆、甘肃、宁夏、青海、四川、云南、贵州 9 个省级行政区。所有的宏观经济数据均来自相应年份的《中国统计年鉴》《中国城市统计年鉴》或《新中国六十年统计资料汇编》。

二 计量模型及变量

以下，本章采用面板数据模型考察我国各省级行政区域的二元结构转变（城市化水平）、集聚效应与经济增长率之间的关联，基准计量模型如下所示：

$$gdp_{it} = cons + \beta_1 urban_{it} + \beta_2 urban_{it} \times agglo_{it} + \beta_3 tfpg_{it} + \beta_4 tfpg \times agglo_{it}$$
$$+ \beta_5 inv\_rate_{it} + \beta_6 fis\_rate_{it} + \beta_7 edu_{it} + \delta_i + \mu_t + error_{it} \quad (4-16)$$

其中，下标 i 表示省份截面，下标 t 表示时间截面，gdp_{it} 为计量模型中的因变量，表示地区生产总值的增长率，$urban_{it}$ 表示地区城市化的规模（结构转变的程度），$agglo_{it}$ 表示地区经济的集聚程度。同时为了更好地吻合上述理论模型，在计量模型中引入 $tfpg_{it}$ 衡量地区经济中全要素生产率的增长情况（技术进步的程度）。为了衡量集聚的效果，模型中包含两项交互项，其中 $urban_{it} \times agglo_{it}$ 为地区经济集聚程度与城市化规模的交互项，若该交互项的系数显著为正，则说明地区经济的集聚会进一步强化城市化（结构转变）对经济增长的推动作用，$tfpg \times agglo_{it}$ 为地区经济集聚程度与全要素生产率的交互项，类似地，该项系数显著为正同样说明地区经济的集聚会进一步强化技术进步对经济增长的推动作用。其余三项控制变量 inv_rate_{it}、fis_rate_{it} 以及 edu_{it} 分别表示地区固定资产投资额占生产总值的比重、地区财政支出占生产总值的比重以及地区劳动力的平均受教育年限，$cons$ 为常数项，$error_{it}$ 为随机扰动项。另外，依照面板数据双向固定效应模型的设定，此处引入了分别控制地区和时间固定效应的变量 δ_i 和 μ_t。

在控制变量的选取上，由于地方政府的财政支出对地区经济增长的作用不可忽视，因此本书借鉴金荣学和解洪涛（2010）的做法，引入了与财政支出相关的控制变量。另外，考虑到人力资本积累因素对经济增长的推动作用，本书借鉴范剑勇（2006）以及沈坤荣和蒋锐（2007）的做法，选取了劳动力平均受教育年限作为衡量地区人力资本积累水平的指标并将其引入模型作为控制变量。

关于变量的指标及具体计算方法，有以下几点需要说明：首先，我们考虑体现二元结构转变程度的城市化指标。而对城市化规模 $urban_{it}$ 的衡量一般使用城镇人口占总人口的比重、非农产业从业人员占总就业人口的比重以及人口密度（单位面积上居住的人口数）等指标。但在具体的经验研究中，该指标的选取带有很大的灵活性，例如，段瑞君和安虎森（2009）为了排除总人口的影响直接采用城镇人口绝对数作为衡量城市化水平的指标。出于统计数据可得性的考虑，许多研究采用非农产业从业人员占总人口的比重来计算城市化水平，但由于乡镇企业的存在，非农产业从业人员不一定居住在城市，难以产生本书所述的集聚效应，而用人口密度计算城市化水平可能会受到省份自身地理条件的影响（如西北地区地域辽阔的省份人口密度较低，城市化水平却不一定低），故本书以城镇人口占总人口的比重衡量城市化规模。其次，对全要素生产率增长率 $tfpg_{it}$ 的计算借鉴了章祥荪和贵斌威（2008）的思路，采用了常见的 Malmquist 指数分解法，以 1978 年不变价格表示的地区生产总值作为产出指标，地区就业人员总数为劳动力投入指标，地区固定资本存量为资本投入指标，其中对地区固定资本存量的估算采用了张军等（2004）提出的永续盘存法。再次，对经济集聚程度 $agglo_{it}$ 的计算与衡量采用了类似于空间基尼系数的计算方法，这里参考了陆铭等（2011）的相关计算方法，衡量地区经济集聚程度的空间基尼系数 G 的计算公式如下：

$$G = \frac{2}{n}\sum_{i=1}^{n} ix_i - \frac{n+1}{n}, x_i = \frac{y_i}{\sum_{i=1}^{n} y_i}(x_1 < x_2 < \cdots < x_n) \quad (4-17)$$

其中，下标 i 表示待研究省份的不同下属市级区域（地级市），y_i 表示第 i 个地级市第三产业的生产总值，n 表示市级区域（地级市）的总数。此处选取第三产业作为研究对象主要是出于其包含了许多高附加值的生产性服务业的考虑，这些经济部门的空间集聚较之低附加值行业的集聚意味着更高的产出效率。另外，第三产业的集聚往往也意味着人口（包括进城务工的劳动力）在空间上的集中，这与之前模型分析中由人口的转移和集中带来现代产业部门技术进步的外部效应设定也比较吻合。亨德森（Henderson，2003）的实证研究也支持高附加值产业的空间聚集能够有效地提高劳动生产率这一结论。因此，综合考虑目前可得的统计指标，选用该指标更能反映经济活动集聚的内涵。此外，劳动力平均受教育年限 edu_{it} 参照陆铭和陈钊（2004）的方法计算而得，地区生产总值、固定资产投资额以及财政支出额均按照相应基期年份的价格指数进行了平减处理。

三 实证分析

首先，我们对本书涉及的我国各区域经济发展的主要变量进行基本的统计描述，其结果如图4-1至图4-4所示。[①]

从图4-1至图4-4中可以明确观察到，我国东、中、西部三大区域的城市化水平、经济活动的集聚程度、全要素生产率和经济增长率存在显著差异，各指标的发展变化也基本上规律性地呈现东部区域最高、中部次之、西部最弱的区域间差异。而其中，各区域的城市化程度在存在明显差距的同时均在平稳地显著增长。

---

① 图4-1中的城市化水平指标为城镇人口占总人口的比例，图4-2中的集聚水平指标为空间基尼系数，图4-3中的全要素生产率增长率基于Malmquist指数分解法计算，图4-4中各区域的指标值为依照各省地区生产总值的加权平均结果，具体的计算方法见下文对计量模型变量的说明。

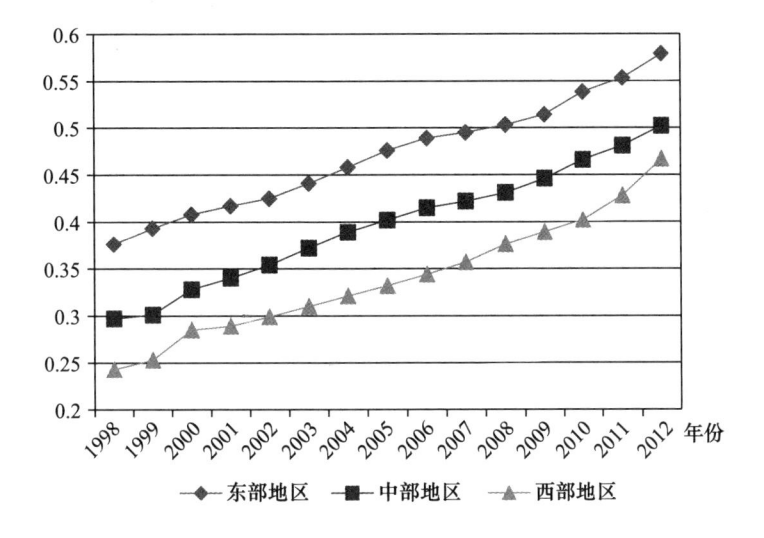

第四章 产业集聚视角下的二元结构转变与区域经济增长 / 91

图 4-1 各区域城市化水平的比较（1998—2012 年）

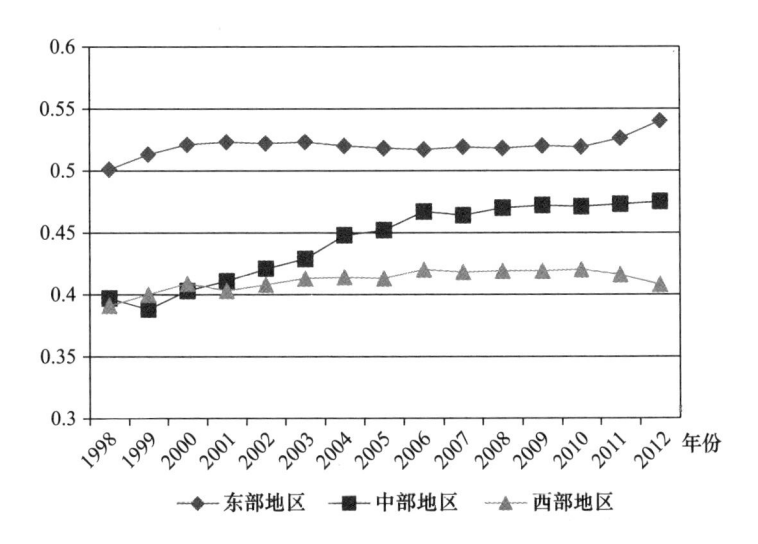

图 4-2 各区域经济活动集聚程度的比较（1998—2012 年）

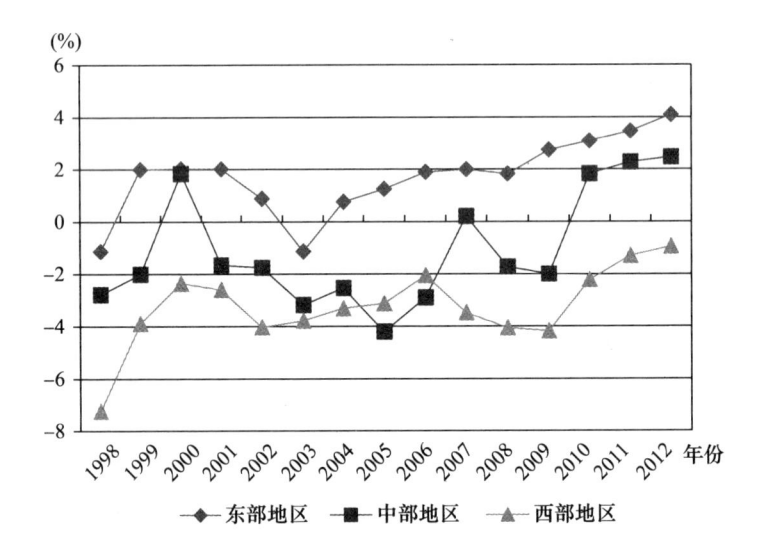

图4-3 各区域全要素生产率增长率的比较（1998—2012年）

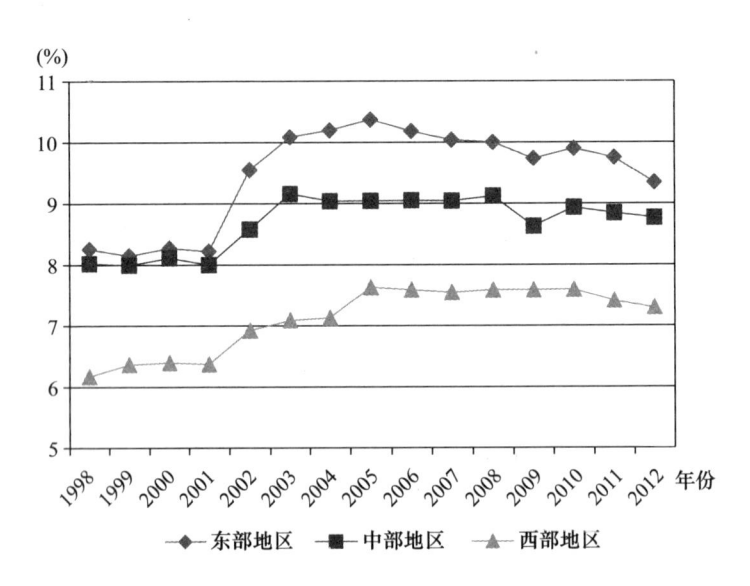

图4-4 各区域地区生产总值增长率的比较（1998—2012年）

第四章 产业集聚视角下的二元结构转变与区域经济增长

以下，为了检验集聚与城市化和技术进步之间关系的区域差异，首先对相关数据进行单位根（平稳性）检验。在借鉴相关文献的基础上，本书采取得到广泛使用的 LLC 检验法检验数据的平稳性（Levin, Lin & Chu, 2002），具体检验结果见表 4-1（如无特殊说明，本书涉及的除增长率和比率之外的变量均取对数，具体的回归过程均通过 Stata 12.0 软件完成）。

表 4-1 各变量的单位根（平稳性）检验结果（滞后一阶）

变量	gdp_{it}	$urban_{it}$	$urban_{it} \times agglo_{it}$	$tfpg_{it}$	$tfpg_{it} \times agglo_{it}$	inv_rate_{it}	fis_rate_{it}	edu_{it}
t 统计量值	-8.457	-9.455	-8.124	6.338	9.297	-7.003	-8.249	-10.122
p 值	0.000	0.000	0.000	0.002	0.000	0.000	0.000	0.000

根据表 4-1 结果显示，当相关数据经过取对数处理之后，单位根检验的 t 统计量的绝对值均大于相应的 t 分布的分位点，落入拒绝域内。根据 p 值的大小，模型中的每一个变量均可以在 5% 的显著性水平下拒绝存在单位根的原假设，这表明此处所采用的面板数据通过了单位根检验，所有的变量在 5% 的显著性水平下均是平稳的。

在参数估计方法的选择上，由于受数据时间跨度的限制，在对模型进行参数估计时不能采用 OLS 估计法。因此综合各方面因素的考虑，本书进一步将因变量的一阶滞后项作为自变量（用 L1 表示）加入原基准模型，使之拓展成为动态面板数据模型，再参照阿尔兰诺和邦德（Arellano & Bond, 1991）的思路对模型进行动态面板数据的 GMM 参数估计。按照前述的区域划分，本书从全国层面以及分区域视角分别对集聚推动经济增长的效果进行回归，可以得到如表 4-2 以及表 4-3 所示的结果。

表4-2　全国层面城市化和集聚对经济增长作用的回归结果（1998—2012年）

	（1）	（2）	（3）
$L1$	0.3756* (0.1946)	0.1125*** (0.0202)	0.2883 (0.4129)
$urban_{it}$	0.2259** (0.0532)	0.1377* (0.0740)	0.1584* (0.0814)
$urban \times agglo_{it}$	0.4670 (0.5992)	0.3024* (0.1787)	0.2866*** (0.0439)
$tfpg_{it}$	0.0583** (0.0159)	0.0344 (0.1891)	0.0667* (0.0339)
$tfpg \times agglo_{it}$	-0.1528 (0.4470)	0.1437*** (0.0569)	0.2326* (0.1177)
inv_rate_{it}		0.3755** (0.1045)	0.2908** (0.0731)
fis_rate_{it}		-0.2680*** (0.0546)	0.3224 (0.5767)
edu_{it}		0.4281* (0.2253)	0.2903 (0.4202)
观测值	390	390	364

注：括号内数字均为参数估计值所对应的标准差，*代表在10%的显著性水平下显著不为零，**代表在5%的显著性水平下显著不为零，***代表在1%的显著性水平下显著不为零，本书余下的实证分析结果同样采取上述记号。①

表4-3　各区域城市化和集聚对经济增长作用的回归结果（1998—2012年）

	东部地区	中部地区	西部地区
$L1$	0.4412** (0.1215)	0.4908 (0.7211)	-0.5567 (0.4529)

---

① 在本章以及本书其他章节的计量分析中，回归结果里参数估计值下方括号中的数字均为参数估计值所对应的标准差。

续表

	东部地区	中部地区	西部地区
$urban_{it}$	0.2518* (0.1368)	0.5225** (0.1772)	0.5108* (0.2792)
$urban \times agglo_{it}$	0.4213*** (0.0738)	0.1902** (0.0575)	0.2257 (1.0293)
$tfpg_{it}$	0.1739* (0.0877)	0.2436*** (0.0366)	0.3349** (0.0830)
$tfpg \times agglo_{it}$	0.2575** (0.0653)	-0.2733 (0.4198)	0.1930 (0.6804)
inv_rate_{it}	0.3067 (0.9925)	0.1855** (0.0489)	-0.4912 (0.8303)
fis_rate_{it}	0.1580*** (0.0218)	0.2883 (0.7349)	0.0394 (0.6278)
edu_{it}	0.3726 (0.9058)	0.2348** (0.0588)	0.1959*** (0.0340)
观测值	112	126	126

在表4-2中，第（1）列为不添加控制变量的回归结果，第（2）列为添加3个控制变量之后的回归结果，第（3）列为在第（2）列的基础上将前4个解释变量替换为各自相应的一阶滞后项（出于减轻模型的内生性问题的考虑）作为工具变量之后的回归结果。① 根据表4-2的回归结果，城市化（二元结构转变）与技术进步在全国范围内基本上均能显著推动经济的增长，且交互项$urban \times agglo_{it}$与$tfpg \times agglo_{it}$对应的系数也基本上至少在10%的显著性水平下显著为正，这说明我国的结构转变和技术进步已经开始发挥一定的集聚效应。

而根据表4-3所示的回归结果可以发现，我国三大区域的城市化（二元结构转变）进程对经济增长均有显著的正向推动作用，其中

---

① 在表4-3中，对于每个区域也相应有3组回归结果，但为节省表格篇幅，此处只列出与表4-2第（3）列相对应的回归结果。

东部地区和中部地区 $urban_{it}$ 一项的系数分别在 10% 和 5% 的显著性水平下拒绝其为零的原假设，西部地区的这一系数也在 10% 的显著性水平下拒绝其为零的原假设。这说明在我国的三大区域内部，二元结构转变对经济增长均体现出一定程度的正向推动作用，然而这一作用存在明显的区域差异。其中，东部地区该项系数最小，西部地区居中，中部地区最大。从表面上看，单独观察城市化的直接影响，中部地区和西部地区的城市化水平每上升一个百分点分别能够推动各自区域的地区生产总值增长率提高约 0.52 个百分点和 0.51 个百分点，相比之下，经济较为发达的东部地区城市化水平每上升一个百分点只能推动地区生产总值提高大约 0.25 个百分点，只相当于中部地区和西部地区的 48% 左右。同时，单独观察 $tfpg_{it}$ 一项的系数也大致呈现出相同的特点，这表明单独观察技术进步影响时，东部地区的全要素生产率虽然对经济增长发挥了一定的正向推动作用，但总体仍不及中部和西部地区的效应明显，分别只相当于中部地区的 71.39% 和西部地区的 51.93%。

这一单独观察的计量结果显然难以和我国区域经济发展中东、中、西部存在显著差距的现实相吻合，而通过在计量模型中进一步综合考虑经济活动的集聚因素可以发现，各区域经济活动的集聚程度通过模型中的交互项 $urban \times agglo_{it}$ 以及 $tfpg \times agglo_{it}$ 则可以较好地解释区域增长差距问题。一方面，比较三大区域 $urban \times agglo_{it}$ 一项的系数显著性及大小可以发现，东部地区该系数显著为正，且高达 0.4213，远远领先于中部地区和西部地区，而西部地区该系数其至未能通过显著性检验，这说明了东部地区通过自身具有集聚效应的经济活动强化了城市化对经济增长的作用，而西部地区由于本身集聚水平较低，使结构转变过程中缺乏集聚的效果。另一方面，比较三大区域 $tfpg \times agglo_{it}$ 一项的系数显著性可以发现，东部地区该项系数在 5% 的显著性水平下显著为正，而中部地区和西部地区该系数均未能通过显著性检验，这说明了东部地区凭借自身经济活动的集聚效应同样进一步发挥了技术进步对经济增长的推动作用，而中部地区和西部地区的技术进步则由于空间集聚程度的欠缺而难以体现较高的效率。

以上对存在显著发展差异的我国东、中、西部的计量分析的回归结果较好地吻合了本书理论模型的基本结论：集聚效应对经济增长表现存在重要影响，经济活动在空间上的集聚通过城市化与技术进步两条渠道分别推动经济增长的机制起到了关键的作用。东部地区优于中西部的增长表现，在很大程度上能够反映为集聚通过城市化和技术进步所产生的对增长的显著推进作用。反观中西部地区，城市化虽然对经济增长存在促进作用，但由于其经济活动的集聚效应的缺失，增长表现无法与东部相比。本书的计量分析结论也与刘伟和张辉（2008）指出的我国产业结构变迁对经济增长的影响正在逐步减弱的结论相吻合。可以认为，总体而言，集聚是解释我国各区域经济增长表现差异的关键性因素，只有建立在经济活动高度集聚基础上的城市化与技术进步才具有效率，才能为区域经济增长注入更多的活力。

第四节 小结与讨论

本章通过构建一个包含二元结构转变、考虑集聚效应的两部门增长模型所展开的理论分析以及在此基础上利用我国 1998—2012 年区域面板数据进行的计量分析与检验，证实了本书所强调的从发展的视角考察经济增长必须充分关注经济发展过程中伴随的结构转变和集聚现象，集聚效应对经济增长表现存在重要影响。特别是结合我国的发展实际，可以知道：缺乏集聚效应的城市化和技术进步虽然可以促进经济增长，但其作用有限，也无法解释我国区域间增长表现的差距，具有集聚效应的城市化和技术进步才能更有效推进经济增长，我国东部地区领先于中西部的经济发展也得益于集聚效应的有效发挥。

这一结论对于作为发展中国家的我国经济增长而言具有重要的现实意义。目前，从国家到各省、市的发展战略和规划中都可以注意到，结构调整、科技创新和城市化都被视为重要的增长动力。而本书以上的理论和实证结论警示我们在调整结构、追求创新、发展城市的过程中必须充分注重集聚效应。实际上，现实中遍地开花却难以结果的各种创业园区、科技园区以及时常见诸报端的"空城计"和"鬼城"现象也说明了我国相关地区现阶段的经济发展中集聚效应的缺失。因此如何追求集聚应是我国今后发展的重要一环。从经济学原理上，经济活动中要素的集聚依赖于市场机制的有效配置，但政府可以在遵循市场规律的基础上通过完善交通等基础设施、合理规划产业空间布局、促进产业链的形成、完善金融市场、建立有助于产业集聚的工商管理制度、打造吸引专业人才的文化氛围等推进区域经济的集聚发展。

正如本章的理论模型所示，注意人才的集聚才是发挥集聚效应的根本。特别是在目前高歌猛进的我国城市化过程中，区域和城市政府应高度重视格莱泽（Glaeser，2012）所强调的论点，即城市建筑是城市成功的结果，而非原因。因此，城市集聚发展的核心是人才的集聚而不是建筑的集聚。

第五章　几大产业关联和集聚中的城市经济增长

伴随着我国经济的高速发展，以制造业为主要组成部分的第二产业在交易成本和运输成本不断下降的背景下产生了在空间地域上不断集聚的趋势。同时，正如前文所述，以服务业特别是生产性服务业为代表的第三产业在空间上的集聚程度也不断提高，这与第二产业在无形之中形成了互动发展的格局。可以认为，由于产业关联的普遍存在，各产业部门的集聚现象之间也必然存在某种程度上的关联。深入透彻地分析产业间共同集聚的形成过程、影响因素与内在机制，对进一步发挥和强化我国经济增长过程中的集聚效应有着十分重要的理论与实践意义。然而，现有的国内外关于集聚的代表性研究主要着眼于分析和讨论单个产业集聚的机理以及对经济增长的影响，较少涉及第二和第三产业的共同集聚。本章利用中国工业企业数据库和各个城市的微观数据，深入考察了第二和第三产业共同集聚对经济增长的影响。分析显示，总体而论，共同集聚对经济增长存在显著正向影响，同时产业结构的高端化与发达的交通基础设施将有助于共同集聚增长效应的发挥。进一步地，从经济规模看，大城市共同集聚的增长效应显著优于中小城市，而从细分行业的产业关联性看，关联性更强的行业部门的共同集聚也表现出更强劲的对增长的促进作用。据此，我们也简要讨论了相关的政策含义。

第一节　关于第二和第三产业集聚主要文献的回顾和理解

虽然国内外研究对产业共同集聚这一问题的探讨相对较少，但仍存在一些可资借鉴的研究成果。主要的相关研究可以分为两个方面：一是对产业共同集聚的度量及实证研究。其中，广泛被采用的衡量指标为由埃里森和格莱泽（Ellison & Glaeser, 1997）首先提出的 E – G 指数。例如，两人利用该指标表明共同集聚现象在四位数编码的行业之间普遍存在（Ellison & Glaeser, 1997），而且这一现象也同样存在于具有上下游分工关系的行业之间。巴罗斯等（Barrios et al., 2003）同样利用该指标考察了爱尔兰在 1972—1999 年两位数编码和三位数编码的制造业细分行业的共同集聚情况，同时发现了共同集聚程度加强的趋势。在我国，路江涌和陶志刚（2006）具体测算了我国制造业内部的行业之间在空间上的集聚程度，发现虽然我国制造业内部行业的共同集聚程度呈现出逐年上升的趋势，但是与美国同期数据相比仍存在一定的差距，在 21 个可比较的两位数编码行业中，我国只有 4 个行业的共同集聚程度高于美国。马国霞等（2007）基于 1995 年和 2003 年我国投入产出表中的相关数据，将投入产出分析与产业空间集聚程度相结合，不仅得出了与之前类似的结论，而且还发现纵向的投入产出关联以及规模外部经济是驱动我国制造业内部产业间共同集聚的主要机制，并且这一机制的作用受到地理邻近程度的影响。二是对产业共同集聚内在机理的分析与探讨。如前文所述，马歇尔（Marshall, 1890）具体分析了单个产业集聚的原因，尽管如此，其在影响产业集聚的主要因素当中也提及了上下游产业之间的投入产出关系，这为之后探究产业间集聚的具体机制提供了有益的启发。维纳布尔斯（Venables, 1996）便从投入产出的纵向联系这一视角出发解释产业间集聚的原因，认为在运输成本相对较高时，上下游企业会选择在两个不同的地区进行生产，随着运输成本的逐渐下降以及不完全竞争市场结构的作用,产业之间会出现共同集聚的趋势,而随着运输成本的进一步降低,共同集聚的趋势又会逐渐减弱,企业趋于分散布局。埃里森等(Ellison et al.,2007)基于马歇尔外部性(劳动力市场、投入产出关联和知识外部性)的角度研究了其对产业共同集聚的具体作用机制,发现上述三类外部性在产业共同集聚的形成过程中均扮演了重要的角色,但是尤以投入产出关联在其中发挥的作用最为关键。柯尔克(Kolko,2007)将研究视角转移至服务业部门的共同集聚,认为产业之间普遍存在的知识外溢以及贸易关系是服务业部门存在共同集聚的根源。

从上述国内外研究的成果来看,关于产业间共同集聚的研究主要集中在制造业或服务业的细分行业之间,而对制造业和服务业之间的共同集聚(第二和第三产业之间的集聚)探讨较少。而实际上,根据传统的分工理论,第二产业与第三产业之间存在密不可分的关系,生产性服务业部门在很大程度上内生于制造业部门(Abraham & Taylor, 1996)。特别是自20世纪70年代以来,关于服务业经济的理论开始与传统经济理论相融合,这使国内外研究开始重视制造业部门与服务业(尤其是生产性服务业)部门的关系问题。前述新经济地理学的代表人物克鲁格曼(Krugman,1991)和藤田(Fujita,1999)在研究制造业部门的集聚现象时就曾经将保险、金融和物流等服务业一同纳入分析框架。库姆斯(Combes,2000)也在研究产业间集聚现象时同时考虑了制造业和生产性服务业,但是该研究只是基于一些简单的统计特征(如就业密度、企业规模、产品多样化程度等)分别对两类产业部门的集聚情况进行描述,并未涉及其之间的联系。德斯梅特和法夫察普斯(Desmet & Fafchamps,2005)基于美国1972—2000年的微观层面数据分析了第二产业与第三产业各自集聚程度的变化情况,发现两者在区域分布上存在一定的差异性,但是仍然未指出两类产业部门集聚之间的内在联系。现有关于两类产业部门关联性的研究主要从供给和需求两个角度入手,并且取得了相当丰富的研究结论(Rowthorn & Ramaswamy,1999;Eswaran & Kotwal,2002;Guerrieri & Meliciani, 2005;Franke & Kalmbach,2005)。

总之，综合国内外的相关研究成果，可以发现虽然第二和第三产业共同集聚的现象已经得到一定程度的关注，但大部分的研究仍侧重于对共同集聚的度量以及影响共同集聚的因素分析，较少探讨第二和第三产业共同集聚对经济增长的推动效应。我们认为，探讨集聚是否有助于经济增长是研究集聚问题的关键，特别是在我国目前亟须深入挖掘新常态下经济增长动力的宏观背景下，探寻第二和第三产业共同集聚是否有助于推动经济增长更是具有积极的现实意义。同时，由于集聚与地理范围密切关联，集聚所产生的知识溢出效应具有一定的地方性特征（Eaton & Kortum，1996；梁琦和詹亦军，2005），因此，基于城市的视角观察经济增长中共同集聚所起的作用将可以获得更为贴近现实的研究结论。为此，本章的余下部分将首先构建一个同时包含共同集聚和结构转变的现代产业部门增长模型分析共同集聚在长期经济增长中所扮演的角色，进而利用我国工业企业数据库和城市经济统计年鉴等微观数据，深入地考察我国第二和第三产业共同集聚的增长效应，以期为我国区域及城市推动第二和第三产业协调发展、充分利用产业集聚效应推动经济增长提供科学依据和有益建议。

第二节　第二和第三产业共同集聚、产业结构转变与经济增长：一个理论模型

一　模型的基本设定

如前所述，阿西莫格鲁和圭利埃里（Acemoglu & Guerrieri，2008）构建了一个包含两部门的非平衡增长模型以阐释结构转变与经济增长之间的关联性。本节主要借鉴该模型的基本思路，在此基础上进一步探究产业部门间的共同集聚效应对经济增长的影响。仿照该基准模型对生产函数的设定，经济体中的现代产业部门由制造业部门和服务业部门组成，两类生产部门共同生产唯一的最终产品，其生产函数如下所示：

$$Y(t) = F[Y_1(t), Y_2(t)]$$
$$= A(t) [\gamma Y_1(t)^{(\varepsilon-1)/\varepsilon} + (1-\gamma) Y_2(t)^{(\varepsilon-1)/\varepsilon}]^{\varepsilon/(\varepsilon-1)} \quad (5-1)$$

其中，$Y_1(t)$ 和 $Y_2(t)$ 分别代表制造业部门和服务业部门在第 t 期的产出水平，其价格水平分别为 $p_1(t)$ 和 $p_2(t)$。$Y(t)$ 代表现代产业部门在第 t 期的产出水平，即最终产品的产量，其价格水平为 $P(t)$。产品市场均为完全竞争市场。γ 衡量制造业部门和服务业部门在经济体中的相对重要性（$0<\gamma<1$），ε 衡量两类部门产品之间的替代弹性，$A(t)$ 代表两类生产部门共同集聚所产生的外部效应（第二和第三产业的共同集聚效应）。在此处，第二和第三产业部门的共同集聚效应不仅直接体现为作用于经济体总产出水平的正向外部性，还通过影响两大产业部门各自的技术进步率作用于部门的相对技术水平。该生产函数实际上是对上一章第一节模型中现代产业部门的进一步展开。经济体中代表性家庭的效用函数采取连续型贴现加总的形式，即：

$$U = \int_0^\infty e^{-(\rho-n)t} \frac{c(t)^{1-\theta}-1}{1-\theta} dt \quad (5-2)$$

其中，ρ 衡量代表性家庭的主观贴现率，n 代表经济体的人口增长率，θ 衡量代表性家庭对风险的相对偏好程度，$c(t)$ 代表第 t 期的人均消费量。在此基础上，设经济体第 t 期的劳动力总量为 $L(t)$，初期的劳动力总量为 $L(0)$，资本存量为 $K(t)$，劳动力的价格（工资率）以及资本价格分别为 $w(t)$ 和 $r(t)$。要素市场同样均为完全竞争市场。另外，消费最终产品的总量为 $C(t)$，资本的折旧率为 $\delta(0<\delta<1)$，则有如下关系式成立：

$$\dot{K}(t) + \delta K(t) + c(t)L(t) = \dot{K}(t) + \delta K(t) + C(t) = Y(t) \quad (5-3)$$
$$L(t) = L(0)e^{nt} \quad (5-4)$$

在经济体中，制造业部门和服务业部门均投入资本、劳动和技术三类要素进行生产，各自的生产函数可分别表示为：

$$Y_1(t) = M_1(t) L_1(t)^{\alpha_1} K_1(t)^{1-\alpha_1}$$
$$Y_2(t) = M_2(t) L_2(t)^{\alpha_2} K_2(t)^{1-\alpha_2} \quad (5-5)$$

其中，$M_1(t)$ 和 $M_2(t)$ 分别表示两类生产部门第 t 期的技术水平，$L_1(t)$ 和 $L_2(t)$ 分别表示两类生产部门第 t 期投入的劳动力数量，$K_1(t)$ 和 $K_2(t)$ 分别表示两类生产部门第 t 期投入的资本量。由于制造业部门相对于服务业部门而言使用更多的劳动力，故其体现出更明显的劳动密集型产业特征，可设 $\alpha_1 > \alpha_2$。另外，为简便起见，假设两类生产部门的技术进步率均为外生给定，则有：

$$\dot{M}_1(t)/M_1(t) = m_1 > 0, \quad \dot{M}_2(t)/M_2(t) = m_2 > 0 \qquad (5-6)$$

根据前述设定，技术进步率 m_1 和 m_2 均受到共同集聚效应的影响，而许多相关代表性研究表明，由共同集聚所引致的知识溢出效应在很大程度上提升了人力资本的生产效率，从而使更密集投入人力资本的生产性服务业从共同集聚的效应中获取相对更多的收益（Veneables，1996；Ellison，2007）。基于此，本节同样假设服务业部门的技术进步受共同集聚效应的影响更为显著。此时，两部门技术水平之比 $M_1(t)/M_2(t)$ 将随时间的推移而不断下降，进而影响经济体的产业结构。最后，根据劳动力和资本市场的出清条件，可得：

$$L_1(t) + L_2(t) = L(t), \quad K_1(t) + K_2(t) = K(t) \qquad (5-7)$$

二 模型的静态均衡及经济体的结构转变

该模型的竞争性均衡可由一组产品和要素价格以及要素的部门间配置共同刻画，分别表示为 $\{p_1(t), p_2(t), w(t), r(t)\}_{t\geq 0}$ 和 $\{L_1(t), L_2(t), K_1(t), K_2(t)\}_{t\geq 0}$。在均衡时，两组变量可以使产品和要素市场分别实现出清，同时使代表性家庭实现效用最大化。由于产品和要素市场均为完全竞争市场，故根据福利经济学第二定理，对竞争性均衡的求解可以转化为求解其对应的社会计划者最优问题。求解该社会计划者最优问题可分为两步：首先，给定经济体每一期的资本存量 $K(t)$ 和劳动力数量 $L(t)$，然后求解使每一期最终产品产出 $Y(t)$ 最大化的部门间资源配置，即制造业部门投入的资本量 $K_1(t)$ 和劳动力数量 $L_1(t)$ 以及服务业部门投入的资本量 $K_2(t)$ 和劳动力数量 $L_2(t)$。其次，在给定各期部门间资源最优配置的基础上，构建以代表性家庭效用为目标泛函的最优控制问题，求解此时最优的资本和消费路径。其中，对第一步的求解可以导出模型的静态均衡。为此，需求解如下最优化问题：

$$\Phi(K(t), t) = \max_{(K_1(t), K_2(t), L_1(t), L_2(t))} : F[Y_1(t), Y_2(t)]$$
$$s.t. \quad (5), (6), (7), (8)$$
$$K(t) > 0, \ L(t) > 0, \ M_1(t) > 0, \ M_2(t) > 0 \quad (5-8)$$

利用均衡时制造业和服务业部门各要素的边际产量相等, 可得如下两个等式:

$$\gamma \alpha_1 \left[\frac{Y(t)}{Y_1(t)} \right]^{1/\varepsilon} \frac{Y_1(t)}{L_1(t)} = (1-\gamma) \alpha_2 \left[\frac{Y(t)}{Y_2(t)} \right]^{1/\varepsilon} \frac{Y_2(t)}{L_2(t)} \quad (5-9)$$

$$\gamma (1-\alpha_1) \left[\frac{Y(t)}{Y_1(t)} \right]^{1/\varepsilon} \frac{Y_1(t)}{K_1(t)} = (1-\gamma)(1-\alpha_2) \left[\frac{Y(t)}{Y_2(t)} \right]^{1/\varepsilon} \frac{Y_2(t)}{K_2(t)}$$
$$(5-10)$$

另外, 对式 (5-1) 和式 (5-5) 两边分别求对应的偏导数, 可得如下均衡价格的决定式:

$$w(t) = \gamma \alpha_1 \left[\frac{Y(t)}{Y_1(t)} \right]^{1/\varepsilon} \frac{Y_1(t)}{L_1(t)}, \ r(t) = \gamma (1-\alpha_1) \left[\frac{Y(t)}{Y_1(t)} \right]^{1/\varepsilon} \frac{Y_1(t)}{K_1(t)}$$
$$(5-11)$$

$$p_1(t) = \gamma \left[\frac{Y_1(t)}{Y(t)} \right]^{-1/\varepsilon}, \ p_2(t) = (1-\gamma) \left[\frac{Y_2(t)}{Y(t)} \right]^{-1/\varepsilon} \quad (5-12)$$

由此可得, 模型的静态均衡由式(5-1)、式(5-5)、式(5-9)、式(5-10)、式(5-11)和式(5-12)共同决定。进一步地, 设 $\kappa(t) = \frac{K_1(t)}{K(t)}$, $\lambda(t) = \frac{L_1(t)}{L(t)}$, 则 $\kappa(t)$ 和 $\lambda(t)$ 可以衡量经济体中制造业部门所占的比例, 即整个现代经济部门产业结构高级化的程度, 由式 (5-9) 和式 (5-10), 我们容易得到:

$$\kappa(t) = \left\{ 1 + \frac{1-\alpha_2}{1-\alpha_1} \frac{1-\gamma}{\gamma} \left[\frac{Y_1(t)}{Y_2(t)} \right]^{(1-\varepsilon)/\varepsilon} \right\}^{-1} \quad (5-13)$$

$$\lambda(t) = \left\{ 1 + \frac{1-\alpha_1}{1-\alpha_2} \frac{\alpha_2}{\alpha_1} \left[\frac{1-\kappa(t)}{\kappa(t)} \right] \right\}^{-1} \quad (5-14)$$

将式 (5-5) 代入式 (5-13), 可得:

$$\kappa(t) = \left\{ 1 + \frac{1-\alpha_2}{1-\alpha_1} \frac{1-\gamma}{\gamma} \left[\begin{array}{c} \frac{M_1(t)}{M_2(t)} \lambda(t)^{\alpha_1} \kappa(t)^{1-\alpha_1} (1-\lambda(t))^{1-\alpha_2} \\ (1-\kappa(t))^{-(1-\alpha_2)} \left(\frac{L(t)}{K(t)} \right)^{\alpha_1-\alpha_2} \end{array} \right]^{(1-\varepsilon)/\varepsilon} \right\}^{-1}$$

由式(5-14)可得 $\partial\lambda(t)/\partial\kappa(t)>0$，即 $\lambda(t)$ 为 $\kappa(t)$ 的单调递增函数。假设 $\varepsilon>1$，并将式(5-14)代入上式可得关于 $\kappa(t)$ 和 $M_1(t)/M_2(t)$ 的隐函数。根据隐函数的求导法则，可得 $\partial\ln\kappa(t)/\partial\ln(M_1(t)/M_2(t))>0$。进一步地，根据 $\partial\lambda(t)/\partial\kappa(t)>0$，我们有 $\partial\ln\lambda(t)/\partial\ln(M_1(t)/M_2(t))>0$。即随着共同集聚效应的不断加深，服务业部门相对于制造业部门的技术水平将逐渐提高[$M_1(t)/M_2(t)$ 不断下降]，这将导致经济体中制造业部门所占的资本和劳动要素比例不断减少[$\kappa(t)$ 和 $\lambda(t)$ 均随之下降]。上述结果表明在现代产业部门的增长过程中，制造业和服务业部门的共同集聚效应能够通过影响两部门各自的技术进步率作用于现代产业部门内部的结构转变过程，使产业结构趋于高级化。

三 模型的动态均衡

在求出各期的资源最优配置之后，可以实现各期的最终产品产出 $Y(t)$ 的最大化。接下来，需要在给定各期最优产出 $\Phi(K(t),t)$ 的条件下，通过选择最优的资本和消费路径求解以代表性家庭效用最大化为目标的最优控制问题，此时该最优控制问题可以表述为：

$$\max_{(c(t),K(t))} : \int_0^\infty e^{-(\rho-n)t} \frac{c(t)^{1-\theta}-1}{1-\theta} dt$$

$$s.t. \quad \dot{K}(t) = \Phi(K(t),t) - \delta K(t) - c(t)L(t)$$
$$= \Phi(K(t),t) - \delta K(t) - c(t)L(0)e^{nt}$$
$$K(0) > 0 \quad (5-15)$$

构建与之相对应的汉密尔顿函数（Hamiltonian）并求解该最优化问题可得经济体的最优消费路径。为便于下文展开分析，我们假定 $m_1/\alpha_1 < m_2/\alpha_2$。这一假设条件可以保证服务业部门经过资本密集度修正的技术进步率大于制造业部门经过资本密集度修正的技术进步率，同时也与前述共同集聚效应推动服务业部门产生相对更快的技术进步这一假设相吻合，而之前的假设条件 $\varepsilon>1$ 则表明两类生产部门的产品之间存在相互替代的关系。此时，根据阿西莫格鲁和圭利埃里（Acemoglu & Guerrieri，2008）的分析，修正技术进步率较高的部门（服务业部门）将成为经济体中的渐进主导部门。进一步地，为简便起见，可定义如下两个经过标准化处理的变量：

$$\bar{c}(t) \equiv \frac{c(t)}{M_2(t)^{1/\alpha_2}}, \chi(t) \equiv \frac{K(t)}{L(t)M_2(t)^{1/\alpha_2}} \quad (5-16)$$

此处，$\bar{c}(t)$ 表示被渐进主导部门（服务业部门）的修正技术标准化之后的人均消费量，$\chi(t)$ 表示被渐进主导部门的修正技术标准化之后的人均资本存量。求解最优化问题（5-15）可知，如下三个关于 $\bar{c}(t)$、$\chi(t)$ 和 $\kappa(t)$ 的微分方程共同刻画了该最优化问题的动态均衡解：

$$\frac{\dot{\bar{c}}(t)}{\bar{c}(t)} = \frac{1}{\theta}\left[(1-\alpha_2)\gamma\eta(t)^{1/\varepsilon}\lambda(t)^{\alpha_2}\kappa(t)^{-\alpha_2}\chi(t)^{-\alpha_2} - \delta - \rho\right] - \frac{m_2}{\alpha_2}$$
$$(5-17)$$

$$\frac{\dot{\chi}(t)}{\chi(t)} = \eta(t)\lambda(t)^{\alpha_2}(1-\kappa(t))^{1-\alpha_2}\chi(t)^{-\alpha_2} - \chi(t)^{-1}c(t) - \delta - n - \frac{m_2}{\alpha_2}$$
$$(5-18)$$

$$\frac{\dot{\kappa}(t)}{\kappa(t)} = \frac{\kappa(t)\left[\Delta\dot{\chi}(t)/\chi(t) + m_1 - (\alpha_1/\alpha_2)m_2\right]}{(1-\varepsilon)^{-1} + \Delta[\kappa(t) - \lambda(t)]} \quad (5-19)$$

其中，$\eta(t) \equiv \gamma^{\varepsilon/(\varepsilon-1)}\left[1 + \left(\frac{1-\alpha_2}{1-\alpha_1}\right)\left(\frac{1-\kappa(t)}{\kappa(t)}\right)\right]^{\varepsilon/(\varepsilon-1)}$，$\Delta \equiv \alpha_1 - \alpha_2$。同时，如下横截性条件也必须得到满足：

$$\lim_{t \to \infty}\exp\left\{-\left[\rho - \frac{(1-\theta)m_2}{\alpha_2} - n\right]t\right\}\chi(t) = 0 \quad (5-20)$$

当相关参数满足 $\rho - n \geq \frac{(1-\theta)m_2}{\alpha_2}$ 时，式（5-20）必然成立。进一步地，任一满足式（5-17）至式（5-20）的消费和资本动态路径也同时是经济体的竞争性均衡。

四 经济体的稳态增长率

根据阿西莫格鲁和圭利埃里（Acemoglu & Guerrieri，2008）的分析，在满足上述对参数关系假定的基础上，该经济体存在唯一的稳态增长路径，即总产出和人均消费量的增长率为常数，但两类生产部门各自产出、资本与劳动力投入的稳态增长率不同，因此该稳态增长路径也被称为"非平衡增长路径"，其中经济体产出的稳态增长率将由渐进主导部门（服务业部门）产出的稳态增长率所决定。此时，定义如下关于增长率的变量：

$$\frac{\dot{Y}(t)}{Y(t)} \equiv g(t), \frac{\dot{K}(t)}{K(t)} \equiv z(t)$$

$$\frac{\dot{Y}_1(t)}{Y_1(t)} \equiv g_1(t), \frac{\dot{Y}_2(t)}{Y_2(t)} \equiv g_2(t), \frac{\dot{K}_1(t)}{K_1(t)} \equiv z_1(t), \frac{\dot{K}_2(t)}{K_2(t)} \equiv z_2(t)$$

$$(5-21)$$

由式(5-17)可得，为了保证人均消费量的增长率 $\dot{c}(t)/c(t)$ 为常数，式(5-17)中的 $\eta(t)^{1/\varepsilon}\lambda(t)^{\alpha_2}\kappa(t)^{-\alpha_2}\chi(t)^{-\alpha_2}$ 必须为常数，即：

$$\frac{1}{\varepsilon}\frac{\dot{\eta}(t)}{\eta(t)} + \alpha_2\frac{\dot{\lambda}(t)}{\lambda(t)} - \alpha_2\frac{\dot{\kappa}(t)}{\kappa(t)} - \alpha_2\frac{\dot{\chi}(t)}{\chi(t)} = 0 \quad (5-22)$$

将式（5-14）、式（5-19）和 $\eta(t)$ 的表达式代入式（5-22），再利用市场出清条件式（5-7）以及对时间求导之后的式（5-1）、式（5-5）、式（5-13）和式（5-14），可得：

$$g^* = g_2^* = z^* = z_2^* = \frac{\dot{A}(t)}{A(t)} + n + \frac{m_2}{\alpha_2} \quad (5-23)$$

$$g_1^* = \frac{\dot{A}(t)}{A(t)} + n + \frac{m_2}{\alpha_2} + \varepsilon\left(m_2 - \frac{\alpha_2}{\alpha_1}m_1\right) \quad (5-24)$$

$$z_1^* = \frac{\dot{A}(t)}{A(t)} + n + \frac{m_2}{\alpha_2} - (\varepsilon-1)\left(m_2 - \frac{\alpha_2}{\alpha_1}m_1\right) \quad (5-25)$$

观察式（5-23）至式（5-25），可以发现在长期内，现代产业部门的总产出增长率以及内部两大部门各自的产出增长率均受到共同集聚效应 $A(t)$ 的正向影响。另外，由于共同集聚效应通过影响相对技术进步率推动了现代产业部门内部的结构转变进程，服务业部门从中获得了更多的好处并以相对更高的修正技术进步率成为经济体中的渐进主导部门。进而，经济体的总产出增长率也与服务业部门的产出增长率一致。综上，我们不难得出结论：第二和第三产业之间的共同集聚效应不仅能够直接作用于长期的经济增长率，还能通过推动现代产业部门内部的产业结构高级化决定非平衡增长路径中的渐进主导部门，进而影响经济体的稳态增长率。联系本书第三章理论模型的相关结论，可以发现结构转变和集聚效应共同影响长期经济增长的结论在现代产业部门内部依然成立。

第三节 我国第二和第三产业共同集聚之经验性事实的考察

一 数据来源及说明

本节实证分析的主要数据来源为《中国城市统计年鉴》、《中国劳动统计年鉴》以及中国工业企业数据库。中国工业企业数据库始建于1998年，目前国内的大多数研究将该数据库的时间跨度定为1998—2007年[①]，出于保持与现有相关研究的可比性考虑，本节同样选定该跨度作为研究的时间区间。中国工业企业数据库以企业法人为基本的统计单位，其样本范围涵盖我国全部国有工业企业以及规模以上的非国有工业企业，并提供了企业的具体地理位置，这就使其能够较为准确、客观地反映我国工业在各区域以及城市的布局和发展情况。

在该数据库中，工业部门的统计口径被分为三类，分别是采掘业、制造业和电力、燃气及水的生产和供应业。在其中，制造业部门占据了超过90%的比例。由于包含在该数据库中的企业绝大部分为制造业企业，故为了在统计口径上与其他国家的产业部门分类标准保持一致，同时利用制造业企业的相关变量较容易度量的特点，国内的多数研究仅提取其中的制造业企业数据进行相关分析。本书认为，由于制造业部门在第二产业中占据了相当大的产值与就业比例，故其基本上能够客观反映第二产业的发展情况，所以同样采取上述做法。在制造业部门内部，包含了食品制造业、农副食品加工业、废弃资源和废旧材料回收加工业以及工艺品和其他制造业等30个二位数编码的细分行业，这些细分行业的编码与国民经济行业分类与代码（GBT4754—2002）中的代码13—43（38除外）完全对应。在1998—2007年，该数据库一共

[①] 不同研究所采用的数据库来源可能不同，但具体的数据仅存在细微差异，故不影响研究结果的准确程度。

包含了 200 余万个观测值，共计有大约 55 万家企业先后出现于该数据库中，反映企业基本情况、经营情况和财务状况的相关指标共计 130 余个。作为我国除经济普查数据库之外可获得的最大的企业级数据库，该数据库占据了我国工业企业的绝大多数比例。以 2004 年为例，当年的第一次全国经济普查年报显示我国的工业企业销售总额为 218442.81 亿元，而中国工业企业数据库当年全部样本企业的销售总额为 195600 亿元，占据了其中高达 89.5% 的比例。[①] 可见，该数据库所包含的工业企业信息已经达到了令人满意的丰富程度。

从目前中国工业企业数据库的使用情况来看，国内已经有一些研究利用该数据库得到分行业或分地区层面的加总数据，进而探讨与产业集聚相关联的议题。例如，路江涌和陶志刚（2009）利用其中 1998—2005 年的制造业企业数据考察影响我国制造业企业集聚的主要因素。另外，同样是基于该数据库，一些研究考察了企业规模和产业集聚、企业生产率和产业集聚之间的关系，另一些研究分析了对外贸易、产业分工和出口企业空间集聚三者之间的相互作用（Li et al., 2011；Yang & He, 2011）。以上研究无疑为本节余下部分展开的实证研究提供了诸多有益的启示。

尽管如此，在具体利用该数据库展开实证研究时，研究者将会面临诸多棘手的问题。这些问题主要是由于该数据库本身存在指标缺失、指标异常、样本错配和测度误差等不可忽视的缺陷。本节实证研究的基础在于建立一个包含全国 286 个地级市第二和第三产业细分行业主要经济变量（产值和就业人数等）的数据库，以作为下一部分计算产业共同集聚指数的依托。然而，该数据库的样本错配问题甚至使其无法直接实现对同一家样本企业的精确定位，更遑论将所有样本企业按所在地区进行重新分类组合。因此，本书对数据库内的所有样本企业进行了两次整合与匹配，第一次的目的在于准确定位样本企业，第二次的目的在于将样本企业与其所处的地理位置之间建立明确的对应关系。

---

① 聂辉华、江艇、杨汝岱：《中国工业企业数据库的使用现状和潜在问题》，《世界经济》2012 年第 5 期。

首先，在理论上精确定位样本企业需要依据各年份之间准确程度相对较高的企业代码和企业名称等基本信息作为进行匹配的主要依据。通常的做法是先根据相同的企业代码对同一家样本企业进行识别，然后再根据相同的企业名称进一步确保识别的正确率，在此基础上参考其他的次要信息（Brandt et al.，2012）。然而此方法存在一定的缺陷，其原因在于该数据库不仅存在同一样本企业由于改制或重组等原因更改企业代码或企业名称的情形，更存在由于统计疏漏而造成的不同样本企业拥有同一企业代码的问题，且这些情况并不在少数。如果严格按企业代码和企业名称进行精确匹配，则会造成被识别定位的样本企业数过多，这显然无益于改善实证研究的结果。故本书采用聂辉华等（2012）建议的做法，采用交叉匹配法识别样本企业。具体做法为将样本企业按企业代码和企业名称进行两次分组，观察拥有同一名称的企业是否也拥有相同的企业代码，若不是，则将这些企业代码不同的样本企业归为一组，观测其有无年份重复的观测值。若没有，则组内的观测值可以被认为来自同一个样本企业；若有，则进一步利用数据特征等信息进行人工识别，直到最终完成对所有样本企业的定位为止。进一步地，国民经济行业分类与代码以 2003 年为界发生的一些变化在理论上要求进一步对样本企业进行产业匹配，但由于此变化只涉及部分三位数行业和四位数行业，并不涉及两位数行业这一本部分的主要研究对象，故该处实际上不存在产业匹配问题。

其次，将定位之后的样本企业按照所处地理位置不同进行地域上的匹配。这部分的匹配工作相对容易，主要利用数据库中样本企业的省地县码进行匹配。由于研究的需要，匹配在地级市的层面展开（只考虑省地县码的前 4 位）。最后，再将样本企业的相关经济变量按照所属两位数细分行业以及所处地域进行加总，便可得到前述地级市层面制造业两位数细分行业主要经济变量的数据库。

除此之外，在具体计算产业间共同集聚的指标时，我们还需要第三产业部门以及其细分行业部门的相关数据。由于我国尚未建立类似于工业企业数据库的包含详尽的第三产业部门中规模以上企业微观数据的资料库，故第三产业部门及其细分行业部门的相关数据主要来自

《中国城市统计年鉴》。《中国城市统计年鉴》里收录了我国自1998年起近300个地级市（地级市的数量由于行政区域的调整而在研究时间区间内略有变化）大部分第三产业部门细分行业的从业人员数据，这些细分行业分别是交通仓储邮电业、批发零售贸易业、金融保险业、房地产业、社会服务业、卫生体育福利业、教育文化广播影视业和科研综合技术服务业等。[①] 由于本书主要研究制造业部门与生产性服务业部门的共同集聚问题，因此，此处仅保留其中的交通仓储邮电业、批发零售贸易业、金融保险业、房地产业和科研综合技术服务业5个细分行业部门，且为排除城市周边的农村地区，就业数据均选择"市辖区"一栏所对应的统计数据。受中国工业企业数据库的时间跨度限制，本章实证分析的时间区间为1998—2007年。另外，此处剔除了新疆、西藏、香港、澳门和台湾地区等数据缺失较多或无同一数据资料的城市，并且不考虑在研究期间内由于行政区划调整而存在较多数据缺失的地级市以及中国工业企业数据库未涉及的部分地级市，如上筛选后，本书所涉及的地级市共计225个。

二 指标选取与统计分析

目前，度量产业间共同集聚程度的指标仍然以埃里森和格莱泽（Ellison & Glaeser, 1997）所构建的 E-G 指数为基础，但原始的 E-G 指数只能刻画单个产业的集聚程度，而无法描述相互关联的产业部门之间的共同集聚水平。因此，Ellison 和 Glaeser 进一步提出了用于考察多个产业部门之间共同集聚程度的指标，称为 E-G 修正指数，其计算公式如下所示：

$$\gamma^c = \frac{\left[\dfrac{G}{1-\sum_{j=1}^{n}w_j^2}\right] - \sum_{j=1}^{n}w_j^2 H_j - \sum_{j=1}^{n}\hat{\gamma}_j w_j^2(1-H_j)}{1-\sum_{j=1}^{n}w_j^2} \quad (5-26)$$

---

① 第三产业细分行业部门在《中国城市统计年鉴》各年份中的名称略有不同，如"金融保险业"在部分年份中被称为"金融业"，"批发零售贸易业"在部分年份中被称为"批发和零售业"，"科研综合技术服务业"在部分年份中被称为"科学研究、技术服务和地质勘查业"等。

其中，G 表示地理集中度，其计算式为 $G = \sum_{k=1}^{r} s_k^2 - \frac{1}{r}$（$s_k$ 表示单个产业或多个产业在地区 k 的就业人数占单个产业或多个产业占全国就业人数的比例，r 表示地区个数），H_j 表示产业 j 的赫芬达尔指数，$\hat{\gamma}_j$ 表示产业 j 的 E - G 指数，w_j 表示产业 j 就业人数占所有产业总就业人数的比例，可以视为对各产业部门所赋予的权重，n 表示待研究产业部门的个数，γ^c 表示多个（在本书中为两个）产业部门之间的共同集聚程度。之后，有学者认为该指数的计算过程过于烦琐，提出了经过简化的 E - G 修正指数（Devereux，2008），其计算公式如下所示：

$$C = \frac{\sum_{j=1}^{r} G_j^2 - \sum_{j=1}^{r} w_j G_j^2}{1 - \sum_{j=1}^{r} w_j^2} \quad (5-27)$$

其中，r 表示经济体中区域的个数，G_j 表示两个产业部门（也可以是第二和第三产业各自的细分行业部门）在区域 j 的就业人数占其在整个经济体中就业总人数的比例，w_j 表示区域 j 内部两个产业部门的就业人数占区域 j 内部所有产业部门就业总人数的比例，C 表示上述两个产业部门之间的共同集聚程度。容易看出，若 C 的绝对值越大，则两个产业部门之间的共同集聚程度也就越强。然而，根据上述定义式，E - G 修正指数只能在产业层面反映全国范围内第二和第三产业的共同集聚水平，无法反映某一地区第二和第三产业的共同集聚程度。因此本书经过综合考虑，借鉴了德弗鲁（Devereux，2008）与刘志彪和郑江淮（2008）从单一产业部门的集聚水平出发计算两个产业部门共同集聚水平的方法，采用如下分步计算的方法测算各区域第二和第三产业部门的共同集聚程度：首先，利用区位熵公式计算细分行业部门 i 在区域 k 的集聚程度，公式如下：

$$\eta_{ik} = \frac{L_{ik}/L_k}{L_{in}/L_n} \quad (5-28)$$

其中，L 表示细分行业部门的就业人数，下标 k 表示区域，下标 i 表示细分行业部门，下标 n 表示全国总体，η_{ik} 表示区位熵指数。然后，使用区位熵指数的相对差异大小衡量区域 k 内部细分行业部门 i

和细分行业部门 m 的共同集聚程度，公式如下：

$$\gamma_{imk} = 1 - \frac{|\eta_{ik} - \eta_{mk}|}{(\eta_{ik} + \eta_{mk})/2} = 1 - 2 \times \frac{|\eta_{ik} - \eta_{mk}|}{\eta_{ik} + \eta_{mk}} \quad (5-29)$$

可以看出，由于 η_{ik} 与 η_{mk} 的取值范围均在 0—1 之间，因此该指数的取值范围在 -1—1 之间。进一步地，通过观察可得，若 η_{ik} 与 η_{mk} 的值越接近且均较大，则式（5-29）中分式的分母部分便越大，分子部分越小，从而整个指数越大。而两个行业部门彼此接近的高水平集聚程度正是其之间共同集聚效应发挥作用的重要条件，因此若该指数越大，则说明区域 k 内部细分行业部门 i 和细分行业部门 m 的共同集聚水平越高。最后，若细分行业部门 i 属于第二产业部门，细分行业部门 m 属于第三产业部门，则第二和第三产业部门的共同集聚水平可以对通过细分行业部门共同集聚水平取平均数求得，其公式为（设第二产业部门包含 r 个细分行业部门，第三产业部门包含 s 个细分行业部门）：①

$$\gamma_k = \frac{1}{rs} \sum_{i=1}^{r} \sum_{m=1}^{s} \gamma_{imk} \quad (5-30)$$

如此，即可得区域 k 内部第二和第三产业的共同集聚程度。与上述分析相同，该指数的取值范围同样在 -1—1 之间②，且该指数越大，说明区域 k 内部第二和第三产业的共同集聚程度越高。而且，基于细分行业部门的加权平均处理比起仅仅使用第二和第三产业部门层面的数据能够更加准确地反映产业间共同集聚的客观事实。

以下，我们利用已有数据直观展现城市经济规模的大小与其第二和第三产业共同集聚水平之间的关联程度。将各地级市 2007 年地区生产总值按照大小降序排列，同时对应其各自的第二和第三产业共同集聚水平，可得到如图 5-1 所示结果：③

---

① 由于中国工业企业数据库中包含制造业部门下属 30 个细分行业部门的数据，因此在理论上，此处对于每个城市 k，r 的值均应为 30，但由于数据的缺失，绝大部分城市的 r 值均小于 30 且各不相同。

② 虽然在理论上按式（5-29）计算的共同集聚程度在部分城市内的细分行业部门可能为负值，但经过式（5-30）平均之后，在研究时间区间之内几乎所有样本城市第二和第三产业共同集聚程度均为正值。

③ 在图 5-1 至图 5-6 中，由于横坐标城市较多，无法全部显示，故以省略号的形式略去中间的部分城市。

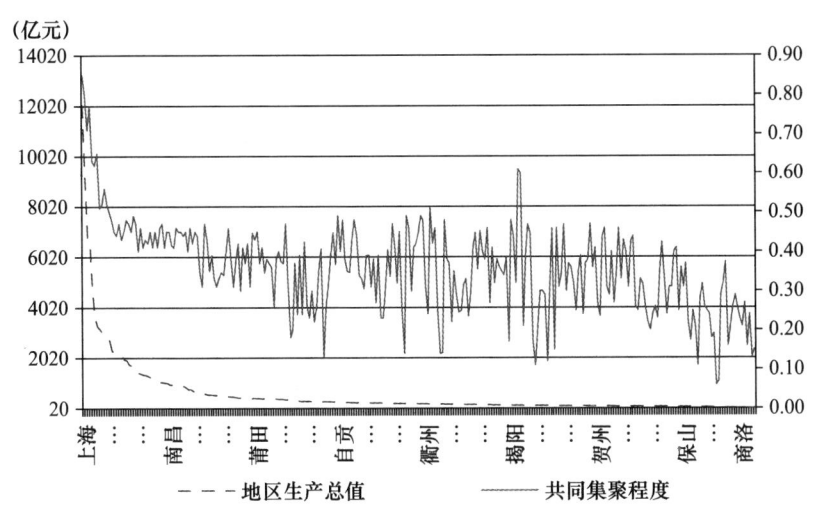

第五章　几大产业关联和集聚中的城市经济增长 / 115

图 5-1　2007 年各地级市地区生产总值与第二和第三产业
共同集聚程度（全国范围内）

在图 5-1 中，各地级市地区生产总值与产业共同集聚程度之间存在一定的共同变化趋势，但总体上看，该共同变化趋势并不十分明显。进一步，我们选取 2007 年地区生产总值排名进入全国前 80 位以及后 80 位的地级市再次展示上述关联程度，得到如图 5-2 以及图 5-3 所示结果。

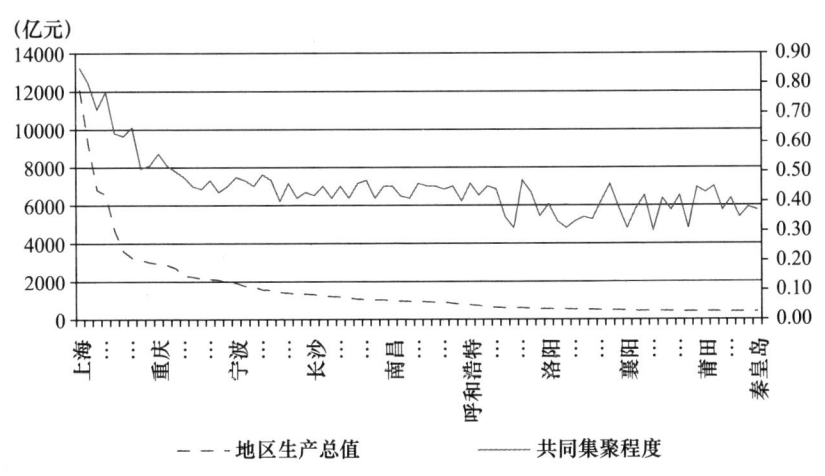

图 5-2　2007 年各地级市地区生产总值与第二和
第三产业共同集聚程度（GDP 排名前 80 位）

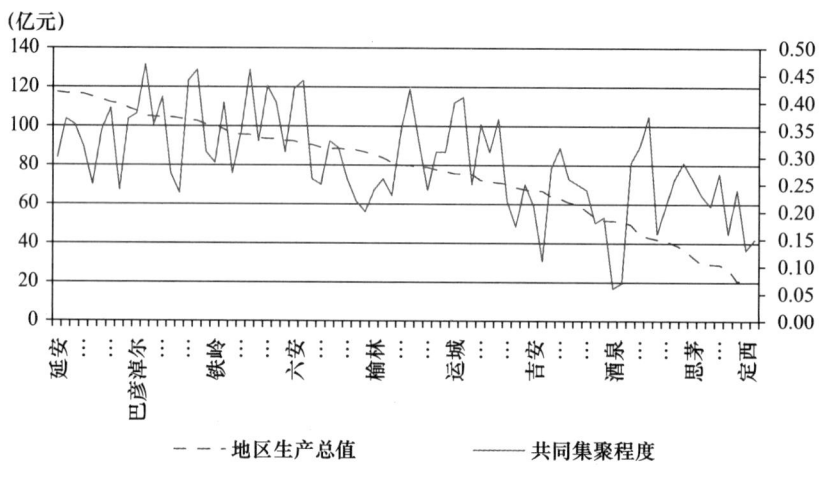

图 5-3　2007 年各地级市地区生产总值与第二和第三产业共同集聚程度（GDP 排名后 80 位）

从图 5-2 和图 5-3 中可以分别看出，地区生产总值较高（经济规模较大）的城市也相应具有较高的第二和第三产业共同集聚水平（其平均共同集聚水平约在 0.45 左右），且第二和第三产业共同集聚

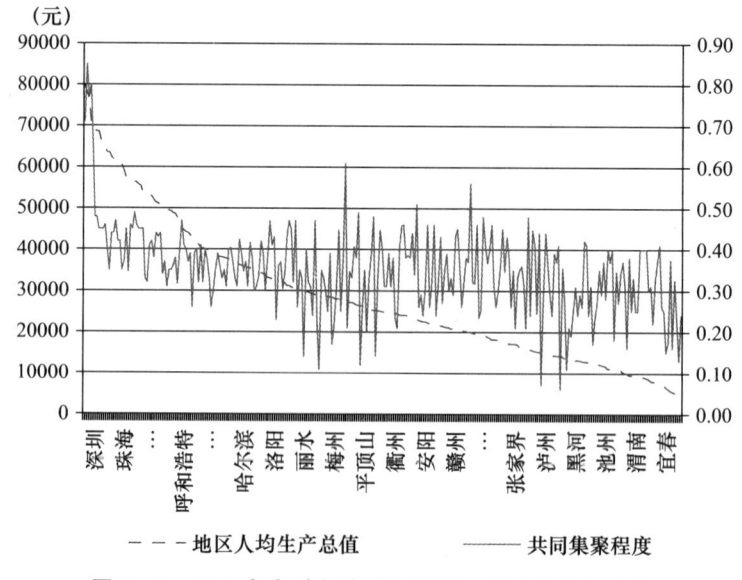

图 5-4　2007 年各地级市地区人均生产总值与第二和第三产业共同集聚程度（全国范围内）

水平与地区生产总值高低基本吻合。而地区生产总值较低（经济规模较小）的城市对应的产业共同集聚水平则较低（其平均共同集聚水平仅在 0.3 左右），但第二和第三产业共同集聚水平与地区生产总值的关联程度相对较小。将此处衡量经济规模大小的指标替换为 2007 年各地级市地区人均生产总值的数据进行相同处理，所得结果类似，如图 5-4 至图 5-6 所示。

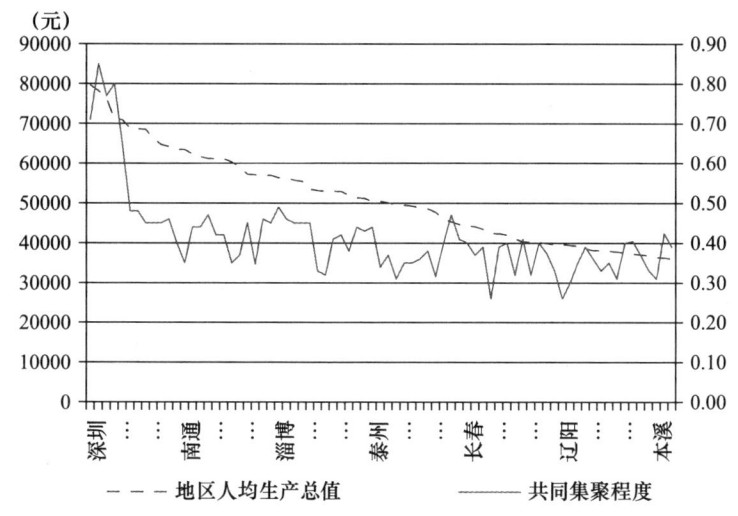

图 5-5　2007 年各地级市地区人均生产总值与第二和第三产业共同集聚程度（人均 GDP 排名前 80 位）

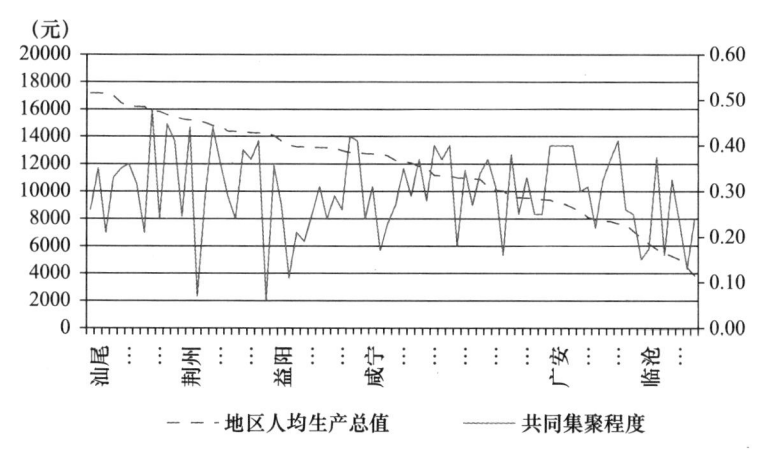

图 5-6　2007 年各地级市地区人均生产总值与第二和第三产业共同集聚程度（人均 GDP 排名后 80 位）

第四节 基于工业企业数据库和城市数据的实证分析

一 基准计量模型及回归结果

如前所述，利用中国工业企业数据库、《中国城市统计年鉴》以及式（5-28）可以计算我国地级市层面制造业细分行业部门（共30个）以及第三产业细分行业部门（共5个）各自的集聚程度。进一步地，利用式（5-29）和式（5-30）可以算出地级市层面第二和第三产业部门共同集聚的程度。以下，本书采用我国地级市层面的面板数据模型考察第二和第三产业的集聚效应与城市经济增长之间的关联，基准计量模型如下所示：

$$gdp_{it} = cons + \beta_1 coag_{it} + \beta_2 coag \times inst_{it} + \beta_3 coag \times trans_{it} + \beta_4 edu_{it}$$
$$+ \beta_5 fis\_rate_{it} + \beta_6 inv\_rate_{it} + \beta_7 mp_{it} + \delta_i + \mu_t + error_{it} \quad (5-31)$$

其中，gdp_{it}为各地级市第二产业和第三产业总产值之和的增长率，$coag_{it}$为各地级市第二和第三产业部门的共同集聚程度，$inst_{it}$为各地级市产业结构高端化的指标，以各地级市主要生产性服务业（即上文提及的交通仓储邮电业、批发零售贸易业、金融保险业、房地产业和科研综合技术服务业5个行业部门）的就业总人数与制造业就业总人数的比例加以衡量，该指标越大，则说明产业结构高端化的程度越强。$trans_{it}$为反映交通便利程度（运输成本）的指标，以各地级市人均城市道路面积衡量。在该计量模型中，$inst_{it}$与$trans_{it}$均以交互项的形式存在，以表明产业共同集聚发挥增长效应的具体机制。另外，根据本章第二节的分析并参照上一章回归模型中对控制变量的选取，模型中还引入了如下四个控制变量：edu_{it}为反映各地级市总体教育水平的指标，以各地级市每万人中普通高等学校的学生数加以衡量；[①]

[①] 之所以未选用与上一章回归分析中相统一的人均受教育年限指标，是因为该指标在地级市层面无法获取。

fis_rate_{it} 为各地级市地方财政一般预算内支出占地区生产总值的比例，该指标在一定程度上可以反映政府干预经济的程度（孟可强和陆铭，2011）；inv_rate_{it} 为各地级市全社会固定资产投资总额占地区生产总值的比例；mp_{it} 为各地级市的市场潜力指数。其中市场潜力指数 mp_{it} 的计算式如下所示：

$$mp_{it} = \sum_{j=1}^{n} \frac{GDP_{jt}}{d_{ij}} \qquad (5-32)$$

在该式中，GDP_{jt} 为地级市 j 的地区生产总值，d_{ij} 为地级市 i 到地级市 j 的欧氏距离（该距离可从2008年版的《中国电子地图》中得到）。选取该控制变量可以在一定程度上反映城市经济辐射效应对城市经济发展的影响[参见陈国亮和陈建军（2012）以及梁琦等（2013）]。另外，与上一章的实证分析相似，此处同样引入了分别控制地区和时间固定效应的变量 δ_i 和 μ_t。

在具体估计方法的选取上，本节首先选取较为常见的动态面板数据 GMM 估计法对模型参数进行估计，随后采用安瑟林等（Anselin et al.，1988）所提出的空间计量方法（空间滞后模型和空间误差模型）进一步考察在控制空间依赖性和空间自相关性的条件下模型的参数估计情况。根据 GMM 估计法的思路，表5-1和表5-2分别报告了模型各变量的平稳性检验结果以及全国范围下模型的参数估计结果（L1为被解释变量的滞后项）。

表5-1 各变量的单位根（平稳性）检验结果（滞后一阶）

变量	gdp_{it}	$coag_{it}$	$coag \times inst_{it}$	$coag \times trans_{it}$	edu_{it}
t统计量值	6.237	-5.985	14.002	-7.355	-8.672
p值	0.001	0.003	0.000	0.001	0.000

变量	fis_rate_{it}	inv_rate_{it}	mp_{it}
t统计量值	9.771	11.303	-6.612
p值	0.000	0.000	0.001

表 5 - 2　　全国范围内第二和第三产业共同集聚对经济增长作用的回归结果（1998—2007 年）

	（1）	（2）	（3）
L1	0.5394***	0.4915*	0.4729
	(0.0977)	(0.3015)	(0.8535)
$coag_{it}$	0.1546*	0.2296**	0.2710**
	(0.0831)	(0.0543)	(0.1059)
$coag \times inst_{it}$	0.2728	0.1933***	-0.1218
	(0.7319)	(0.0329)	(0.4586)
$coag \times trans_{it}$	0.0368	0.3969*	0.2087**
	(0.9516)	(0.2145)	(0.0835)
edu_{it}		0.4557***	0.2203**
		(0.0913)	(0.0549)
fis_rate_{it}		-0.3840	-0.1733**
		(0.5627)	(0.0538)
inv_rate_{it}		-0.1073	0.2749
		(0.9328)	(0.5855)
mp_{it}		0.2491*	-0.1128*
		(0.1277)	(0.0648)
观测值	2250	2250	2025

根据表 5 - 1 所示结果，当相关数据经过取对数处理之后，单位根检验的 t 统计量的绝对值均大于相应的 t 分布的分位点，落入拒绝域内。根据 p 值的大小，模型中的每一个变量均可以在 1% 的显著性水平下拒绝存在单位根的原假设，这表明此处所采用的面板数据通过了单位根检验，所有的变量在 1% 的显著性水平下均是平稳的。

对于表 5 - 2 而言，其第（1）列为不添加控制变量的回归结果，第（2）列为添加 4 个控制变量之后的回归结果，第（3）列为在第（2）列的基础上将前 3 个解释变量替换为各自相应的一阶滞后项（出于减轻模型的内生性问题的考虑）作为工具变量之后的回归结果。从表 5 - 2 的回归结果可以看出，无论采用何种回归的形式，代表共同

集聚程度的变量 $coag_{it}$ 所对应的系数始终显著为正,且两个交互项以及后加入的各控制变量所对应的系数也基本符合预期。这表明第二和第三产业的共同集聚在总体上能够推动我国城市经济的发展,同时由交互项所反映的产业结构高端化程度和交通的便利程度均在不同程度上强化了共同集聚的增长效应,这与本章第二节的分析基本上是一致的。

二 考虑空间视角的计量模型及回归结果

接下来,为了进一步考虑产业共同集聚效果在空间上的关联性,此处引入空间计量模型研究共同集聚的作用是否依赖于城市具体的空间位置(主要是与其他城市之间的相对空间位置)。如前所述,空间滞后模型(SLM)和空间误差模型(SEM)均可用于分析此问题,其基本形式分别为:

$$Y = \rho WY + X\beta + \varepsilon \quad (SLM)$$
$$Y = X\beta + \lambda W\varepsilon + \mu \quad (SEM)$$

其中,W 为空间权重矩阵,在此处为所有元素均为 0 或 1 的 225×225 阶方阵(0 表示两个城市不位于同一省级行政区或与之相邻的省级行政区,1 表示与之对立的情形,对角线上的元素均为 0),ρ 和 λ 分别为空间回归系数和空间误差系数,表示计量模型变量基于空间位置而产生的相互依赖作用。在计量模型形式的选择上,需要分别构造 LM – lag(对应 SLM 模型)和 LM – error 统计量(对应 SEM 模型)进行拉格朗日乘数检验,并选择在一定的显著性水平下显著不为 0 的统计量对应的模型。若两个统计量均显著不为 0,则选择绝对值较大的统计量所对应的模型。表 5 – 3 报告了采用空间计量模型时全国层面下的极大似然参数估计结果。

表 5 – 3　　　　全国范围内第二和第三产业共同集聚
对经济增长作用的回归结果:考虑空间因素(1998—2007 年)

	(4)	(5)	(6)
$coag_{it}$	0.1945***	0.0877*	0.2316*
	(0.0313)	(0.0504)	(0.1164)

续表

	(4)	(5)	(6)
$coag \times inst_{it}$	0.2573 (0.8830)	-0.2886 (0.6952)	0.1137* (0.0676)
$coag \times trans_{it}$	0.1302** (0.0397)	0.4428 (0.7382)	-0.3901 (1.8263)
edu_{it}		0.3848*** (0.0746)	0.2556* (0.1351)
fis_rate_{it}		-0.5560** (0.1376)	0.2339* (0.1240)
inv_rate_{it}		0.2172** (0.0723)	0.5508 (0.8438)
mp_{it}		-0.2735 (0.4890)	0.4715*** (0.0833)
λ	0.2776** (0.0889)	0.3560*** (0.0654)	0.3915*** (0.0724)
$LM-lag$	0.7834 (p=0.513)	1.1968 (p=0.310)	1.4279 (p=0.228)
$LM-error$	29.5982 (p=0.000)	31.3974 (p=0.000)	20.5191 (p=0.000)
选择模型	SEM	SEM	SEM
log-likelihood	552.5638	417.2364	458.9023
观测值	2250	2250	2025

表5-3第(4)列为不添加控制变量的回归结果,第(5)列为添加4个控制变量之后的回归结果,第(6)列为在第(5)列的基础上将前3个解释变量替换为各自相应的一阶滞后项(出于减轻模型的内生性问题的考虑)作为工具变量之后的回归结果,从三列回归结果中的LM-lag统计量以及LM-error统计量可以看出拉格朗日乘子检验均支持采用空间误差模型(SEM)。从表5-3的回归结果可以看出,采用空间计量模型的形式并未使模型的参数估计值及显著性发生较大的变化,模型的参数估计值仍可支持前面的实证结论。同时,三

组回归方程中的空间误差系数 λ 均在 1% 或 5% 的显著性水平上显著不为零，这表明了我国第二和第三产业的共同集聚在总体上而言存在一定程度的空间依赖性。

三　基于城市与细分行业部门的进一步拓展

以上，我们基于全国范围内的数据，通过动态面板数据模型的回归分析表明了第二和第三产业共同集聚从全国整体的角度而言对城市经济增长起到了显著的正向推动作用。然而，就如前面的统计数据所显示，在发展程度更高的城市，共同集聚程度也更高，经济表现与共同集聚也更具有共同的变化趋势。因此，我们预期共同集聚的增长效应可能会随着经济发达程度与经济规模不同而不同。同时，从理论上，产业间的关联性也将会影响共同集聚的效应，为此，制造业部门以及生产性服务业部门各自下属的细分行业部门之间也同样会由于行业关联性的差异造成共同集聚效果的不同。因此，为了更进一步考察共同集聚对经济增长的影响，以下首先将进一步根据经济规模分组考察共同集聚在不同规模城市是否存在差异性影响。其次，我们将进一步细分制造业和生产性服务业部门的下属行业，考察行业间的关联性是否影响共同集聚效应的发挥。

现在，我们探讨城市经济规模的大小对第二和第三产业共同集聚增长效应的影响。参照本章第二节对地级市的划分方法，我们在 1998—2007 年的各年之内均将样本总体（225 个地级市）按照实际地区生产总值大小进行降序排列并等分为三组（每组包含 75 个城市），然后找出在 1998—2007 年实际地区生产总值均位于前 75 位或后 75 位的城市，并将其分别归为一类（居前和居后），其余城市归为一类（居中），考察城市经济规模对第二和第三产业共同集聚所发挥的增长效应的影响，并将各地级市按照实际地区人均生产总值大小做相同的归类。[①] 利用 GMM 估计法进行分组估计，得到如表 5-4 所示结果

[①] 从总体上看，地级市的地区生产总值排名和人均地区生产总值排名在各年间均较为稳定。其中，地区生产总值归入"居前"组的城市共计 70 个，归入"居后"组的城市共计 68 个，人均地区生产总值归入"居前"组的城市共计 68 个，归入"居后"组的城市共计 71 个。

(限于表格篇幅,每组回归仅报告保留包含控制变量以及充当工具变量的各解释变量的一阶滞后变量时的结果)。

表5-4 第二和第三产业共同集聚对经济增长作用的回归结果:基于城市规模的分组(1998—2007年)

	居前		居中		居后	
	GDP	人均GDP	GDP	人均GDP	GDP	人均GDP
$L1$	0.5728 (1.2046)	0.3298* (0.1951)	0.4835* (0.2732)	0.3627*** (0.1273)	0.3392*** (0.0681)	0.2523* (0.1434)
$coag_{it}$	0.2562* (0.1439)	0.4903* (0.2622)	0.1934** (0.0677)	0.3200 (0.7858)	-0.4496 (0.5070)	-0.3822 (2.8052)
$coag \times inst_{it}$	0.1605 (0.2983)	0.3770*** (0.0684)	0.2920 (0.5883)	0.3802** (0.1429)	0.1834 (0.6626)	-0.0265 (0.4124)
$coag \times trans_{it}$	0.3094** (0.1215)	0.5274* (0.3216)	0.3470*** (0.1071)	0.2793 (0.2489)	0.1346 (1.3957)	0.1839** (0.0367)
edu_{it}	0.3539** (0.0972)	0.0957* (0.0515)	0.1229 (4.0263)	0.3767*** (0.0906)	0.2829** (0.1280)	0.1216 (0.1588)
fis_rate_{it}	-0.1981 (0.7728)	0.2209 (2.8553)	0.2546* (0.1369)	-0.3058 (0.7433)	0.2135** (0.0598)	0.1176*** (0.0249)
inv_rate_{it}	0.3416*** (0.0667)	0.4466*** (0.0900)	0.2807*** (0.0505)	0.3485 (0.4894)	0.3551** (0.0779)	0.3166 (0.3755)
mp_{it}	-0.2830 (0.3994)	-0.3127* (0.1612)	0.2910 (0.8512)	0.1728** (0.0417)	0.6425* (0.3382)	0.0078** (0.0021)
观测值	630	612	783	774	612	639

根据表5-4的回归结果,可以发现无论是地区生产总值还是地区人均生产总值较大的城市,其内部第二和第三产业共同集聚推动经济增长的作用均较为显著,并且共同集聚的增长效应通过产业结构的高端化和交通运输条件的改善(交通运输成本的节约)得到了放大。进一步地,其$coag_{it}$一项的系数以及两项交互项的系数均高于表5-2

第（3）列的水平（全国层面的水平）。与之相对应，经济规模处于中间水平的地级市的产业共同集聚虽然也在一定程度上推动了城市经济增长（$coag_{it}$一项的系数以及两项交互项的系数大部分显著为正），但其系数基本上均低于全国层面的回归结果所对应的系数，而经济规模较小的城市产业共同集聚的效果并不明显，由其所引起的产业结构高端化和交通运输成本的节约也基本无法观察到。这说明具有较大经济规模的城市更能够发挥产业共同集聚的增长效应，同时这一效应还能通过产业结构的高端化和更加发达的交通网络条件加以强化。该结论从一个侧面说明追求大城市的发展模式从发挥共同集聚效应来说是可取的，这一结论也与相关研究（Au & Henderson，2006；Fujita et al.，2004；陆铭等，2008；王小鲁，2010）所指出的我国大城市不是太多太大，而是还发展不够的结论完全吻合。

总体而论，按城市规模的分组回归分析与前述总体的回归结论是吻合的，这也从另一角度说明了上述第二和第三产业共同集聚对经济增长的影响的分析结论具有一定的稳健性。

以下，我们进一步分析具体的细分行业部门之间的共同集聚对于城市经济增长的影响。在以上分析中，我们主要基于第二和第三产业之间存在产业关联性，从整体上考察了第二和第三产业共同集聚的增长效应。但显然，如果进一步细化到第二产业和第三产业部门的具体行业，则不同的行业间的产业关联度或相互依赖性也存在差异，通过细分产业我们可以进一步观察产业关联性是否对共同集聚的增长效应存在影响，以及具体观测哪些行业间的共同集聚更能促进经济增长。根据之前由式（5-29）计算所得的城市 k 内部制造业的细分行业部门 i 与生产性服务业的细分行业部门 m 之间的共同集聚指数 γ_{imk}，我们可以依照基准计量模型对两位数制造业细分行业部门以及生产性服务业细分行业部门进行两两组合的回归，以确定哪些细分行业部门之间的共同集聚能够推动城市的经济增长。根据国民经济行业分类与代码（GBT4754—2002）的标准，此处研究所采用的30个两位数制造业细分行业部门及其代码在表5-5中列出。

表5-5 研究所采用的两位数制造业细分行业部门及其代码一览

两位数行业代码	两位数行业部门	两位数行业代码	两位数行业部门	两位数行业代码	两位数行业部门
13	农副食品加工业	23	印刷和记录媒介复制业	33	金属制品业
14	食品制造业	24	文教、工美、体育和娱乐用品制造业	34	通用设备制造业
15	酒、饮料和精制茶制造业	25	石油加工、炼焦和核燃料加工业	35	专用设备制造业
16	烟草制品业	26	化学原料和化学制品制造业	36	汽车制造业
17	纺织业	27	医药制造业	37	铁路、船舶、航空航天和其他运输设备制造业
18	纺织服装、服饰业	28	化学纤维制造业	39	计算机、通信和其他电子设备制造业
19	皮革、毛皮、羽毛及其制品和制鞋业	29	橡胶和塑料制品业	40	仪器仪表制造业
20	木材加工和木、竹、藤、棕、草制品业	30	非金属矿物制品业	41	其他制造业
21	家具制造业	31	黑色金属冶炼和压延加工业	42	废弃资源综合利用业
22	造纸和纸制品业	32	有色金属冶炼和压延加工业	43	金属制品、机械和设备修理业

另外，为统一起见，我们还将之前选定的5个生产性服务业细分部门（交通仓储邮电业、批发零售贸易业、金融保险业、房地产业和科研综合技术服务业）依次从01—05进行编码。出于数据的完整性

考虑，我们剔除了3个数据缺失较多的行业部门（行业代码为41—43），仅保留余下的27个行业部门。为了具体区分这些细分行业部门的不同性质，我们按照贺灿飞和潘峰华（2009）的标准，将其分为劳动密集型行业、资源密集型行业以及资本和技术密集型行业。其中，劳动密集型行业包括农副食品加工业、食品制造业等11个行业部门，资源密集型行业包括烟草制品业、化学原料和化学制品制造业等8个行业部门，资本和技术密集型行业包括医药制造业、金属制品业等8个行业部门。由于行业部门之间发挥共同集聚效应的强度受到行业本身规模的影响（Charlot & Duranton，2004；Amiti，2005），因此，我们选取上述三类制造业细分行业部门中各自增加值位居前三位的行业部门进行实证分析。图5-7至图5-9分别显示了三类细分行业部门在1999年、2003年和2007年的增加值变化情况。

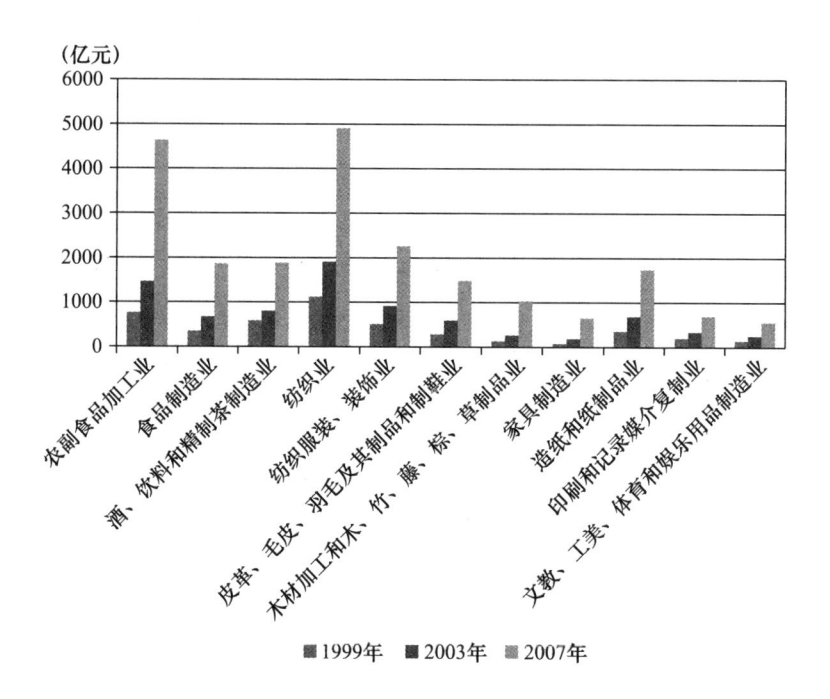

图5-7 我国劳动密集型制造业部门增加值的变化情况

128 / 产业集聚、结构转变与经济增长

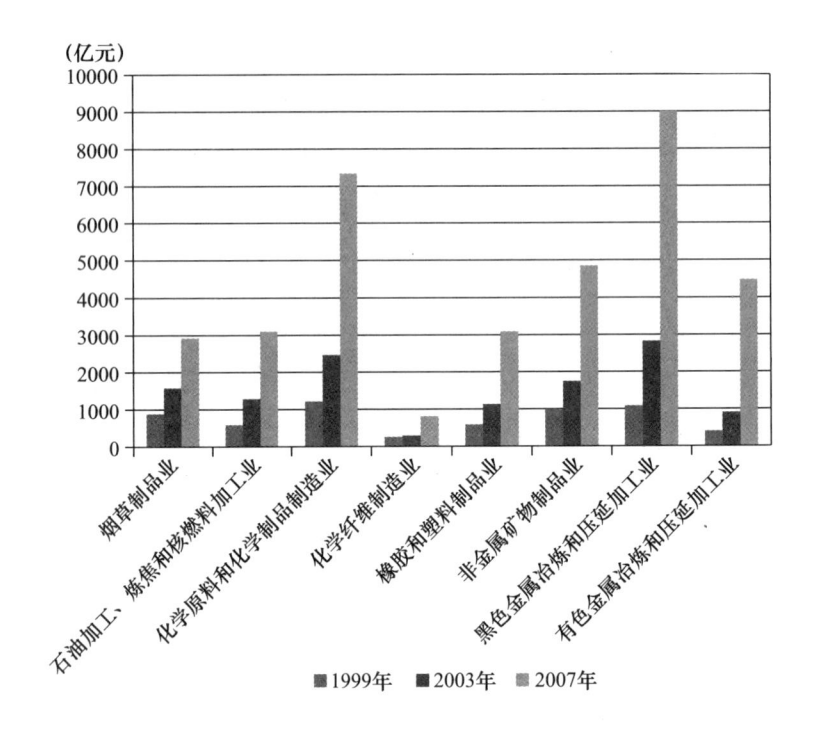

图 5-8 我国资源密集型制造业部门增加值的变化情况

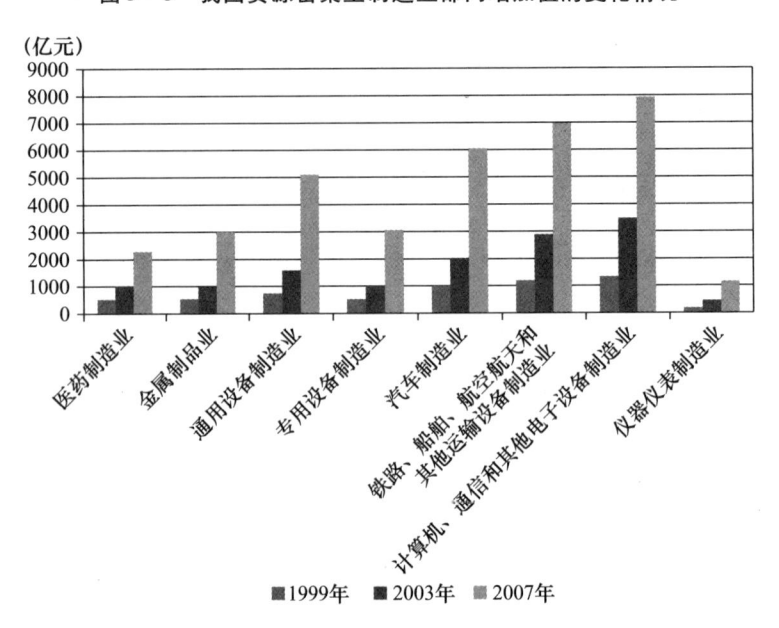

图 5-9 我国资本和技术密集型制造业部门增加值的变化情况

根据以上图表，我们依据增加值大小分别选取劳动密集型制造业部门中的农副食品加工业、纺织业以及纺织服装、装饰业，资源密集型制造业部门中的化学原料和化学制品制造业、非金属矿物制品业以及黑色金属冶炼和压延加工业，资本和技术密集型制造业部门中的汽车制造业、铁路、船舶、航空航天和其他运输设备制造业以及计算机、通信和其他电子设备制造业，基于基准计量模型将其分别与前述5个生产性服务业细分行业部门进行基于GMM估计法的两两分组回归，可以得到如表5-6至表5-8所示的结果。其中，gdp_{it}仍然代表各地级市第二产业和第三产业总产值之和的增长率，基准模型中表示共同集聚程度的$coag_{it}$一项在此处被替换为根据式（5-29）计算所得的细分行业部门之间的共同集聚水平，基准计量模型中表示产业结构高端化程度的$inst_{it}$一项在此处被替换为对应生产性服务业细分行业部门与制造业细分行业部门的就业人数之比。各表中加黑的四位数字中的前两位代表制造业部门细分行业对应的代码，后两位代表与之组合的生产性服务业部门细分行业对应的代码。受篇幅所限，此处只列出$coag_{it}$以及两项交互项系数参数估计的结果。

表5-6　细分行业部门共同集聚对经济增长作用的回归结果
（劳动密集型制造业，1998—2007年）

	1301	1302	1303	1304	1305
$coag_{it}$	0.1829*	0.2403**	-0.3894	0.2360	1.3435
	(0.0867)	(0.0775)	(2.5638)	(0.4881)	(2.7786)
$coag \times inst_{it}$	0.4412	-0.3749	-0.2295	-0.3509*	0.5326
	(1.2536)	(0.8816)	(1.9533)	(0.2107)	(4.2469)
$coag \times trans_{it}$	0.3987**	0.1008*	0.0842	-0.7045	0.2764*
	(0.1223)	(0.0615)	(0.4085)	(0.9239)	(0.1626)
	1701	1702	1703	1704	1705
$coag_{it}$	0.1458*	0.2247**	-0.9073	-0.3720	0.0459*
	(0.0780)	(0.0743)	(1.2584)	(0.4419)	(0.0272)
$coag \times inst_{it}$	0.0525***	0.5650	0.3056	0.7661	-0.2946
	(0.0127)	(1.2218)	(7.6283)	(1.8940)	(1.3428)

	1701	1702	1703	1704	1705
$coag \times trans_{it}$	-0.3718	0.0643*	0.2844	-0.2886	0.4507**
	(0.6513)	(0.0359)	(2.2695)	(0.8364)	(0.1473)
	1801	1802	1803	1804	1805
$coag_{it}$	0.2931**	-0.5828	0.4835	0.4909	0.3667
	(0.1303)	(1.9256)	(0.9650)	(2.3366)	(0.3892)
$coag \times inst_{it}$	0.1735**	0.3081***	-0.1142	0.6928	0.5561
	(0.0826)	(0.0611)	(2.2558)	(2.5075)	(1.7903)
$coag \times trans_{it}$	0.2098*	0.1267*	-0.1082*	0.0847	-0.1663
	(0.1179)	(0.0663)	(0.0549)	(0.7429)	(2.2059)

表5-7 细分行业部门共同集聚对经济增长作用的回归结果（资源密集型制造业，1998—2007年）

	2601	2602	2603	2604	2605
$coag_{it}$	0.1897**	0.4215	0.5563**	-0.5458	0.8795
	(0.0593)	(0.7318)	(0.1564)	(0.9993)	(1.2537)
$coag \times inst_{it}$	0.2370*	0.4349	0.7852	0.2901	0.6811
	(0.1241)	(0.9522)	(0.9928)	(1.4165)	(1.5988)
$coag \times trans_{it}$	-0.3089	-0.3755	0.3458**	0.3693	0.1526**
	(0.5711)	(1.4876)	(0.1346)	(0.9814)	(0.0618)
	3001	3002	3003	3004	3005
$coag_{it}$	0.1173***	0.3301	0.2513**	0.3096	0.6381
	(0.0158)	(1.3848)	(0.0952)	(0.5183)	(3.6029)
$coag \times inst_{it}$	-0.0398	0.4160	0.3829**	-0.2235	0.0246*
	(0.2574)	(0.7737)	(0.1334)	(0.2760)	(0.0140)
$coag \times trans_{it}$	0.2639***	0.3246**	-0.1555	0.9513	-0.3242
	(0.0513)	(0.1139)	(0.6627)	(2.2374)	(0.5300)
	3101	3102	3103	3104	3105
$coag_{it}$	0.3820***	-0.1887	0.3304*	0.2879	0.4835
	(0.0675)	(0.9354)	(0.1978)	(0.8243)	(0.8112)
$coag \times inst_{it}$	0.6389**	0.3621	0.2419**	-0.1032	0.1762
	(0.1800)	(0.4485)	(0.0701)	(0.6179)	(0.1685)

续表

	3101	3102	3103	3104	3105
$coag \times trans_{it}$	0.1576**	0.5926	0.2566**	0.3684**	0.4972*
	(0.0638)	(1.7345)	(0.1178)	(0.1212)	(0.2645)

表5-8　细分行业部门共同集聚对经济增长作用的回归结果（资本和技术密集型制造业，1998—2007年）

	3601	3602	3603	3604	3605
$coag_{it}$	0.2385	-0.3379	0.3605***	0.3844	0.4841**
	(0.7467)	(0.3722)	(0.0692)	(0.5925)	(0.1968)
$coag \times inst_{it}$	0.4193**	0.5610	-0.1856*	0.1672	0.1285**
	(0.1252)	(0.9357)	(0.0998)	(0.6364)	(0.0496)
$coag \times trans_{it}$	-0.7348	0.1823	0.4776	0.0993	0.2175
	(3.5027)	(2.4580)	(3.9051)	(0.2683)	(0.4928)
	3701	3702	3703	3704	3705
$coag_{it}$	0.5719	0.1854	0.2988*	-0.2170	0.3046**
	(1.8268)	(1.3540)	(0.1589)	(3.8237)	(0.1359)
$coag \times inst_{it}$	0.2429	0.4076***	0.2001**	0.0865	0.1553**
	(0.9517)	(0.0798)	(0.0920)	(0.2244)	(0.0473)
$coag \times trans_{it}$	-0.2853	-0.4733	0.3735	0.6039	0.2916*
	(1.9703)	(4.0181)	(3.0488)	(0.7285)	(0.1435)
	3901	3902	3903	3904	3905
$coag_{it}$	0.2659**	0.6249	0.2387**	-0.2692	0.1478**
	(0.1131)	(2.2518)	(0.0859)	(5.1463)	(0.0316)
$coag \times inst_{it}$	0.4823	-0.1674	0.1157***	0.0735	-0.1594**
	(0.5695)	(0.5833)	(0.0223)	(0.4219)	(0.0503)
$coag \times trans_{it}$	-0.3780	-0.5196	0.3965*	0.2109***	0.4336***
	(3.0172)	(0.7382)	(0.2044)	(0.0343)	(0.0775)

从表5-6到表5-8的回归结果可以看出，不同细分行业部门之间的共同集聚对经济增长有着不同的推动效果，我们认为，这种效果的行业间差异主要源于行业间关联程度的差异，具体依行业部门不同

体现为如下几个方面：

第一，对于劳动密集型制造业部门而言，其主要与交通仓储邮电业或批发零售贸易业的共同集聚产生显著的增长效应。其中，农副食品加工业与交通仓储邮电业及批发零售贸易业的共同集聚均产生了良好的效果，这是因为其所生产的产品必须马上运达目标市场，这依赖于通达的运输条件以及完善的物流基础设施。而纺织业以及纺织服装、服饰业与批发零售贸易业的共同集聚产生的效果相对较好。其中的原因一方面同样在于两类行业部门生产的部分产品需要通过批发零售贸易业实现价值，另一方面则在于两类行业部门内部的大量劳动力能够对批发零售贸易业所提供的商品产生可观的需求。

第二，对于资源密集型制造业部门而言，其与交通仓储邮电业以及金融保险业的共同集聚均产生了较为显著的正向增长效应。这是因为资源密集型制造业部门大多属于重化工业部门，其组织生产需要大量资金投入，此时由金融行业所提供的通畅的信贷渠道便显得尤为重要。另外，由于资源密集型制造业部门在区位上大多靠近资源产地，故在地理空间上可能与其目标市场之间存在一定的距离，如果缺少完善的交通基础设施，其将最终产品运达目标市场便可能付出高昂的运输成本，从而制约其进一步扩大生产规模。

第三，对于资本和技术密集型制造业部门而言，其与金融保险业和科研综合技术服务业之间的共同集聚显著推动了城市经济增长。其中的原因在于技术密集型制造业部门本身需要集群式的科研创新活动为其提供先进的生产技术作为其重要的投入要素之一。另外，资本密集型制造业部门对资金的巨大需求以及技术密集型制造业部门所具有的与高收益、高附加值对应的高风险性也必须要求金融部门提供足够的资金保障。

进一步地，我们可以观察到，上述产生明显共同集聚效应的细分行业部门组合所对应的交互项 $coag \times inst_{it}$ 以及 $coag \times trans_{it}$ 同样基本上显著为正，这说明由产业共同集聚所产生的产业结构高端化效应以及交通运输成本的节约在细分行业部门的层面上依然能够被观察到。

第五节 小结与讨论

如前所述,从发展的角度看增长是近年来增长研究的趋势之一(Aghion & Howitt, 2009),而其中的关键在于从不同层面、不同视角深入探究差异性经济产业结构对增长表现的影响。在本章的分析中,我们通过综合相关研究文献,认为差异性结构下的关联产业的集聚效应对区域经济增长存在重要影响,在本章,我们主要着眼于其中的第二和第三产业共同集聚的增长效应。首先,本章借鉴阿西莫格鲁和圭利埃里(Acemoglu & Guerrieri, 2008)的非平衡增长模型探讨现代产业部门的共同集聚对长期经济增长的影响,发现产业共同集聚在长期内不仅能够直接作用于经济增长,还能通过推动产业结构高端化进一步强化这一增长效应。然后,通过利用中国工业企业数据库中的企业层面微观数据和相关城市统计数据以及运用动态面板数据模型,本章对第二和第三产业共同集聚的增长效应进行了细致、规范的计量分析,我们的分析发现:在全国范围内,总体而论,第二和第三产业间的共同集聚能够对经济增长起正向的推动作用,而产业结构的高端化以及交通运输网络的发达能够进一步强化共同集聚的促进增长效应。同时,依据城市经济规模进行的进一步分组分析显示,在我国大城市中,共同集聚的增长效应更为显著,分组分析的相关结论与全国范围的分析结论相吻合。

更进一步,我们详细考察了制造业内部的不同细分行业与生产性服务产业内部的不同细分行业之间的共同集聚对经济增长的影响,我们将制造业部门划分为劳动密集型、资源密集型以及资本和技术密集型三类,并按照其行业增加值的大小选择了各个类别中的三个代表性细分行业部门与生产性服务业的细分行业部门进行两两回归,发现不同的细分产业间的共同集聚效应存在明显不同,该计量分析结论反映了细分产业的关联性是影响共同集聚增长效应的重要因素。同时,在那些显著发挥了共同集聚效应的细分行业部门组合内,我们依然能够观察到由产业共同集聚的效果通过产业结构高端化以及交通运输环境的发展而得到放大和加强。

本章的研究结论对进入增长新常态的我国经济发展而言具有积极的政策含义，那就是在通过产业结构转型与升级、通过深度城市化推动经济增长与发展的过程中，不同产业间、不同行业间的共同集聚效应不可忽视。特别是随着城市在区域与国家的经济发展中扮演着越来越重要的角色，从城市的视角高度注重第二和第三产业间的关联性与共同集聚效应是挖掘未来增长动力的重要方向之一，其中，追求服务业快速发展的产业高端化应同时追求共同集聚效应才能达到事半功倍的效果，而完善的交通基础设施对集聚效应的发挥则是关键保证。另外，大城市共同集聚的增长效应显著优于中小城市的分析结论也从一个不同侧面说明追求有集聚效应的大城市发展模式是一个值得推进的方向，我国的城市化发展不是大城市太多、太大，而是要进一步促进城市的壮大，发挥大城市的集聚效应。

鉴于第二和第三产业的共同集聚在经济增长中所扮演的重要角色，地方政府必须积极创造有利于产业共同集聚的制度环境。对于经济规模较大的城市而言，要通过打破市场壁垒以及加强城市间合作推进区域经济一体化进程，促进各类要素的自由流动，从而为第二和第三产业的共同集聚提供良好的发展条件。对于经济规模较小的城市而言，则首先需致力于推进第二和第三产业各自内部的集聚程度，为产业共同集聚提供必要的物质基础。同时，由于产业共同集聚依细分行业部门的异质性存在差异，在相关政策制定上也要体现行业间的区分度，针对行业的异质性分门别类地出台相应措施促进能够发挥共同集聚效应的细分行业部门之间有机结合的程度。

第六章 制造业结构升级、产业集聚与城市经济增长

当前,我国的产业结构升级不仅表现为第二和第三产业部门结构比例的变化,在第二产业部门内部还表现为由低端制造业向高技术产业、装备制造业转型升级,从劳动密集型、资本密集型产业向技术密集型和知识密集型产业过渡的进程。本章将以制造业部门内部的产业结构升级为例,利用我国地级市和工业企业的微观数据探讨经济活动的空间集聚对产业结构升级进程进而对城市经济增长绩效的影响。通过研究可以发现,在全国的层面上,产业结构升级对城市经济增长起到了一定的推动作用,在此基础上,分行业的讨论表明资本和技术密集型行业的集聚能够更进一步地强化这一效应。进一步地,通过对经济发展水平不同的城市进行分组回归,我们可以发现制造业结构升级推动经济增长的效应主要体现在经济相对较为发达的城市,且这一增长效应能够得到集聚所带来的规模经济效应的进一步推动。据此,本章的结尾也提出了相应的政策建议。

第一节 对产业集聚与产业结构升级之主要研究文献的相关解说

一 产业结构升级的内涵

顾名思义,产业结构升级一般指经济体的产业结构不断从低级形态向高级形态转变的过程和趋势,即产业结构中各产业之间的地位与关系向更协调、更高级的方向转变。由于产业结构的升级包含着各层

次和各地域范围的产业升级过程，因此其主要包含两个方面的内容：一是各层次和各地域范围产业结构升级过程中的经济联系；二是各层次和各地域范围产业结构升级过程中的数量关系和比例关系。其中，第一个方面的内容体现了产业结构升级的核心要义。

关于产业结构升级的内涵，国内外理论研究通常基于产业结构变迁以及全球价值链分工两类视角进行分析。第一类分析视角通常强调产业结构升级的核心意味着产业结构的合理化以及高端化。陈明森等（2012）认为，产业结构的合理化一般指产业之间相互协调能力的增强以及彼此关联程度的提高，这具体表现在三个方面：一是产业素质的相互协调；二是各个产业在区域乃至国民经济中相对地位的协调；三是各个产业之间横向与纵向联系方式的协调。而产业结构的高端化同样也可以简单地用三个方面的表现加以概括：一是国民经济中三大产业所占产值和就业比例的变化，即第一产业的比重不断下降，第二产业以及以服务业为代表的第三产业的比重不断上升；二是各个产业要素投入结构的变化，即从劳动和资本密集型产业向知识和技术密集型产业过渡；三是产业所创造的附加值从低到高的演变以及生产加工水平由初级加工向深层次加工的演化。整体上看，这些变化不仅意味着产值总量的提高，更强调产业结构层面的优化与提升。由此，产业升级可以从三个层面进行审视，即三次产业的结构升级、制造业内部的结构升级和各细分行业内部的结构升级。其中，第一层面的规律被概括为所谓的"配第一克拉克定理"，即产值和劳动力分布随着国民收入的提高逐渐从第一产业转移至第二和第三产业部门；第二层面的规律意味着制造业内部的重工业化、高加工度化和知识集约化趋势；第三层面的规律反映了各细分行业内部的产品、技术和组织结构向着有利于增加边际利润率的方向转移的趋势，如对研发部门的日益重视等。因此，该视角下的产业结构升级实际上是指在特定的国内外经济环境和资源条件下，采取一定措施，依靠技术进步和效率提高，实现产业由低技术水平、低附加值状态向高技术、高附加值状态的演变趋势（刘志彪，2002）。

在第二类分析视角下，产业结构升级被融入全球经济系统和价值链治理理论当中，依照价值链上的不同位置被划分为四种类型，分别是流程升级、产品升级、功能升级和部门间升级（链条升级）。这一分类经由亨弗瑞和施密茨（Humphery & Schmitz, 2002）的概括整理而提出，并在之后成为产业集群升级理论的主要支撑。其中，流程升级主要指改进物流技术，采用品质控制手段，通过引进新型机械设备和先进生产技术重新组织生产系统，从而提高价值链中加工流程的效率，缩短产品进入市场的时间，节约生产成本以获得更多收益。产品升级主要指对原有产品及服务的主要功能和适用范围进行拓展，向附加值更高的产品生产线转移，从而扩大市场份额，增加专有品牌的数量。功能升级主要指通过整合价值链中的各个环节获取产品更新更好的功能，通常体现为从基本加工到贴牌生产，再到自己设计制造以及自有品牌制造的过程，在这一过程中将附加值较低的功能环节（如劳动密集型环节）外包，从而获得更高的技能和利润水平。部门间升级主要指企业向新的价值链条转移，即从整体附加值较低的价值链攀升到整体附加值较高的价值链上。因此，该视角下的产业结构升级实际上就体现为产业内的企业在全球价值链上顺着价值阶梯逐步攀升的过程，既包括渐进式的攀升，也包括突破性的创新和跳跃性的变革。格里菲（Gereffi, 2004）的研究进一步发现，绝大多数国家和地区产业结构升级的过程都遵循从流程升级到产品升级，再到功能升级和部门间升级的路径进行（见表6-1）。

表6-1　　　　　　　　　　产业结构升级的一般路径

升级过程	流程升级	产品升级	功能升级	部门间升级
各阶段的主要特征	委托组装（OEA）与委托加工（OEM）	自主设计和加工（ODM）	自主品牌生产（OBM）	产业链条转换
经济活动非实体性程度	随着附加值不断提升，经济活动中非实体性或产业空心化程度也不断提升			

二 产业集聚与溢出效应：地方化特征

从以上的界定当中可以看出，将产业结构升级置于全球价值链整合与升级的视角加以审视，其实际上体现为纵向层面的价值链延伸以及横向层面的价值链上单一链条附加值的提升。在现今的世界经济格局中，发展中国家追赶发达国家的步伐愈加坚定，为有效应对来自世界市场的冲击与波动，越来越多的发展中国家倾向于通过产业的空间集聚形成自身的比较优势，同时希望通过这一手段实现其在全球价值链分工上的竞争优势（Humphery & Schimitz，2002）。在这一国际背景下，我国地方政府也纷纷以经济增长方式转型为契机，一方面引导各类企业在空间地域范围内的集聚，另一方面积极利用先进生产技术改造和提升传统企业，以技术进步带动产业结构升级。那么，产业结构的顺利升级是否一定离不开集聚效应的发挥？如果答案是肯定的，产业集聚又究竟能够通过什么样的内在机制对产业结构升级产生影响？要对以上问题做出明确的回答，首先必须从企业集聚所带来的知识外溢本身的地方化特征谈起。

根据新经济地理学和空间经济学的基本理论，知识的溢出效应（生产技术与信息的传播所引致的正外部性）是企业由于空间集聚所获得的重要收益之一，这是由知识传播的地域性所决定的。虽然从长期的视角来看，人类社会任何新技术、新发明和新知识都将借助于各类传播媒介的作用成为全社会共同享有的公共资源，但对于一段相对较短的时期而言，无论是容易编码且具有独立含义的"编码知识"（codified knowledge）还是前文已经述及的相对较为抽象、具有高度不确定性和语境限制的"意会知识"（tacit knowledge，也称"黏性知识"或"缄默知识"），其传播过程均不能迅速在较大的地域范围内完成，而只能在相当有限的空间内实现。这是因为对意会知识的认知和掌握通常具有很大的偶然性，更多依赖于学习者自身的思考与领悟以及人与人之间的交流讨论，体现出"只可意会不可言传"的特点，从而在扩散和传播上受到一定的限制；而编码知识尽管相对容易被识别、掌握和复制，但在传播过程中也不可避免地会出现信息扭曲和失真的现象，且扭曲和失真的程度大体与传播的距离或扩散半径呈正相关关系。在传播时间既定的条件下，离新知识的发源地越远，往往越难接受新知识（梁琦和詹亦军，2005）。正如格莱泽（Glaeser，

1992）所言，"知识的流动肯定是跨走廊和街道比跨海洋和大陆来得更加容易"。

已有的相关研究也基本表明集聚所带来的知识溢出具有明显的地方化特征。根据杰菲等（Jaffe et al.，1993）的理论分析，知识溢出在本质上可以被归结为一种带有区域性和地方性的现象，表现为其效果随着地理范围的扩大而逐步减小，企业从知识溢出中获得的收益也主要来源于其空间上的相互邻近性。进一步地，诸多后继研究从国家和大区域的层面验证了这一结论。杰菲等（Jaffe et al.，1993）以及杰菲和特拉滕伯格（Jaffe & Trajtenberg，1998）将技术传播具体化为生产方面的发明专利的引用并展开实证分析，发现在给定的时间区间内，由美国企业所申请的发明专利更多地被其他位于美国本土的企业而非国外企业所引用。科伊等（Coe et al.，1995；1997）认为知识和技术的溢出主要通过区际和国际贸易的手段实现，并且在实证分析中区分了国内和国外研发活动的溢出效应，分别估计了两者对企业劳动生产率和技术进步率的影响，发现国内研发活动的溢出效应相对于国外而言明显更强，从而间接印证了知识溢出的地方性特点。凯勒（Keller，2002）选取了14个OECD成员国在1970—1995年的制造业部门相关数据作为研究对象，通过双边贸易在空间上的距离考察产业部门的生产率是否会因为研发活动的知识溢出效应而获得提升，实证研究的结果表明知识溢出效应和技术扩散效应均具有相当强的地域局限性，来自国外的研发活动所引致的知识溢出对本国产业部门生产率的提升作用随着地理距离的增加而逐步衰减。伊顿和科图姆（Eaton & Kortum，1996）也从专利申请的角度衡量企业层面的技术扩散以及创新活动的开展情况，其基于统计数据的估算结果同样表明国内的技术扩散效应要大于国际技术扩散效应。

基于小区域层面的相关实证研究同样支持知识溢出地方化的结论。奈文和西奥提斯（Neven & Siotis，1996）通过案例和统计研究发现日本企业之所以在20世纪60年代和70年代不断迁址前往美国和一些欧洲国家或在这些国家设立分支机构，其主要目的是通过接近研发活动的源头以获取更大的溢出效应。沃斯伦（Wallsten，2001）利用网格区域层面的企业数据以及地理信息系统所提供的分析工具，从更微观的视角入手缜密分析了企业集聚、知识溢出与小区域范围内的地理距离之间的关联，明确地揭示了企业集聚在获取知识溢出外部性方面的优势。即使只是网格区域范围内的地理距离差异，也足以对这一正外部性的获取施加足够的影响。

从以上的研究当中可以看出，企业集聚与知识溢出和技术扩散在空间范围内较强的地域性密切关联。假设新知识与新技术产生之后，在全球范围内不需要任何成本即可实现大范围的传播与覆盖，企业集聚也就失去了提升生产率的作用，基于共享技术外部性而形成的集聚将不复存在。正是由于知识溢出和技术扩散具有地方性的特征，才使在特定区域范围内集聚的企业能够获得更为通畅的知识溢出渠道，这对于企业技术进步乃至产业结构升级具有十分重大的意义。

三 产业集聚对产业结构升级的推进作用

关于产业集聚对产业结构升级的推进作用，国内外文献均从多种视角展开了实证研究，所得到的结论也基本一致。巴普蒂斯塔和斯旺（Baptista & Swann，1998）利用英国企业的数据、费尔德曼和奥德雷奇（Feldman & Audretsch，1999）利用美国企业的数据展开的实证研究均证实了产业集聚能够促进企业的技术进步和产业结构的升级进程。王缉慈（2001）利用产业经济学中的区位理论分析我国的产业集聚现象并对其进行分类，系统探讨了创新性产业集聚对结构升级的重要影响。丘海雄和徐建牛（2004）以我国珠三角地区的产业集聚为例，构建了一个"动态主体模型"探讨集群技术创新对产业结构升级的作用机制。梁琦和詹亦军（2005）以我国长三角地区的制造业部门为研究对象，选取反映专业化程度的指标衡量产业集聚，并考察了地方产业集聚（专业化）对产业结构升级的影响。张杰等（2007）构建了一个简单的空间动态博弈模型，依照技术水平将企业分为领先型企业和跟随型企业，探究了集聚视角下企业之间的多维度知识溢出效应对产业升级的作用机制。张萃和赵伟（2010）致力于鉴别制造业部门集聚促进技术创新与产业升级的微观机制，并构建了一个包含制造业部门区域集聚、技术创新与升级效应的系统模型对此加以说明。张萃（2014）还进一步探讨了异质性企业视角下的产业集聚升级效应，将产业集聚对结构升级的影响分解为对整体企业而言的水平效应以及因企业本身技术水平而异的结构效应，发现就我国目前的情况而言，水平效应仍然占据着主导性的地位。

综上，回顾已有的相关研究文献可以发现，集聚对产业结构升级的正向作用已经得到了理论和实证上的支持。在探讨产业结构升级对区域或城市经济增长的推动作用时，绝不能忽略集聚在其中所扮演的角色。通过归纳总结上述文献围绕集聚推动产业结构升级所展开的理论分析，其具体的作用机制可以归结为以下几个方面：

第一，产业结构升级中包含了集聚所带来的规模经济效应。企业在空间上的集聚必然会带来技术、设备、资金和劳动力等生产要素的相对集中，这能够促使生产基础设施、要素资源、信息和市场网络等在企业之间的共享，同时企业在各类生产环节上所花费的运营成本也可以借助生产活动的集中化和专业化大大降低，这些都体现为集聚所带来的规模经济效应（韩峰等，2011）。一方面，规模经济效应可以通过降低生产服务环节的外包成本促使企业进一步分解和细化自身的价值链，将价值链上一部分附加值较低的基本活动作外包处理，集中于其上附加值较高的核心业务。进而，企业能够以扩大技术密集型产品生产规模为契机，实现价值链上核心功能环节在专业化分工条件下的升级。另一方面，规模经济效应使专业化的劳动力市场更容易出现在企业集聚区域的周边，使企业可以获得稳定的劳动力供给来源并及时雇用到满足生产技术要求的熟练劳动力（李思慧，2011）。总之，规模经济效应可以让企业的部分生产服务实现外包化，降低企业在劳动力市场上搜寻专业化劳动力的成本以及劳动力培训成本，从而推动产业升级的进程。

第二，产业结构升级中包含了集聚所带来的专业化效应。产业集聚可以强化企业之间生产环节的分工，从而为结构升级创造更理想的条件。一方面，同类企业的集聚有助于企业的生产环节被细分为更加清晰的生产步骤，加之激烈的市场竞争使单个企业保持全面性的生产经营方式变得愈加困难，企业将致力于调整和改善自身的生产结构，追求专业化的经营方式,最大限度地开发和挖掘价值链中的某一环节形成自身的比较优势并加以强化。另一方面,提供生产性服务的企业在空间内的集聚有利于其提供更加个性化、高端化和专业化的服务,例如,产品研发服务、研发过程中的产品创意与设计服务、市场调研支持性服务以及营销品牌服务等。这些服务随着集聚效应的强化将逐渐由多个单功能的企业分别提供。由此而形成的生产服务环节高端化和精细化趋势将在极大程度上促进制造业部门的技术进步和产品升级,产品价值和品牌价值也将得到大幅提升。随着企业不断在价值链上从低端向高端攀升,制造业部门的服务化现象也会越来越明显,这些都意味着产业结构的转型和升级。

第三,产业结构升级得益于集聚所带来的竞争效应。竞争效应对结构升级的推动作用在同类企业的横向集聚中体现得尤为显著。在同一地区内,大量集聚的同类企业之间必然在各类生产要素的占有上存在相互竞争的关系,在高强度的市场竞争氛围下,各企业受到巨大的压力。而且,市场竞争强度将随着集聚企业数量的增多而不断提高。为了避免遭受被市场淘汰的命运,企业之间将开展涉及产品价格、生产效率、服务质量和产品信誉度等方面的竞争。激烈的市场竞争一方面将使各企业出于维护现有市场份额的目的降低生产服务价格,从而大大节约生产活动中的直接服务成本和中介服务成本,这会扩大企业的盈利空间,为其采用新的生产技术和工艺并向价值链高端攀升提供必要的资金支持。另一方面,企业的生产服务外包环境也将因为提供生产性服务的企业不断提升信用等级、降低服务门槛而得到极大改善,购买生产性服务的不确定性和随机性也将大大降低,这可以使企业能够更灵活地面对多变的市场需求,更多地外包自身的服务环节甚至部分附加值较低的生产制造环节,通过专注做大做强高附加值的生产制造环节实现企业自身的技术升级和产业结构的升级。

第四,产业结构升级得益于集聚所带来的知识溢出效应。一般而言,产业集聚区往往意味着行业生产技术的前沿水平所在。前文已经述及,知识和技术的传播均具有较强的地方化特征,因此处于产业集聚区内的企业能够基于地缘优势开展互动与交流,并通过正式或非正式的网络使互动与交流高频化，从而产生较强的学习效应（陈建军等，2009）。另外，区域内的人力资源流动也能够促进前沿生产技术中所包含的隐性知识实现企业间的共享，通过所谓"群体学习过程"促进知识和技术的传播与积累，有效提高企业的学习能力和技术创新能力（Keeble & Wilkinson，2000）。集聚的知识溢出效应还促进了知识和技术等相对高级的生产要素在区域内的快速传播和转移，有利于企业更快掌握新的生产技术与工艺，为其实现生产环节在价值链和供应链上的延伸创造更便捷的条件。同时，企业的自主研发创新能力也将得到不断加强。总之，由集聚的知识溢出效应所形成的"群体学习过程"是集聚区内企业提升产品附加值、强化研发创新能力、提升自身在价值链中的地位进而推动产业结构升级的有效途径（周鹏等，2010）。

第二节 基于我国制造业结构升级现状的经验分析

一 对产业结构升级的衡量

根据现有的国内外相关文献，对产业结构升级的衡量通常采用产业结构年均变动率、莫尔结构变化值以及产业结构超前系数三类统计指标。除此之外，基于综合视角构建的全面评价产业结构升级程度的指标体系也经常出现（Gereffi，1999；Humphery & Schimitz，2002；姚志毅和张亚斌，2011）。我们认为，现有衡量产业结构升级程度的指标体系中均包含有部分与产业结构不存在直接关联的指标，例如，反映关联与外溢效应升级以及产业系统创新能力的二级指标（姚志毅和张亚斌，2011），这些二级指标的引入将会在一定程度上削弱指标体系衡量结构升级程度的准确性。同时，对各级指标所占权重的选取同样不可避免地受到研究者主观判断的影响。因此，本章主要采取前述常用的三类统计指标用于统计分析和实证检验，如此也可以在一定程度上保证研究结论的稳健性。与前一章相似，本章也利用中国工业企业数据库中制造业部门的相关数据对各统计指标进行计算。

首先,产业结构年均变动率的计算公式如下所示:

$$K = \frac{\sum_{i=1}^{m} |q_{i1} - q_{i0}|}{n} \tag{6-1}$$

其中,K 表示产业结构年均变动率,q_{i0} 表示基期某地区的第 i 个产业部门的产值(就业人数)占地区生产总值(总就业人数)的比例,q_{i1} 表示报告期某地区的第 i 个产业部门的产值(就业人数)占地区生产总值(总就业人数)的比例,m 表示产业部门的个数,n 表示报告期和基期之间的时间跨度。该指标越大,说明某地区产业结构的变化幅度越大。然而,该公式只能从整体上反映产业结构升级的变化幅度,并不能具体反映特定一个或几个行业部门的升级情况,同时由于式中存在绝对值符号,也无法反映产业部门在升级过程中所占比例此消彼长的变化。为了使该指标更符合本章的研究需要,对式(6-1)做出改进,得到式(6-2):

$$K = \frac{q_1}{q_0} \tag{6-2}$$

在具体计算中,为了体现制造业部门结构升级的程度,我们根据上一章第三节的划分标准选取其中的资本和技术密集型行业(包括医药制造业、金属制品业等8个行业部门)作为研究对象。这是因为在现实经济中,资本和技术密集型行业的发展通常意味着制造业部门生产的集约化趋势加强以及在价值链中所获得的产品与服务附加值的增加,而这与制造业部门产值和就业结构的优化与升级路径相吻合。据此,K 表示产业结构升级程度(产业结构变动率),q_0 和 q_1 分别表示基期和报告期某城市的资本和技术密集型行业部门的总产值(总就业人数)占该城市制造业部门生产总值(总就业人数)的比例。其余变量的含义均与式(6-1)相同。若该指标的值大于1,则说明制造业部门体现了较理想的结构升级过程。在此基础上,该指标的值越大意味着制造业部门结构升级的程度越高。

其次,莫尔结构变化值主要通过空间向量的夹角衡量产业结构的变化程度，其中空间向量的分量为各产业部门产值（就业人数）的比重。其计算公式如下所示：

$$M = cos\langle\vec{q_0},\vec{q_1}\rangle = \frac{\sum_{i=1}^{m} q_{i0}q_{i1}}{\left(\sum_{i=1}^{m} q_{i0}^2 \sum_{i=1}^{m} q_{i1}^2\right)^{1/2}} \quad (6-3)$$

其中，M 表示莫尔结构变化值，q_{i0} 和 q_{i1} 分别表示基期和报告期某地区第 i 个产业部门产值（就业人数）占地区生产总值（总就业人数）的比例，m 表示产业部门的个数，基期向量 $\vec{q_0} = (q_{10}, q_{20}, \cdots, q_{m0})$，报告期向量 $\vec{q_1} = (q_{11}, q_{21}, \cdots, q_{m1})$。该指标越小，说明两个向量的夹角度数越大，即某地区产业结构的变化幅度越大。与产业结构年均变化率的原始计算公式一样，该指标同样只能反映产业部门的整体结构变动程度，无法反映特定行业部门在特定方向下的结构变动程度。因此，此处同样出于研究需要，对式（6-3）做出改进，得到式（6-4）：

$$M = (-1)^{I_{|q_{21}<q_{20}|}(x)} cos[\vec{q_0},\vec{q_1}] = (-1)^{I_{|q_{21}<q_{20}|}(x)} \frac{\sum_{i=1}^{2} q_{i0}q_{i1}}{\left(\sum_{i=1}^{2} q_{i0}^2 \sum_{i=1}^{2} q_{i1}^2\right)^{1/2}}$$

$$(6-4)$$

其中，q_{i0} 和 q_{i1} 分别表示基期和报告期某城市第 i 个行业部门产值（就业人数）占该城市制造业部门生产总值（总就业人数）的比例。$i=1$ 时，代表非资本和技术密集型行业部门，$i=2$ 时，代表资本和技术密集型行业部门。基期向量 $\vec{q_0} = (q_{10}, q_{20})$，报告期向量 $\vec{q_1} = (q_{11}, q_{21})$。为使该指标不仅能反映产业结构变动的绝对程度，还能指明产业结构的升级方向，此处在计算向量夹角余弦值的同时引入表明报告期向量相对于基期向量旋转方向的示性函数 $I_{|q_{20}<q_{21}|}(x)$。当 $q_{20}<q_{21}$ 时，报告期向量相对于基期向量逆时针旋转，资本和技术密集型行业部门所占比例下降，表明产业结构升级受阻，此时该示性函数取值为 1；当 $q_{20}>q_{21}$ 时，报告期向量相对于基期向量顺时针旋转，表明产

结构处于升级的过程中,此时该示性函数取值为0[①]。综上可以得出,当该指标的值大于0时,表明制造业部门实现了较为理想的结构升级过程。在此前提下,该指标的值越小,意味着基期和报告期向量夹角的度数越大,即结构升级的程度越高。

最后,产业结构超前系数用于衡量某一产业部门或细分行业部门相对于整体产业增长趋势的超前程度,其计算公式如下所示:

$$E_i = \alpha_i + \frac{\alpha_i - 1}{g} \tag{6-5}$$

在该式中,E_i 表示某城市制造业部门内部第 i 个细分行业部门的结构超前系数,α_i 表示第 i 个细分行业部门报告期与基期产值(就业人数)分别占该城市制造业部门总产值(总就业人数)的份额之比,g 表示该城市制造业部门总产值(总就业人数)在基期到报告期之内的增长率。若该指标大于1,则表明第 i 个细分行业部门相对于制造业部门总体而言处于超前发展的态势。在此基础上,该指标的值越大,意味着第 i 个细分行业部门超前发展的程度越高。本章主要通过选取制造业部门内部属于资本和劳动密集型的细分行业部门进行计算,以通过这些细分行业部门增长的超前程度体现制造业部门的结构升级情况。

二 地级市层面制造业部门产业结构升级的现状

以下,我们通过前述三类衡量产业结构升级程度的指标对我国地级市层面的制造业部门结构升级现状展开简要的统计分析。由于三类指标均涉及基期和报告期的观测值,而中国工业企业数据库的时间跨度为1998—2007年,因此我们在计算时选定1998年作为基期,计算所得的结果为1999—2007年的地级市面板数据。此外,对劳动密集型、资源密集型以及资本和技术密集型行业部门的划分与上一章第三节的处理方法相同,并同样剔除行业代码为41—43的细分行业部门。

首先,我们从全国的层面审视制造业部门结构升级的程度,制造业内部各类行业部门的增长情况如图6-1所示。

---

① 由于在实际计算中并未出现 $q_{20} = q_{21}$ 的情形,故此处的指标对这一情形不予考虑。

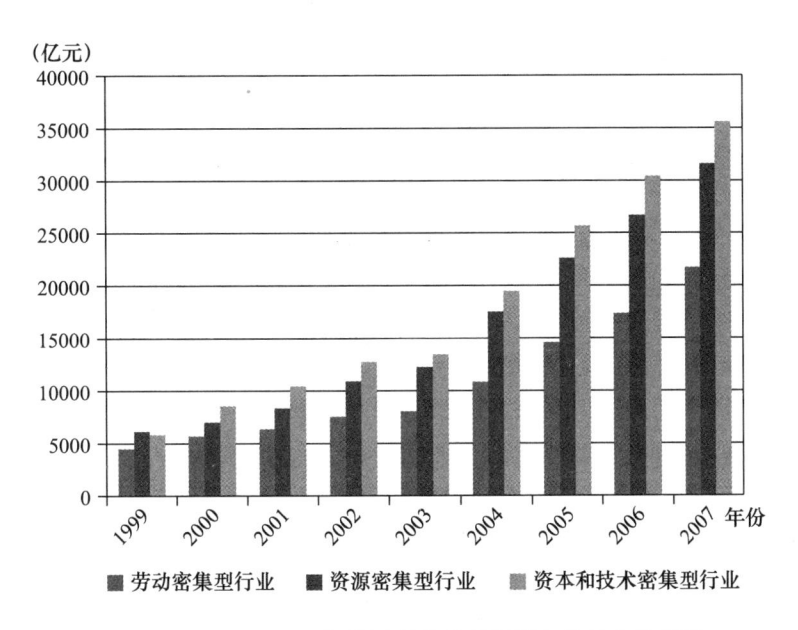

图 6-1　1999—2007 年我国制造业部门增加值的变化情况

从图 6-1 中容易观察到，从全国层面而言，资本和技术密集型行业的增加值经历了稳步增长的过程，从一开始略微落后于资源密集型行业到 2007 年领先于其他两种类型的行业。这表明我国制造业内部产业结构升级的步伐较为平稳，但幅度并不大，仍有充足的转型与升级空间。进一步地，通过计算我国各地级市的产业结构升级程度（分别以产业结构变动率和莫尔结构变化值衡量[①]）并进行算术平均以及基于地区生产总值的加权平均，可得到如图 6-2 所示的结果。

观察图 6-2，我们可以发现对于产业结构变动率而言，无论是算术平均值还是基于各城市地区生产总值的加权平均值，在 1999—2007 年均大体呈现增长的态势，但在 2003 年之后增长态势出现了明显的放缓。基于各城市地区生产总值的加权平均值在各年均基本高于对应的算术平均值，这表明我国经济发展水平较高的城市有着相对更高的制造业结构升级程度。而对于莫尔结构变化值而言，其总体变化态势

---

① 此处的两类指标均以行业部门的总产值代入计算。

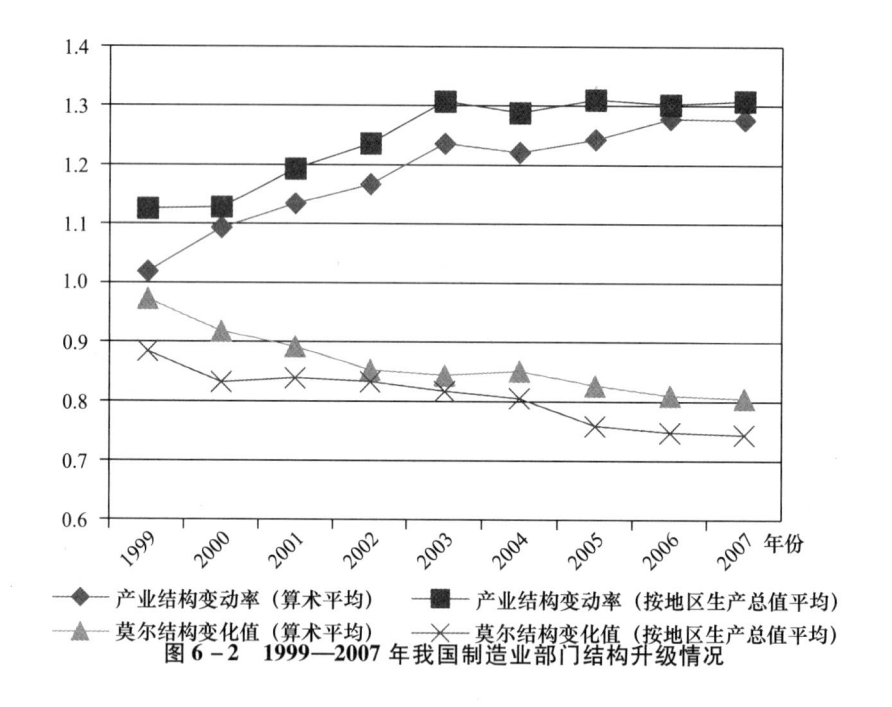

148 / 产业集聚、结构转变与经济增长

图 6-2 1999—2007 年我国制造业部门结构升级情况

恰好与产业结构年均变化率相反,根据前述莫尔结构变化值的定义式,可以发现这同样意味着我国城市制造业部门结构升级程度稳步加强的态势。而且,基于各城市地区生产总值的加权平均值在各年均基本低于对应的算术平均值,这与产业结构变动率所揭示的制造业结构升级与经济发展程度之间的关联性完全吻合。

接下来,我们关注不同的资本和技术密集型行业部门的产业结构超前系数及其在经济发展程度不同的城市之间体现出的差异。选取 2007 年地区生产总值位列全国前 50 位以及后 50 位的地级市,分别计算其内部各个资本和技术密集型行业部门的产业结构超前系数[①]以及产值占制造业部门总产值比率的增长率(均以 1998 年为基期),然后按照各地级市的地区生产总值进行加权平均,可得如图 6-3 所示结果。

---

① 此处同样以产业部门的总产值代入计算。

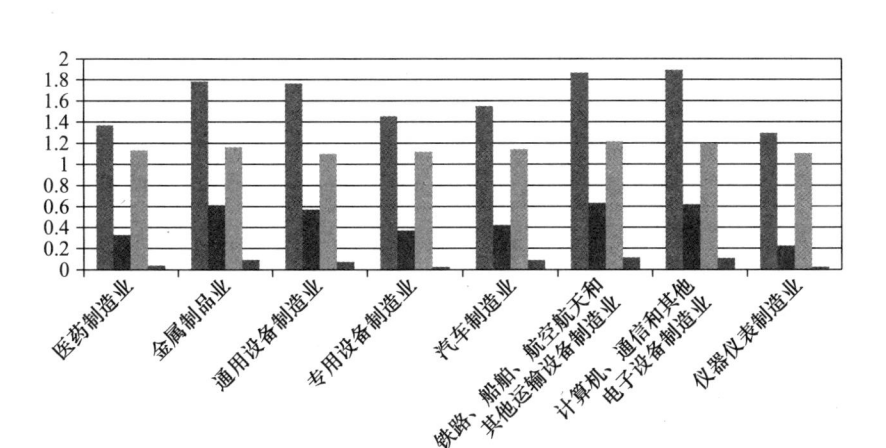

第六章 制造业结构升级、产业集聚与城市经济增长 / 149

图 6-3 2007 年我国城市产业结构升级情况
（地区生产总值前 50 位与后 50 位对比）

图 6-3 表明虽然我国各城市内部的资本和技术密集型行业部门从整体上而言基本处于产值占比不断提高的过程，但经济发展水平较高的城市在各行业部门均拥有相对更高的产业结构超前系数和产值占比增长率。其中，金属制品业、通用设备制造业、铁路、船舶、航空航天和其他运输设备制造业以及计算机、通信和其他电子设备制造业四个细分行业部门体现出了发达城市和落后城市之间相对较大的结构升级程度的差异。

最后，我们表明制造业内部结构升级程度与产业集聚之间的统计关联性，并同样以城市经济发展程度的差异进行分组对比。通过计算各年份我国地区生产总值位列全国前 50 位和后 50 位的地级市的产业结构变动率、莫尔结构变化值以及资本和技术密集型行业部门的区位熵［根据上一章的式（4-3）计算］，并分别将其进行基于各城市地区生产总值的加权平均，可得如图 6-4 和图 6-5 所示结果：

对比分析图 6-4 和图 6-5 可知，我国经济发展水平较高的城市不仅对应更高的制造业结构升级程度，而且还同时对应更高的资本和技术密集型行业部门的集聚程度（区位熵在各年份均大于 1），在以

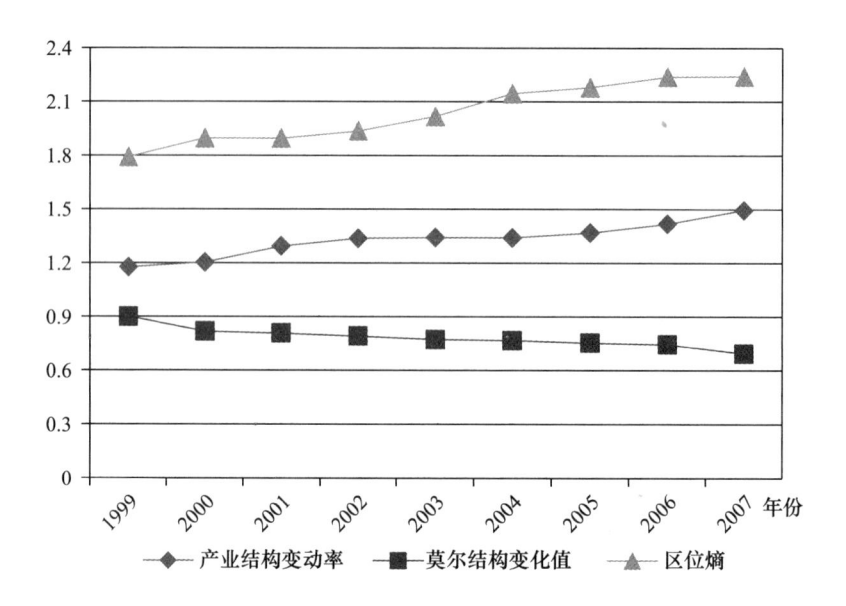

150 / 产业集聚、结构转变与经济增长

图 6-4 1999—2007 年我国地级市产业结构升级与
集聚情况（地区生产总值前 50 位）

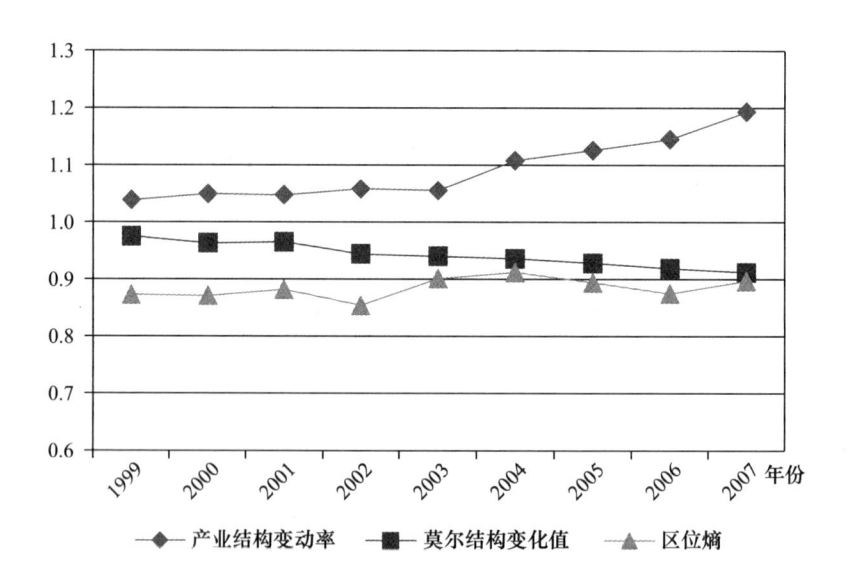

图 6-5 1999—2007 年我国地级市产业结构升级与
集聚情况（地区生产总值后 50 位）

产业结构变动率和莫尔结构变化值衡量的结构升级程度稳步上升的同时，集聚程度也随之平稳提升。这说明在经济发展水平较高的城市，制造业结构升级的进程和与升级相关的行业部门的集聚程度密切关联。反观经济发展水平较低的城市，不仅制造业结构升级程度的绝对水平和增长幅度均远不及发达城市，而且资本和技术密集型行业部门的集聚水平普遍较低并基本处于停滞状态（区位熵在各年份均小于1且无明显增长态势）。这说明在经济发展程度较为落后时，制造业结构升级尚处于起步阶段，而且与结构升级相伴随的产业集聚也在低水平徘徊，未能充分发挥集聚效应。综上，统计分析表明在制造业结构升级的初期，与升级相关联的行业部门通常并不能形成地方化的规模经济，从而集聚效应的发挥也无从谈起，只有当结构升级发展至一定阶段时，这些行业部门的集聚程度才会得到极大程度的提升，为集聚效应的发挥创造必要的前提。

第三节 集聚视角下的制造业结构升级与经济增长的一般图景分析

根据前面的分析，我们可以发现产业集聚在产业结构升级当中充当着十分重要的角色。因此，进一步可以合理地提出如下猜想，即产业结构升级在推动区域经济增长的过程中也同样离不开产业集聚的效应。为了验证这一猜想，我们仍以我国地级市制造业部门作为研究对象，根据本章第二节所构建的反映产业结构升级的指标展开一系列实证分析，从不同角度表明产业集聚在产业结构升级增长效应发挥中的重要性。

一 基准计量模型及回归结果

首先，我们采用我国地级市层面的面板数据模型考察全国层面上产业集聚对制造业部门结构升级增长效应的推动作用，基准计量模型如下所示：

$$gdp_{it} = cons + \beta_1 upd_{it} + \beta_2 upd \times agglo_{it} + \beta_3 edu_{it} + \beta_4 fis\_rate_{it}$$

$$+\beta_5 inv\_rate_{it} + \beta_6 mp_{it} + \delta_i + \mu_t + error_{it} \qquad (6-6)$$

其中，gdp_{it}表示城市制造业部门生产总值的增长率，upd_{it}表示城市制造业结构升级的程度（分别用产业结构变动率和莫尔结构值加以衡量），$agglo_{it}$表示城市内部资本和技术密集型行业部门的区位熵，用以衡量其集聚程度。此处的交互项 $upd \times agglo_{it}$ 用于表示产业集聚通过推动结构升级而对城市经济增长所发挥的作用。其余控制的变量的含义与上一章第三节的基准计量模型完全相同，分别控制了各城市投资、教育、制度以及市场范围等与经济增长密切相关的因素的影响。另外，此处同样引入了分别控制地区和时间固定效应的变量 δ_i 和 μ_t。

在具体估计方法的选取上，本节仍然选取较为常见的动态面板数据 GMM 估计法对模型参数进行估计。根据 GMM 估计法的基本思路，表 6-2 和表 6-3 分别报告了模型各变量的平稳性检验结果以及全国范围内模型的参数估计结果（L1 为被解释变量的滞后项）。

表 6-2　　各变量的单位根（平稳性）检验结果（滞后一阶）

变量	gdp_{it}	upd_{it}	$upd \times agglo_{it}$	edu_{it}
t 统计量值	6.787	12.098	11.274	-8.553
p 值	0.001	0.000	0.000	0.000
变量	fis_rate_{it}	inv_rate_{it}	mp_{it}	
t 统计量值	9.804	10.658	-6.732	
p 值	0.000	0.000	0.001	

表 6-3　　全国范围内产业集聚和结构升级对经济增长作用的回归结果（1999—2007 年）

	(1)	(2)	(3)	(4)
L1	0.3980*	0.4182***	0.5735	0.2849*
	(0.2140)	(0.0814)	(0.6933)	(0.1538)
upd_{it}	0.1156***	0.3584	-0.1969**	-0.1437**
	(0.0192)	(0.3359)	(0.0535)	(0.0368)
$upd \times agglo_{it}$	0.2655*	0.1472**	-0.2176**	0.2553
	(0.1405)	(0.0611)	(0.0528)	(0.7803)

续表

	(1)	(2)	(3)	(4)
edu_{it}	0.4275**	0.3579***	0.2993	0.4468***
	(0.1074)	(0.0671)	(0.4508)	(0.0871)
fis_rate_{it}	-0.4616	0.1536*	0.2858***	-0.2965**
	(0.7739)	(0.0760)	(0.0526)	(0.0882)
inv_rate_{it}	0.2873*	0.1694***	0.3845	0.4290
	(0.1545)	(0.0332)	(0.3667)	(0.5593)
mp_{it}	0.5539	0.1463*	-0.1767*	-1.2003
	(0.6386)	(0.0841)	(0.0888)	(3.7659)
观测值	2025	1800	2025	1800

根据表6-2所示结果，当相关数据经过取对数处理之后，单位根检验的t统计量的绝对值均大于相应的t分布的分位点，落入拒绝域内。根据p值的大小，模型中的每一个变量均可以在1%的显著性水平下拒绝存在单位根的原假设，这表明此处所采用的面板数据通过了单位根检验，所有的变量在1%的显著性水平下均是平稳的。

在表6-3中，第（1）列表示采用产业结构变动率指标衡量结构升级程度时的回归结果，第（3）列表示采用莫尔结构值指标衡量结构升级程度时的回归结果，第（2）列和第（4）列分别为将第（1）列和第（3）列中的解释变量替换为其一阶滞后变量以减轻模型存在的内生性问题的回归结果。从中可以看出，第（1）列和第（2）列的结果均显示制造业部门的结构升级对经济增长有着正向的推动作用，但该推动作用程度较小。另外，由于交互项 $upd \times agglo_{it}$ 前面的系数估计值在第（1）列和第（2）列均显著为正，故意味着资本和技术密集型行业部门的集聚能够通过进一步推动制造业部门的结构升级而加快城市经济增长的步伐。即在考虑产业集聚的作用之后，结构升级的增长效应得到了一定程度的增加。而第（3）列和第（4）列实际上通过将衡量结构升级的指标替换为莫尔结构值进一步印证了上述结论的稳健性。此处需要注意的是，由于莫尔结构值实际上与结构升级程度反向关联,故第(3)列和第(4)列 upd_{it} 以及交互项 $upd \times agglo_{it}$ 前面的系数基本上显著为负的估计值也表明了结构升级的增长效应以及产业集聚通过推动结构升级正向作用于城市经济增长的现象。

二 基于城市经济发展水平的分类讨论

在本章第二节的统计数据分析中,我们观察到经济发展水平较高的城市不仅制造业部门结构升级的绝对程度与增长幅度均明显高于经济发展水平较低的城市,同时,两类城市的产业集聚水平也存在较大的差距。经济发展水平较高的城市呈现出较高的资本和技术密集型行业的集聚程度,且集聚程度稳步增长。与之相反,经济发展水平较低的城市则普遍无法体现该类行业的空间集聚,集聚水平始终在低位停滞不前。以上经验事实启发我们在城市中分类讨论集聚与结构升级的作用。因此接下来,我们将利用基准计量模型进一步考察经济发展程度存在差异的城市之间制造业部门结构升级、产业集聚与经济增长之间的关联程度有何不同。

具体地,我们仿照上一章第三节的计量分析中对地级市的分类,仍将 225 个地级市在 1999—2007 年的各年份按照地区生产总值的大小进行降序排列,将地级市分为居前、居中和居后三组,将三组城市按照基准计量模型(6-6)分别进行组内回归,可得如表 6-4 所示结果(此处仅保留将解释变量替换为相应的一阶滞后变量时的估计结果)。

表 6-4　产业集聚和结构升级对经济增长作用的回归结果:
基于城市发展水平的分组(1999—2007 年)

	居前		居中		居后	
	(5)	(6)	(7)	(8)	(9)	(10)
L1	0.2175 (0.8901)	0.4683*** (0.0998)	0.3526** (0.1062)	-0.3784 (0.7502)	0.3770* (0.2071)	0.4055 (0.4978)
upd_{it}	0.1202** (0.0267)	-0.0848* (0.0496)	0.2039** (0.0603)	-0.2737*** (0.0507)	0.2293* (0.1295)	-0.3384 (1.2364)

续表

	居前		居中		居后	
	(5)	(6)	(7)	(8)	(9)	(10)
$upd \times agglo_{it}$	0.3385**	-0.2369**	0.1392**	0.1673	-0.4378	-0.4910
	(0.0896)	(0.0752)	(0.0427)	(0.5491)	(0.8905)	(0.7735)
edu_{it}	0.1982*	0.2039	-0.2647*	0.3840	0.2516**	0.1094***
	(0.1316)	(0.4682)	(0.1665)	(0.9951)	(0.0626)	(0.0215)
fis_rate_{it}	0.3239	0.0884	-0.4385	-0.2476**	0.3026**	0.2950***
	(0.5714)	(0.7227)	(0.8500)	(0.0709)	(0.0911)	(0.0446)
inv_rate_{it}	0.1665*	0.2566	0.2057*	0.4116**	0.2893	0.1572**
	(0.1081)	(0.5899)	(0.1224)	(0.1058)	(0.5670)	(0.0526)
mp_{it}	0.2780**	0.3188*	0.4791	0.3108***	0.3802	-0.2594
	(0.0692)	(0.1932)	(1.0298)	(0.0556)	(0.8855)	(0.9329)
观测值	560	560	696	696	544	544

在表6-4中，第（5）列、第（7）列和第（9）列均为将产业结构变动率作为衡量结构升级程度的指标时对应的回归结果，其余列均为将莫尔结构值作为衡量结构升级程度的指标时对应的回归结果。从该回归结果中可以看出，各年份地区生产总值位列居前组的城市的制造业部门结构升级对经济增长有着显著的正向影响，其对应的参数估计值至少在10%的显著性水平下显著不为零，但其正向影响程度较小，甚至落后于经济发展水平相对较低的城市。但若考虑结构升级中集聚因素的影响，前80位的城市组所对应的交互项 $upd \times agglo_{it}$ 的参数估计值至少在10%的显著性水平下显著不为零，而该交互项的作用在居中城市组和居后城市组基本上均不明显。因此，发达城市制造业部门结构升级的综合效应仍然在全国范围内居于领先地位，这说明在单纯依靠结构升级推动经济增长的发展模式遇到"瓶颈"时，资本和技术密集型行业的集聚仍然能够通过推动制造业部门结构升级强化其对增长的推动作用。综上所述，制造业部门结构升级以及产业集聚在经济发展程度较高的城市内发挥了较强的作用。而经济发展水平较落后的城市由于本身尚处于制造业部门结构升级的初期，技术密集型行

业的发展也普遍正处于起步阶段，还未能形成集聚并体现规模报酬递增和知识溢出效应，因此产业集聚所带来的好处仍不能在经济增长的过程中得到体现。

第四节 小结与讨论

在第四章和第五章分别基于城乡二元结构转变以及现代产业部门（第二产业和第三产业部门）之间的结构变动深入探讨分析集聚所起的重要作用之后，本章致力于从相对更加微观的视角入手，分析制造业部门内部结构变动（制造业结构升级）的过程中产业集聚所扮演的角色。通过对国内外相关研究文献的回顾，我们发现产业集聚和结构升级现象紧密关联。进一步地，通过基于地级市层面制造业部门微观数据的统计分析和实证分析，我们更加明确了制造业结构升级、产业集聚近年来在我国的发展状况以及在处于不同经济发展水平的城市之间存在的差异。具体而言，本章有两点主要的发现：

首先，从全国的层面看，制造业部门结构升级的程度在近年来呈现不断提高的趋势，但提高的速度和幅度均有限，这说明制造业结构升级在我国还有相当大的提升空间。通过基于地区生产总值加权平均的各项反映结构升级的指标可以发现，经济发展程度较高的城市普遍具有更高的结构升级程度，且以区位熵衡量的资本和技术密集型行业的集聚程度相对于落后城市而言也更强。另外，从具体的行业部门来看，金属制品业、通用设备制造业、铁路、船舶、航空航天和其他运输设备制造业以及计算机、通信和其他电子设备制造业四个细分行业部门在经济发展程度不同的城市之间体现出较大的结构升级程度差异。基于全国层面的实证研究结果表明结构升级对城市经济增长起到了一定的推动作用，在此基础上，资本和技术密集型行业的集聚能够更进一步地强化这一效应。

其次，基于经济发展水平不同的城市分组回归结果表明，制造业结构升级推动经济增长的表现在发达城市虽然显著但并不突出，然而这一增长效应能够得到集聚所带来的规模经济效应的进一步推动。而在其余城市，经济增长主要依靠单纯的结构升级发挥作用，产业集聚暂时还无法发挥应有的效果。其中的原因在于经济发展水平较低的城市刚开始经历制造业结构升级的历程，从而相关产业也并未能形成理想的集聚规模。总之，本章从制造业内部结构升级的角度再次指明了集聚在其中扮演的重要角色，验证了只有伴随集聚效应的产业结构升级才更能为城市经济增长注入活力的猜想。

基于上述结果，政府应在沿海等地的发达城市继续积极推动集聚效应的发挥，通过培育高新技术产业集群、合理引导集群发展、参与创建集群内部知识创新体系、构建集群创新平台等诸多形式强化集聚所带来的知识溢出效应，使先进知识和技术切实成为集聚区内企业的公共资源，降低知识传播成本，最大限度发挥集聚在产业结构升级中的作用。而对于内陆欠发达地区的城市，主要应致力于提高对知识和技术密集型产业的政策扶持力度，积极引进其发展所必需的技术支持和人才支撑，为产业结构升级创造良好的制度环境。

第七章 制造业专业化、多样化与城市生产率差异的分析

在前面的章节中，我们已经分别基于二元结构转变、产业间相互关联和产业结构升级的视角讨论了经济活动的集聚因素在区域及城市经济增长中发挥的作用。由于制造业部门在目前我国大多数城市经济的发展当中仍处于主导产业部门的地位，本章将以我国制造业部门的微观数据为例，进一步深入探讨产业结构和集聚形式差异（多样化和专业化）对城市生产率的影响。该部分需要解决的核心问题可以归结为：我国城市究竟应该基于何种标准选择多样化或专业化的发展道路？为了回答这一问题，首先必须对专业化和多样化的内涵做出合理的界定，进而确定两者的衡量指标。进一步地，本章将利用我国工业企业数据库以及城市层面的微观数据，深入分析我国的城市发展究竟更多受到由专业化带来的马歇尔外部性还是由多样化带来的雅各布斯外部性的影响。结果表明，虽然从全国整体上看，专业化或多样化程度对城市经济增长并不存在明显影响，但两者在不同经济规模和人口规模的城市内部的增长效应存在显著差异。基于制造业的视角，大城市主要获益于雅各布斯外部性的好处，而中小城市则主要受马歇尔外部性的推动。据此，我们也讨论了效应的政策含义。

第一节 对专业化与多样化相关理论文献的回顾与评说

一 对专业化与多样化的理论阐释

专业化（在部分文献里也被表述为"地方化"）这一概念源于区

域经济生产中的分工与合作。早在古典政治经济学时期，生产活动中的分工能够提高收益这一结论便得到了经济学家们的广泛认同。分工作为一种对发展现代生产力而言不可或缺的生产组织形式，指的是将原有经济主体或经济活动中所包含的不同操作工序和步骤加以分解，进而由不同的经济行为主体独立承担这些工序和步骤的演化过程。而专业化与分工实际上可以视为对同一事物出于不同角度进行解读的结果，专业化指的是将复杂的生产活动集中于较少的不同职能的操作上，即生产组织不断减少其生产活动中所涉及的职能和工序种类的过程，两者均可以视为提高劳动生产率的重要源泉。从某种意义上说，经济发展实际上是生产关系和生产方式变革的结果，而分工与专业化程度的不断完善则是这一变革的核心特征。

区域经济分工的物质基础在于自然资源禀赋的区域分布不平衡性、生产要素与商品的不完全流动性以及生产活动的不完全可分性，这使某些自然资源或生产要素较为丰富的地区常常集中了大量具有相对竞争优势的产品生产活动。区域经济分工实际上是社会分工在空间结构上的表现形式，是相互关联且受一定利益机制支配的社会生产体系在空间分布上存在的差异。杨开忠（1999）认为，区域经济分工主要可以通过区际贸易实现其专业化生产部门所生产的产品的价值，同时满足自身对由于相对比较劣势而无法大量生产的产品的需求，从而扩大区域的总体生产能力，推动区域经济增长。因此，区域经济分工与区际贸易的形成与演进是区域经济增长与发展的重要动力，区域专业化生产可以带动区域内其他生产部门的综合协调发展，从而形成部门完备、门类齐全、主导产业和辅助产业齐头并进的区域产业结构体系。

立足于某一具体区域的视角，区域经济分工即可视为区域生产的专业化。区域生产的专业化意味着区域生产活动集中于某些特定的生产部门。在很长一段时间里，古典政治经济学和区域经济学的研究者通常用国际贸易理论解释区域经济的专业化现象。根据古典政治经济学的观点，专业化不仅仅是单纯的经济因素，同时也是社会制度在生产领域的反映，专业化程度的提高可以促进生产工艺和生产流程的更新换代进程,完善相关制度,并由此实现长期的经济增长与福利水平的提高。由亚当·斯密(Adam Smith,1776)提出的绝对比较优势理论最早阐释了专业化生产、区际贸易与经济发展之间的关系,认为不同的国家由于各自存在的禀赋条件差异在不同的产品生产上具有自身的比较优势,因此,各国通过专业化生产自身具有比较优势的产品以及在此基础之上的区际贸易可以有效地实现规模经济。他进一步认为,任何区域都应该按照自身的优势条件组织相应产品的生产,以通过区际贸易提升区域的劳动生产率。然而,其绝对比较优势理论片面地强调了国家和区域所具有的资源禀赋优势,无法解释现实经济生活中许多不具有任何绝对比较优势的国家或区域参与国际分工与贸易并从中获利的现象,存在较为明显的缺陷。之后,大卫·李嘉图(David Ricardo,1817)基于相对比较优势的视角对专业化生产进行了解释,认为两个国家或区域之间必然存在劳动生产率之间的差异,而这种差异程度在不同的商品生产之间也是各不相同的。因此即使某个国家或区域在所有商品的生产上均处于绝对比较劣势,还是可以从事其中比较劣势最小的商品的专业化生产。同样地,即使某个国家或区域在所有商品的生产上均处于绝对比较优势,也不必从事所有商品的生产,只需选择其中比较优势最大的商品进行专业化生产即可。唯有如此,所有的国家和区域才都能从专业化生产和贸易中获得好处。随着现代经济学分析工具的发展,对专业化生产的探讨开始逐步被纳入以一般均衡理论为分析框架的新古典经济学研究范式之中。早期的代表性研究来自由赫克歇尔和俄林(Heckscher,1919;Ohlin,1933)共同创立的要素禀赋理论(简称H-O模型),该理论以传统的区位理论为基础,认为区域是贸易的基本单位,区位本身具有的特殊性是区际贸易广泛存在的根本原因。由于产业部门通常被限制在某一特定区域内无法移动,商品和生产要素也由于运输成本的存在而无法自由流动,因此区位的特殊性便引起了专业化分工的出现,进而带来成本节约和规模经济的好处。根据两位学者的观点,专业化分工产生的主要原因在于各区域要素禀赋存量丰裕程度之间的差异,这进而导致了要素相对价格、商品相对价格以及劳动生产率的差异。若某一国家或区域密集使用其存量相对丰富的要素禀赋展开相应的专业化生产，即可以获得由于低廉的要素成本而产生的比较优势。进一步地，国家或区域应集中对外出口自身具有要素禀赋优势的产品。要素禀赋理论在创立之初产生了相当广泛的影响，但到了20世纪50年代，里昂惕夫（Liontief，1955）通过实证研究所发现的美国主要出口资本密集度相对较低的商品这一经验事实却使该理论遭遇了巨大的挑战。另外，随着经济发展而在区域间大量出现的产业内贸易现象也超出了早期的新古典经济学理论所能解释的范围，这就需要进一步的理论创新来为专业化生产和分工提供令人信服的合理解释。

进入20世纪80年代，新经济地理学的出现及其对新古典经济学分析范式的修正为进一步阐释专业化生产和分工提供了可能。新经济地理学的代表人物克鲁格曼（Krugman，1980）修正了以往规模报酬不变的假设，将迪克西特和斯蒂格利茨（Dixit & Stiglitz，1977）的不完全竞争模型引入对专业化生产和分工现象的分析之中，提出了阐释专业化生产行为的新贸易理论。新贸易理论认为，区域专业化生产和区际贸易的原因不仅仅在于区域的比较优势或充裕的要素禀赋，还在于规模收益递增的效应。要素禀赋的差异决定了专业化分工的区域结构，而规模收益递增效应则刺激了区际产业内贸易的产生。在不完全竞争的市场结构中，即使各区域的要素禀赋完全一致，也会产生差异化产品之间的产业内贸易。随后，在20世纪90年代，克鲁格曼和藤田（Krugman，1991；Fujita，1999）进一步整合了区域分工理论、贸易理论以及经济增长理论，将区域专业化解释为规模经济效应驱动下的空间自强化过程。即一开始，区域经济分工可能由某些偶然性因素、地理因素或历史因素的共同作用所形成，而后一旦这一格局开始孕育，就会通过产业间的前向关联和后向关联效应形成因果累积循环，最终使区域经济在专业化生产的前提下走上非均衡发展的道路（如第三章中提及的所谓"核心—外围"格局）。

相对于专业化而言，多样化（在部分文献里，"多样化经济"也被表述为"城市化经济"）这一范畴较晚被纳入经济学的研究视域。作为在区际分工中与专业化对应的生产组织形式，该概念通常被用来描述生产活动的类别丰富程度，即产业结构比例的动态变化过程。前述马歇尔（Marshall，1890）所总结概括的集聚经济能够带来的三类好处实际上也暗含着多样化所意味着的收益。随着对城市经济发展的深入探索，人们逐渐认识到不仅在同一产业的内部，在多个产业之间也同样存在集聚所带来的规模经济效应。雅各布斯（Jacobs，1969）率先提出"城市化经济"这一概念，认为城市内部生产结构的多样化可以使其有效避免因产业结构单一所带来的需求层面的冲击，并且能够充分利用产业之间的交叉关联效应。具体而言，同一城市内不同产业的生产部门都需要同时使用一些公共基础设施，通过对这些基础设施的共享，城市内部的生产者不仅可以选择多样化的投入品，而且所需支付的成本也相对较低；另外，当城市面临需求结构调整的冲击时，多样化生产要素储备的存在及其流动性能够有效应对某些产业需求减少而另一些产业需求增加的情形，从而维持城市经济的稳定发展；最后，专业生产技术在各产业中的推广应用也使技能匹配程度提高，这同样可以使各厂商获得多样化所带来的好处。亨德森（Henderson，1972）通过对服装业和纽扣业布局的实证研究，发现了多样化生产所能提供的好处，即在地理上相互接近的生产活动能够通过中间投入品的分享而获取额外的收益，这也是较早在经验上证实多样化正外部性的研究之一。赫尔斯利和斯特兰奇（Helsley & Strange，1990）进一步利用理论模型证明彼此具有差异性的大量厂商与生产要素在同一区域内的集聚能够增加技术层面的匹配程度，从而降低厂商的培训成本。

在此基础上，费尔德曼和奥德雷奇（Feldman & Audretsch，1999）从创新的视角审视了多样化生产所带来的好处。他们发现在大城市中，知识的溢出效应往往在产业内部和产业之间同时出现，生产多种产品的城市可以被视为培养创新性生产活动的重要基地，由于地理上的接近性，具有不同知识背景的劳动力之间的信息交换和融汇变得容易，这使创新性思想更频繁地被激发出来，从而为设计和生产更多新产品奠定良好的基础，形成多样化生产的良性循环。进入20世纪以后，相关研究又基于许多新的视角对多样化经济的形成机制进行阐释。例如，阿兰德等（Aarland et al.，2003）指出现在越来越多的集团型企业将大量支出用于会计服务、广告宣传以及法律咨询服务，而这些集团型企业总部的集聚将会有助于其有效分享以上所提及的商业性服务。杜兰顿和普加（Duranton & Puga，2005）也在研究中指出产业层面的专业化生产已经不能代表现代城市经济体系中的分工演变趋势，取而代之的将是大型城市致力于实现高级服务和管理等功能，中小型城市致力于产品生产的职能专门化趋势，这使大型城市日益成为多样化企业生产型总部的集聚地。从以上理论研究的发展演变中可以发现，对专业化和多样化生产的探讨已不仅局限于传统的区际（国际）分工和贸易理论框架，而是越来越多地借助于空间经济学的严格理论模型展开具体的分析。

在分别探讨专业化和多样化的形成机制以及各自带来的收益的基础上，国内外相关研究开始进一步关注在同一区域内部专业化与多样化生产并存的原因以及各自演变的趋势。其中，理论研究主要基于城市内部结构、城市间空间关系以及城市体系三个视角分析专业化与多样化生产并存的机制。

第一，基于城市内部结构的理论模型。这一类模型以一般均衡分析为基础，假定劳动力在区域之间能够自由流动，并且最终产品市场为完全竞争市场。亨德森（Henderson，1974）在其构建的理论模型中指出产业在城市内部的集中能够获得所谓"马歇尔外部性"（详见本章第三节）的好处，这一好处与人口拥挤所带来的负外部性共同决定了城市的最优规模。由于在该模型的设定中，不同产业部门的最优集聚规模也各不相同，因此有效的城市经济体系意味着完全的专业化生产模式。然而，亨德森的理论模型存在较为严苛的前提假定亟待修正。拉赫曼和赫沙姆（Rahman & Hesham，1990）引入了中间产品的垄断竞争改进了亨德森模型中将最终产品生产过程视为"黑箱"的假定，并将城市生产部门所生产的最终产品拓展为贸易品以及非贸易的必需品两种类型，最终产品的生产需要中间投入品生产的差异化，中间投入品种类的增加能够降低最终产品的生产成本。在该模型中，城市经济体系由于非贸易品的存在而无法完全实现专业化，但当城市规模不断扩张时，居民收入的增加以及生产效率的提升都促使城市对进口产品产生更多需求。由于大型城市能够以更加专业化的形式组织生产贸易品以满足居民的消费需求，因此，该模型认为城市的规模大小应与其生产专业化程度成正比。在此基础上，拉赫曼等（Rahman et al.，1993）认为多样化来源于范围经济所带来的收益，并建立了一个考虑两类产品部门和三种生产技术类型的理论模型。其中，第一类生产技术需要一定数目的初期劳动力固定投入，并以递增的边际生产成本生产产品；第二类生产技术仅需要递增的边际生产成本生产产品；第三类生产技术需要使用一定数目的初期劳动力固定投入和递增的边际生产成本生产两类产品。在模型中，最终产品均可在城市之间进行自由贸易。由此，该模型得出使用前两类生产技术的城市将从事专业化生产，而使用第三类生产技术的城市将从事多样化生产的结论。同时，城市之间形成的生产组织格局将可能呈现纯专业化均衡、纯多样化均衡以及专业化和多样化混合均衡的形式，这取决于初期的固定投入与边际生产成本的相对大小。在混合均衡的生产组织格局下，采取多样化生产形式的城市需要更多的初期前置劳动力固定投入，因此采取多样化生产形式的城市在规模上大于采取专业化生产形式的城市。

第二，基于最终产品运输成本的城市间空间关系模型。此类模型最初受到在第三章中提及的著名古典区位论学家克里斯塔勒（Christaller，1933）所提出的"中心地"学说的启发，假定市场中存在非耐用品和耐用品两类最终产品，且两类最终产品的市场需求范围由各自运输成本的大小以及规模经济效应的程度所决定。在均衡状态下，各城市将自发形成一个分工明确的城市等级体系。在该城市等级体系下，第一级别的城市（低级城市、外围城市）仅仅生产非耐用品以满足本地市场的需求，第二级别的城市（高级城市、中心城市）需同时从事非耐用品和耐用品的生产并将耐用品出口至第一级别的城市。由此可知，外围城市主要从事专业化生产，中心城市主要从事多样化生产。伊顿和利普赛（Eaton & Lipsey，1982）运用严格的数学方法证明了在如上前提设定下所形成的城市等级体系中出现专业化生产和多样化生产在城市间分工的可能性。然而,拉赫曼和赫沙姆(Rahman & Hesham,1996)通过在前述亨德森(Henderson,1974)的模型中加入递增的运输成本这一因素却得出了与之相反的结论,即该城市等级体系下只可能存在纯专业化生产或纯多样化生产的均衡,至于具体出现何种类型的均衡则由运输成本和区际交易成本的大小所决定。藤田和克鲁格曼(Fujita & Krugman,2000)运用新经济地理学的分析框架重新审视了专业化和多样化模式选择的问题,假定经济体中存在农业部门和制造业部门,制造业部门生产具有差异化的产品,则消费者和厂商各自的最优化行为可以决定城市规模的大小。在模型最终的多重均衡中,不同规模的城市将随着运输成本的变化而不断演化发展。其中初始的中心城市将保持生产所有类型的商品,而外围的新兴城市将专门生产某种运输成本较高的商品。由此而形成的城市等级体系中,从事多样化生产的中心城市将与从事专业化生产的外围城市并存。

第三,考虑城市经济动态演化的理论模型。例如布勒兹和克鲁格曼(Brezis & Krugman,1997)所构建的一个描述城市经济动态演化的一般均衡模型,该模型考察了城市内部的产业结构和产业集聚形式在新旧技术更替以及生产效率提高的条件下演变和调整的一般规律。阿米提(Amiti,1998)在垄断竞争市场的分析框架下讨论了城市经济的所谓"蛙跳式发展"(leapfrogging)现象。杜兰顿和普加(Duranton & Puga,2001)进一步提出了"实验室城市"的概念以拓展这一方面的研究,他们认为从事专业化和多样化生产的城市在产品生命周期的不同阶段扮演着不同的角色。其中,从事多样化生产的综合性大城市提供了企业在实现产品创新和工艺改进中的"实验室",凭借其自身所具有的多样化产品生产以及丰富的生产流程为新思想和新知识的创造提供了理想的环境,这些新思想和新知识可以进而指导新产品的生产。在理想的生产流程得到充分开发之后,在多样化城市内从事对应产品生产所获得的超额利润便会因为租金、工资以及运输成本的影响而不断下降,这意味着新产品在多样化城市内的生命周期即将终结,相关企业将迁移至其他外围城市从事专业化生产,享受地方化经济所带来的低生产成本的好处。即多样化城市适宜产品生命周期中的较早阶段，专业化城市适宜产品生命周期的较晚阶段。

从以上的理论研究成果中可以看出，完整的区域城市体系应同时包含从事专业化和多样化生产的两类城市。其中，专业化城市的发展主要源自于地方化经济的好处，有利于提高生产效率，适宜于产品生命周期进入成熟期的企业，而多样化城市的发展主要源自于城市化经济的收益，有利于创新活动的开展，适宜于处于产品生命周期早期的企业。两类城市在功能上具有一定程度的互补性，规模较大的中心城市通常采取多样化的集聚形式，而规模较小的外围城市通常采取专业化的集聚形式。

二　对专业化与多样化的经验研究

从国内外相关经验研究的主要成果看，对于专业化和多样化的实证分析主要基于以下几个方面展开：

第一，专业化和多样化对区域经济创新活动的影响。该类研究主要侧重于分析区域经济采取何种专业化和多样化并存的生产组织形式（集聚形式）才能最大限度地推动创新活动的开展，最初通常以某一具体区域案例研究的形式呈现。其中，包括斯科特（Scott，1988）对意大利罗马等地小型制造业集聚区、萨克斯尼扬（Saxenian，1994）对美国硅谷电子产业集聚区以及基布尔等（Keeble et al.，1999）对英国剑桥地区电子和生物工程产业集聚区的实证研究等。这些研究普遍表明由从事多样化生产的企业集聚形成的产业区相对于大型专业化产业区更具创新的活力，且多样化企业由于空间集聚而产生的知识溢出效应相对更强。前述费尔德曼和奥德雷奇的研究（Feldman & Audresch，1999）利用美国1982年3969项不同产品的相关创新数据揭示了美国高达95%以上的创新活动都集中在大都市区这一经验性事实。为了进一步探讨专业化和多样化对于城市经济创新活动的影响，他们将所有涉及的四位数行业按照共同的科技水平基础进行分类，发现具有共同科技水平基础的行业在空间上趋于集聚，同时发现产业专业化对于创新活动有显著的抑制作用，而具有相同科技水平基础的产业多样化则对于创新活动有着显著的正向推动效应。使用其他国家类似样本数据的实证研究同样得到了相似的结论，即多样化更有利于创新活动的开展。例如帕西和乌赛（Paci & Usai，1999）对意大利的高新技术产业进行研究，并以劳动力市场作为研究的区域单位，结果显示行业的多样化程度提高更有利于意大利高新技术产业的技术创新活动。欧特（Oort，2002）对荷兰部分产业的实证研究发现产业多样化程度较高的地区往往集中了较多数量的创新型企业。格勒伦兹（Greunz，2004）对153个欧洲国家中的16个制造业部门的研究表明专业化和多样化都会通过自身的外部性对创新活动带来显著的正向影响，但其中多样化在产业活动高度集聚的地区以及高附加值的制造业部门内部较之专业化更加能够为创新活动带来积极的贡献。为数不多的例外研究来自马萨德和瑞欧（Massard & Riou，2002）对法国制造业部门分析的结果，这一研究表明产业专业化对创新活动有着显著的抑制作用，而产业多样化则并不显著影响技术创新。

第二，专业化和多样化对区域经济增长的影响。针对专业化和多样化这两类集聚形式对区域经济增长的不同影响展开分析的经验研究较为丰富。其中，大部分研究着力于探寻专业化形式的产业集聚对区域经济产出和增长绩效的影响。最初的研究来自亨德森（Henderson，1986）对产业产出弹性的估计，亨德森通过计算发现，美国各产业的产出弹性普遍集中于0.02至0.11之间，即某一产业的产出增加1%（可以代表产业的规模扩张与集聚）能够带来区域经济劳动生产率大约0.02至0.11个百分点的提升。其中，石油产业的产出弹性相对最高，其专业化集聚对经济增长的贡献也相应最大。穆恩和哈奇森（Mun & Hutchinson，1995）使用生产率弹性作为指标，利用加拿大的城市数据对写字楼市场的集聚收益进行了估计，得出写字楼市场所涉及的行业的生产率弹性约为0.27，且商业部门的专业化集聚收益要大大超出制造业部门的专业化集聚收益，位于城市中心区域的产业部门较之其他产业部门也同样能够带来更多的专业化集聚收益。罗森萨尔和斯特兰奇（Rosenthal & Strange，2003）以邮政编码区为单位估计了美国6类产业部门的专业化集聚效应，发现计算机软件业的专业化集聚效应达到了相当可观的水平，即若某一邮政编码区内的计算机软件业的初始就业水平比其他地区多出1000人,则该区域计算机软件业的就业岗位增长率将平均比其他地区高出1.2个百分点左右。总之,大部分经验研究的结果都显示专业化集聚效应对地区经济增长(产出和就业)具有显著的正向影响。然而,布拉德利和甘斯(Bradly & Gans, 1998)对澳大利亚1981—1991年城市人口以及劳动力增长情况的研究却得出了与之相反的结论,即城市经济的专业化水平以及城市规模均与城市经济增长率之间呈现显著的负相关关系。

除此之外,另一部分研究主要针对多样化这一集聚形式如何影响企业和区域经济增长展开具体的探讨。例如,阿塔兰(Attaran, 1986)对美国50多个地区的生产多样化水平、失业率与人均收入之间的关系进行了实证检验,发现多样化水平与失业率和人均收入之间均存在负相关的关系,即多样化水平较高的地区通常具有较低的失业率和人均收入,从而多样化对区域经济增长的影响体现为正负两个方面。奎恩里(Quigley, 1998)考察了产业多样化程度对城市经济增长的影响,发现对于大城市而言,其产业多样化的发展程度无论在过去、现在还是未来都构成了经济发展和居民生活水平提高的重要来源。汉森(Hanson, 2001)的实证研究也发现拥有众多差异化产业的城市往往相对于其他城市有着更快的产业产值增长速度,即多样化能够有效推动城市经济的增长。罗森萨尔和斯特兰奇(Rosenthal & Strange, 2004)估算了美国的城市生产率相对于人口规模的弹性,发现这一数值大多介于0.03至0.08之间。在此基础上,他们发现产业多样化能够同时促进企业产值和就业规模的增长,这一点在高新技术产业领域尤其显得突出。

其余相关研究集中关注专业化和多样化两种集聚形式对区域经济推动作用的比较。格莱泽(Glaeser, 1992)首先将专业化和多样化的效果加以区分,考察了区域产业集聚对经济增长的影响,其中以专业化、多样化以及竞争程度作为产业集聚的指标,以就业人数的增长衡量经济的增长情况,利用美国1956—1987年170个城市的部分典型细分行业数据得出了多样化的集聚形式更能推动就业增长的基本结论。亨德森等(Henderson et al., 1995)的研究发现专业化的集聚形式（同类产业的集聚）在发展相对成熟的产业中表现出更加显著的正向外部性，但创新型产业的成长则更依赖于建立在多样化基础上的集聚。进一步地，亨德森（Henderson，1997）利用 5 个资本品制造业部门的面板数据进行拓展研究，并再次证实了多样化相对于专业化能够带来更大的产业集聚外部效应。库姆斯（Combes，2000）对法国 52 个工业部门以及 42 个服务业部门的实证研究表明专业化和多样化集聚所产生的效果在工业部门中间并不显著，而在服务业部门中，多样化集聚带来的增长效应显著为正，专业化集聚则显著抑制了产业的增长。卢西奥等（Lucio et al.，2002）采用了与格莱泽（Glaeser，1992）相似的分析方法，同样以就业人数的增长率衡量经济的发展程度，以 1978—1992 年西班牙 26 个制造业细分行业部门的相关面板数据为样本探究了产业集聚形式与区域经济增长之间的关系，发现专业化的集聚形式对经济增长有着不显著的正向作用，而多样化的集聚形式则有着显著的增长效应，这也间接支持了格莱泽的观点。巴蒂斯（Batisse，2002）利用我国的省级面板数据检验了专业化和多样化程度对于经济增长的影响，同样认为多样化的工业环境对于经济增长有利，而专业化生产水平则与经济增长负相关。近年来，部分研究还发现了多样化、专业化与区域经济增长之间存在非线性关系。例如，弗里奇和斯拉夫切夫（Fritsch & Slavtchev，2007；2010）的实证研究便发现对于某些技术密集型行业（如电子产品加工制造业）而言，其专业化和多样化程度均与行业产值增长水平存在倒"U"形的关系，即无论是专业化还是多样化的水平过高，均不利于某些特定行业的持续增长。

而在国内，许多研究已经利用我国的微观数据考察专业化经济和多样化经济在我国城市经济增长中的贡献。薄文广（2007）利用我国 29 个省级行政区 25 个产业部门的面板数据研究了专业化和多样化所带来的外部性对经济增长的影响，结果发现专业化程度在全国范围内与经济增长呈现显著的负向关系，而多样化程度与经济增长的关系则呈现出非线性的表现形式，即较低的多样化程度不利于经济增长，而较高的多样化程度则有利于经济增长。贺灿飞和潘峰华（2009）利用我国 2000 年和 2005 年地级及以上城市两位数制造业部门的数据得出了类似结论，同样发现多样化程度只有在达到一定水平之后才能显著推动城市经济增长，但其同时也发现专业化程度对城市经济增长同样存在积极的影响，只有当专业化程度超过一定水平之后，其对城市经济增长的阻碍作用才会逐步体现出来。傅十和和洪俊杰（2008）利用了我国2004年制造业普查数据对不同规模的企业在不同规模的城市中主要受益于地方化（专业化）经济还是城市化（多样化）经济的外部性展开了实证研究，该研究依据人口数量将城市按规模大小分为中型城市、大型城市、特大型城市和超大型城市，并依据产值和雇用劳动力数量将企业按规模大小分为小型企业、中型企业和大型企业。结果显示在控制了人力资本外部性以及城市经济的规模效应等变量之后，从城市规模的角度看，中型城市以及大型城市较多体现为受到专业化集聚效应的影响，而特大型城市和超大型城市显著表现为受多样化集聚效应的影响。而从企业规模的角度来看，小型企业在中型城市以及大型城市主要得益于专业化（行业内集聚）所带来的规模经济效应，在超大型城市和特大型城市则主要得益于多样化（行业间集聚）所带来的范围经济效应，对于中型企业而言，其在大型城市、特大型城市和超大型城市中都显著受专业化集聚所带来的正外部性影响，但只在特大型城市中才显著受益于多样化集聚所带来的好处，至于大型企业，则基本在所有规模类型的城市中均主要受益于专业化集聚，多样化集聚只能解释极少部分的企业生产率增长。任晶和杨青山（2008）从知识溢出效应的角度研究了我国城市内部的产业集聚现象，利用我国31个省会城市以及直辖市1997—2006年的产业数据进行实证分析发现产业的多样化集聚能够有利于促进创新活动的产生和知识的溢出，从而对城市经济增长产生正向的影响。李金滟和宋德勇（2008）利用2003—2005年我国地级市层面的数据研究了城市专业化和多样化集聚形式对发挥集聚效应的影响，结果表明由于消费者和生产者对多样化的偏好存在自我强化的集聚机制，故多样化经济更有助于集聚效应的发挥，专业化经济对集聚效应的贡献则相对较弱。可以看出，上述国内研究成果均大体支持多样化经济对我国城市经济增长能够起到更大的正向促进作用。

然而，另一些实证研究所得出的结论却与此不同甚至完全相反。赵建吉和曾刚（2009）以我国中原城市群的9个地级市为例，发现其中专业化生产发挥了更大的增长效应，而多样化程度甚至对经济增长起到了负向的影响。傅十和等（2010）的研究表明我国产业多样化程度与失业率之间呈现显著的正相关关系，多样化程度一个百分点的上升将同时导致失业率0.04个百分点的增加。苏红键和赵坚（2011）首次引入了所谓"职能专业化"的概念，从而将专业化程度区分为产业专业化和职能专业化，认为两类专业化的水平均与城市经济增长和知识溢出效应之间有着非线性关系，同时均存在一个能发挥最大增长效应的临界点，鉴于我国目前两类专业化程度均处于较低水平的现实，大力发展专业化经济更有利于促进城市经济的增长。

第二节 地方化经济与城市化经济之模式争论的理论和经验分析

一 城市体系演进过程中的专业化与多样化：一个经典的理论模型

通过对现有相关文献的回顾，可以发现由于专业化和多样化生产模式的选择与城市的规模大小密切关联，而城市规模本身又可以视为在城市体系的形成与发展过程中被内生决定的变量，故对经济增长过程中城市体系与等级结构的深入剖析将有助于我们更好地理解专业化与多样化如何内化于经济主体的最优化选择以及相互作用所形成的均衡中。田渕和蒂斯（Tabuchi & Thisse）基于新经济地理学的分析框架构建了一个富有启发意义的理论模型，深入阐释了城市等级体系中的某些城市通过吸收各类现代产业部门扩大自身规模并形成多样化生产方式的机制。因此，对该模型的简要回顾将为本章后续的经验分析提供必要的理论支撑。

（一）模型的基本假设

该模型参照克里斯塔勒的"中心地"理论，将经济体简单视为一个长度为 1 的圆周，经济体中的城市和人口只能选择在圆周上进行布局。在生产方面，与一般的设定类似，经济体中存在两类生产部门，即农业部门和制造业部门。其中，农业部门使用农村劳动力（无法在城市间自由流动）生产同质农产品，且农产品市场完全竞争，农业生产呈现规模报酬不变的特征，农产品在不同城市之间的运输不耗费任何成本；制造业部门使用城市产业工人（可以在城市间自由流动）生产不同种类的工业品（每类制造业部门的每个下属企业均生产且只生产一种工业品，即工业品种类与所有制造业部门下属企业的总数量相等），且工业品市场采取垄断竞争的市场结构，制造业生产呈现规模报酬递增的特征，工业品在不同城市之间的运输会耗费数量为正的运输成本。另外，经济体的劳动力总量被单位化为 1，其中城市产业工人所占的比例为 μ，农村劳动力所占的比例为 $1-\mu$，每个劳动力均无弹性地提供单位数量的劳动力。由于城市产业工人在城市内部进行生产，故令城市的下标为 c（其总数为 C），制造业部门的上标为 i（其总数为 I），则可设服务于第 c 个城市第 i 个制造业部门的劳动力数量为 λ_c^i。

在农业部门所采用的生产技术中，每单位的劳动力投入可以生产 1 单位的农产品，由于农业部门的规模报酬不变，故每个农村劳动力的工资水平均等于其边际产出，即为 1。对于制造业部门的生产技术而言，每单位的由第 i 个制造业部门所生产的工业品需要投入 f^i 单位的城市产业工人，另外还需要消耗 m^i 单位的农产品。容易发现，若假设第 c 个城市第 i 个制造业部门所生产的工业品种类数量为 n_c^i，则对于该城市的某一制造业部门而言，城市产业工人供求相等的市场出清条件应为 $f^i n_c^i = \lambda_c^i$。同时，第 c 个城市的规模可以简单地用其中所居住的城市产业工人数量加以衡量（这与本章第三节经验分析中所采取的度量指标也基本吻合），即 $\sum_{i=1}^{I} \lambda_c^i$。另外，城市所拥有的制造业部门的数量也与其生产多样化或专业化的程度密切关联。

（二）经济主体的最优化决策

此处，该模型将代表性经济主体的最优化行为分解为两个步骤，

第七章 制造业专业化、多样化与城市生产率差异的分析 / 173

并采用求解子博弈精炼纳什均衡的递归法展开具体分析。在第一个阶段，代表性城市产业工人选择其居住和工作的城市以及所从事的具体工作（进入哪个制造业部门），代表性厂商也会选择其坐落的城市。在第二个阶段，代表性厂商制定工业品的价格，代表性消费者（包括农村劳动力和城市产业工人）选择各类产品（农产品和工业品）的最优消费量以实现自身的效用最大化。首先，模型对第二个阶段的均衡进行求解（此时代表性消费者所居住的城市以及所在的制造业部门均已通过第一个阶段的最优化决策给定），为此必须给出代表性消费者的效用函数，其形式如下所示：

$$U = \sum_{i=1}^{I} \alpha^i \ln \left[\int_0^{n^i} q^i(\nu)^{\frac{\sigma^i-1}{\sigma^i}} d\nu \right]^{\frac{\sigma^i}{\sigma^i-1}} + H \qquad (7-1)$$

在上式中，α^i 表示代表性消费者赋予第 i 种工业品的权重，n^i 表示代表性消费者所在城市第 i 个制造业部门的下属企业所生产的工业品的种类数（即第 i 个制造业部门下属企业的数量），$q^i(\nu)$ 表示代表性消费者对第 i 个制造业部门所生产的第 ν 类工业品的需求量，σ^i 表示代表性消费者在两类不同的工业品之间的替代弹性，从中可以看出消费者对工业品多样化的需求，H 表示代表性消费者对农产品的消费量。在此基础上，代表性消费者的预算约束如下所示：

$$\sum_{i=1}^{I} \sum_{c=1}^{C} \int_0^{n^i} p^i(v;x_c,x) q^i(v;x_c,x) dv + H = w(x) + \overline{H} \qquad (7-2)$$

从上式中可以看出，居住在第 x（其代表城市在圆周上的具体坐标位置）个城市的代表性消费者需要消费所有制造业部门所生产的各类工业品，这意味着其不仅需要消费所居住的城市中的制造业部门所生产的产品，还需要消费其他城市中的制造业部门所生产的产品。又由于工业品在不同城市之间的运输会产生运输成本，故城市之间的空间距离会影响工业品的价格水平，此处用 x_c 代表生产消费者所消费的工业品的制造业部门所处城市的具体区位，则其对应价格以及消费者的需求量即可分别用 $p^i(v; x_c, x)$ 和 $q^i(v; x_c, x)$ 来表示。在该模型中，运输成本与空间运输距离呈同向变动关系，若设将布局于第 c 个城市的第 i 个制造业部门所生产的工业品运送至第 x 个城市所花费的

运输成本为 $\tau^i(x_c, x)$，则其表达式如下所示：

$$\tau^i(x_c, x) = m^i(\tau^i)^{\min\{|x_c-x|, 1-|x_c-x|\}}$$

该式主要表明代表性企业在运输工业品时，总是选取圆周上两座城市之间的最短距离（弧长）进行运输。此处，m^i 作为生产单位工业品所需要的农产品数量，可以视为第 i 个制造业部门所生产的工业品的边际成本，为简化分析，可以该边际成本进行单位化处理。同时，式中的 τ^i 作为衡量运输过程中产品损耗率的指标，也可以简单视为在各制造业部门之间相同，即 $\tau^i = \tau$（$i = 1, 2, \cdots, I$）。进一步地，$w(x)$ 表示消费者通过在所居住的城市的制造业部门工作所取得的工资收入，而 $\bar{H}$ 表示维持消费者生存所必需的农产品消费量（即农产品消费的最低门槛）。

由于在模型的对称性均衡中，布局在同一城市内的所有工业品生产企业均会制定相同的工业品价格，因此我们在讨论工业品价格时，可以暂时省略对具体工业品种类的考虑。根据上述代表性消费者的效用函数和对应的预算约束，我们可以利用最优化条件推导出居住于第 x 个城市的消费者对于布局于第 c 个城市的制造业部门所生产的工业品的需求函数，如下所示：

$$q^i(x_c, x) = \alpha^i \frac{p^i(x_c, x)^{-\sigma^i}}{P^i(x)^{-(\sigma^i-1)}}, P^i(x) \equiv \left[\sum_{c=1}^{C} n_c^i p^i(x_c, x)^{-(\sigma^i-1)}\right]^{\frac{-1}{\sigma^i-1}}$$

(7-3)

在上式中，我们发现消费者的需求主要受到工业品价格、两类工业品之间的替代弹性以及消费者所居住的城市中所生产的所有工业品的价格指数 $P^i(x)$ 的影响，将该需求函数代入消费者的效用函数并进行整理与化简，可得如下间接效用函数的形式：

$$V^i(x) = \sum_{j=1}^{I} \alpha^j [\ln \alpha^j - 1 - \ln P^j(x)] + w^i(x_c) \quad (7-4)$$

其中，$w^i(x_c)$ 表示布局于第 c 个城市的第 i 个制造业部门支付给其工人的工资水平。此时，在代表性消费者已经做出居住和工作决策之后，第 c 个城市的总人口可以表示为 $\Lambda_c = \sum_{j=1}^{I} \lambda_c^j$，即城市内所有制造业部门所雇用的工人数量之和,且该变量在第二阶段博弈中可以被视为已经给定的外生变量。由此,代表性厂商的利润最大化问题也可以得到解决,写出布局于第 c 个城市的制造业部门 i 的下属代表性厂商的利润函数,如下所示:

$$\pi_i(x_c) = \sum_{d=1}^{C} \Lambda_d [p^i(x_c, x_d) - \tau(x_c, x_d)] q^i(x_c, x_d)$$
$$+ (1-\mu) \int_0^1 [p^i(x_c, x) - \tau(x_c, x)] q^i(x_c, x) dx - f^i w^i(x_c)$$

$$(7-5)$$

上式等号右边的第一项表示代表性厂商将所生产的产品出售给居住在各个城市的制造业工人所获得的净收益,第二项表示代表性厂商将所生产的产品出售给均匀分布在经济体中的农村劳动力所获得的净收益,第三项表示代表性厂商支付给生产工业品的劳动力的总工资成本。虽然代表性厂商可以通过选择工业品的出售价格使自身的利润达到最大化,但由于其面临着一个完全竞争的劳动力市场,厂商只能将劳动力的工资水平视为给定的外生变量。通过求解使利润函数式(7-5)最大化的问题,容易得到均衡状态下厂商的最优价格水平(当然,考虑到对称性均衡的存在,该价格水平在各城市以及各制造业部门之间均相等):

$$p^i(x_c, x) = \frac{\sigma^i}{\sigma^i - 1} \tau(x_c, x) \qquad (7-6)$$

将式(7-6)代入式(7-3)中的工业品价格指数 $P^i(x)$,可以得到如下结果:

$$P^i(x) \equiv \left[\frac{\sigma^i}{\sigma^i - 1} \sum_{c=1}^{C} n_c^i \phi^i(x_c, x)\right]^{\frac{-1}{\sigma^i - 1}}, \phi^i(x_c, x) \equiv \tau(x_c, x)^{1-\sigma^i}$$

$$(7-7)$$

在式(7-7)中,变量 $\phi^i(x_c, x)$ 可以衡量居住在某个特定城市的代表性消费者获得各类工业产品的容易程度。若工业品在城市间的运输成本持续下降,则消费者便越容易获得这些工业品,其生活成本也会随之下降。因此,如果越来越多隶属于第 i 个制造业部门的企业选择在代表性消费者所居住的城市附近布局,则消费者所面临的工业品价格指数将随着运输成本的节约而不断降低。进一步地，代表性厂商支付给消费者的均衡工资水平可以根据代表性厂商的零利润条件以及劳动力市场的供求均衡条件共同决定。将决定最优价格水平的式（7-6）代回厂商的利润函数式（7-5），令其为零，再利用 $fn_c^i = \lambda_c^i$ 这一均衡条件，可以得到布局于第 x 个城市的第 i 个制造业部门支付给工人的均衡工资水平，如下所示：

$$w^i(x) = \frac{\alpha^i}{\sigma^i} \left[\sum_{d=1}^{C} \frac{\Lambda_c \phi^i(x, x_c)}{\sum_{d=1}^{C} \lambda_d^i \phi^i(x_d, x_c)} + \int_0^1 \frac{(1-\mu)\phi^i(x_d, x_a)}{\sum_{d=1}^{C} \lambda_d^i \phi^i(x_d, x_a)} dx_a \right]$$

(7-8)

在式（7-8）中，x_c 仍然代表居住在第 c 个城市的代表性消费者所处的坐标位置，而 x_d 则代表布局于第 d 个城市的代表性厂商所处的坐标位置，x_a 表示经济体中的农村劳动力所处的坐标位置。可以看出，经济体中的第 i 个制造业部门所雇用的劳动力在城市内部的布局情况以及劳动力在整个经济体范围内的总体布局情况均影响着均衡工资水平。正因为如此，各制造业部门以及各城市内部的均衡工资水平必然存在差异。将包含代表性厂商最优价格决策的工业品价格指数以及均衡工资水平代入代表性消费者的间接效用函数式（7-4）并进行化简与整理，可得：

$$V^i(x_c) = \sum_{j=1}^{I} \frac{\alpha^j}{\sigma^j - 1} \ln \left[\sum_{d=1}^{C} \lambda_d^i \phi^i(x_d, x_c) \right]$$

$$+ \frac{\alpha^i}{\sigma^i} \left[\sum_{d=1}^{C} \frac{\Lambda_c \phi^i(x, x_c)}{\sum_{d=1}^{C} \lambda_d^i \phi^i(x_d, x_c)} + \int_0^1 \frac{(1-\mu)\phi^i(x_d, x_a)}{\sum_{d=1}^{C} \lambda_d^i \phi^i(x_d, x_a)} dx_a \right]$$

(7-9)

经过处理之后的间接效用函数可以体现经济体中集聚和分散的双重力量作用。上式等号右边的第一项便通过体现消费者获取各类工业品容易程度的变量 $\phi^i(x_c, x)$ 衡量了集聚在经济中的作用，根据之前的分析可知，该变量与工业品在城市间的运输成本呈反向变动关系，从而其变大有利于更多的代表性消费者聚集在第 c 个城市以享受运输成本节约所带来的好处。而第二项则同时包含了经济体中集聚和分散的力量，这是由于随着更多隶属于第 i 个制造业部门的代表性厂商选择在第 c 个城市布局，市场的竞争程度将更加激烈，代表性厂商所获得的利润也将逐渐降低，从而支付给工人的工资水平也将随之降低，这会使代表性消费者产生从第 c 个城市迁移出去的动机。最后，第三项体现了整个经济体中最为显著的分散力量，即农村劳动力在经济体内无法自由流动且呈均匀分布，这无疑会增加代表性厂商将工业品提供给农村劳动力的运输成本，从而削弱厂商集聚的趋势。总之，根据式（7-9），我们可以看出代表性消费者在选择工作的制造业部门和生活的城市时所面临的权衡取舍。这也为进一步讨论代表性消费者和厂商的区位选择问题提供了必要的基础。

然后，在解决了第二阶段代表性消费者和厂商的最优化问题之后，模型开始转而分析经济主体第一阶段的最优化决策。如前所述，在第一阶段，代表性消费者将寻找能够为其提供最大效用水平的城市，并在该城市内部的某一制造业部门工作，代表性厂商也致力于寻找能够获得最大利润的城市。由于经济体中的所有消费者偏好相同且面临同样的预算约束，故在模型实现均衡时，各消费者所实现的效用水平也必然完全相同。又由于同一城市内部的各类工业品价格相同，在该城市内部工作的消费者也必然能获得相同的工资水平。为了给出由消费者最优区位选择而形成的均衡条件，此处引入效用水平的门槛值 $\bar{V}$ 以及工资水平的门槛值 $\bar{w}_c$，则在均衡时有如下两式成立：

$$V^i(x) \leqslant \bar{V}, \ |V^i(x) - \bar{V}| \lambda_c^i = 0 \tag{7-10}$$

$$w_c^i \leqslant \bar{w}_c, \ |w_c^i - \bar{w}_c| \lambda_c^i = 0, \ w_c^i \equiv w^i(x_c) \tag{7-11}$$

对于式（7-10）而言，代表性消费者选择在某一个特定城市居住意味着该城市为其带来的最大满足程度不小于其他城市，否则就会有离开该城市的动机。对于式（7-11）而言，代表性厂商选择在某一个特定城市布局意味着其在该城市中对劳动力支付的工资不低于城市内部的工资标准 $\bar{w}_c$，否则也无法在该城市开展经营活动。由此我们发现，经济体中的某一个特定城市中不一定拥有所有制造业部门的种类，这也是专业化和多样化生产方式并存的必然要求，其根源在于不同的制造业部门在同一个城市面临的不同的成本水平。在此基础上，我们可以给出制造业部门劳动力迁移的动态方程，如下所示：

$$\frac{d\lambda_c^i}{dt} \leq J_c^i, J_c^i \equiv \frac{\lambda_c^i}{\mu}\left(V_c^i - \sum_{j=1}^{I}\sum_{d=1}^{C}\frac{\lambda_d^i}{\mu}V_d^j\right), V_c^i \equiv V^i(x_c) \quad (7-12)$$

实际上，此处劳动力的迁移决策便取决于所居住的城市带来的最大效用水平和其他城市带来的最大效用水平的平均值之间的比较。同时，劳动力的迁移决策还受到城市现有制造业工人数量的影响，若某城市有较多数量的制造业工人，那么相应的迁入劳动力数量也会增加，这也体现了劳动要素在生产中的集聚效应。

（三）模型的空间均衡及其与专业化、多样化的关联

在此处，模型的空间均衡包含了城市规模以及等级体系的演化进程，城市对于专业化或多样化生产方式的选择也在该进程中被内生化。首先，当城市数目为 2^K 个（K 为正整数）且在圆周上等距离分布时，通过令代表性消费者在各制造业部门中工作所得到的最大效用均相等，可以得到均衡时第 i 个制造业部门在不同城市的工业体系中所占的比例（以所雇用的劳动力占总人口的比重衡量），该比例在各城市之间相同，如下所示：

$$\lambda_c^i = \lambda^i = \frac{\frac{\alpha^i}{\sigma^i}}{\sum_{j=1}^{I}\frac{\alpha^j}{\sigma^j}}\frac{\mu}{C} \quad (7-13)$$

可以看出，第 i 个制造业部门在城市工业体系中所占的比例主要受到工人占总人口的比重、经济体中城市的数目以及代表性消费者对工业品的偏好程度等因素的影响。此时，经济体中的所有城市均拥有比例相同且完全齐备的制造业部门体系（不存在专业化生产），这意味着每个城市均能提供所有工业品种类的集合，且每种工业品的数量也相同，但由于消费者存在对工业品种类的偏好，城市之间的工业品贸易仍然存在。进一步地，通过数学证明，我们可以得到如下关于运输成本和城市数量及规模关系的结论：对于每一个给定的城市数量

$C=2^K$，均存在一个运输成本的阈值水平$\tau_2(C)$，当运输成本水平高于该值时，城市数量保持不变，而当运输成本低于该值时，城市的数量将减半为2^{K-1}。以此类推，当运输成本不断下降并趋于零时，经济体中的城市数量也会逐渐递减为1，此时该城市将容纳经济体中的所有制造业部门以及其中的劳动力，生产集聚的程度也将达到最大。

然而，上述均衡的稳定性需要进一步加以讨论。在模型参数满足一定的条件$\left(\mu<\min_i\dfrac{\sigma^i-1}{\theta^i(2\sigma^i-1)}\right)$时，我们可以得到另一个与均衡稳定性相关的运输成本阈值$\tau_1(C)$。只有当运输成本大于该值时，上述均衡的稳定性才能得到保证。这样，只要运输成本介于$\tau_1(C)$和$\tau_2(C)$之间[这要求$\tau_1(C)<\tau_2(C)$]，我们便能保证上述关于2^K个城市的对称性均衡是稳定均衡。若运输成本小于$\tau_1(C)$，则原有均衡将被打破，取而代之以一个城市数量不变但城市规模存在差异的均衡状态（非对称均衡）。在该均衡中，有一半的城市的第i个制造业部门雇用数量为λ的工业部门劳动力，另一半城市则居住着数量为$2\lambda^i-\lambda$的工业部门劳动力，且两类城市在圆周上呈间隔分布。此时，相关参数必须满足如下条件：

$$dV^i(\lambda^{i*}-\lambda)=-dV^i(\lambda^{i*}+\lambda)$$

$$h(\varphi^i;\mu,\sigma)\equiv\left.\dfrac{\partial dV^i(\lambda)}{\partial\lambda}\right|_{\lambda=\lambda^{i*},\tau=\tau^i(C)}=0,\ \varphi^i\equiv(\tau_i)^{\frac{1-\sigma^i}{C}}$$

$$\left.\dfrac{\partial^2 dV^i(\lambda)}{\partial\lambda\partial\tau}\right|_{\lambda=\lambda^{i*},\tau=\tau^i(C)}>0$$

$$I(\varphi^i;\mu,\sigma)\equiv\left.\dfrac{\partial^3 dV^i(\lambda)}{\partial\lambda^3}\right|_{\lambda=\lambda^{i*},\tau=\tau^i(C)}<0$$

接下来，模型进一步讨论了均衡状态的各种可能情形。首先，在经济体只存在一类制造业部门（该部门仍然提供多样化的工业品）时，利用上述非对称均衡条件的变形，可以将参数σ表示成关于参数μ的函数，即$\sigma=\sigma(\mu)$。根据该函数关系，可以设定关于代表性消费者对工业品的替代弹性的门槛值，该门槛值可以与前述运输成本的门槛值共同确定经济体最终形成的空间均衡状态。具体而言，若经济体初始的城市数目为2^K，则一定存在两个关于替代弹性的门槛值$\sigma_1(\mu)$

和 $\sigma_2(\mu)$ [此处第一个门槛值 $\sigma_1(\mu)$ 为 σ 取值的下限，可以保证经济体不会出现制造业部门及劳动力不考虑运输成本的限制而在单一城市集聚的情形，第二个门槛值 $\sigma_2(\mu)$ 为 σ 取值的上限，可以保证经济体在对称性均衡状态被打破时能够平稳地过渡至非对称均衡]。当 $\sigma_1(\mu) < \sigma < \sigma_2(\mu)$ 时，如果运输成本足够大，则经济体将形成一个稳定的对称性均衡，此时经济体的城市数目不会发生变化，且专业化分工将不会出现，城市具有完全相同的规模（因为经济体中唯一的制造业部门在实现利润最大化时将在每个城市雇用相同数量的劳动力）。当运输成本随着时间推移而不断下降时，城市的数目将由于集聚力量的强化而逐渐减少（即每次减少原有城市数目的一半），同时经济体将会交替出现两类空间均衡的状态：若运输成本介于 $\tau_2(2^{k-1})$ 和 $\tau_1(2^k)$ 之间，则会形成上述城市间规模存在差异的拥有 2^k 个城市的非对称均衡；若运输成本介于 $\tau_1(2^{k-1})$ 和 $\tau_2(2^{k-1})$ 之间，则会形成城市规模完全相同的拥有 2^{k-1} 个城市的对称性均衡。最后，当运输成本介于 $\tau_2(1)$ 和 $\tau_1(2)$ 之间时，我们可以得到 $k=1$，此时根据之前的结论，经济体中将只剩下两个规模存在差异的城市，从而形成非对称均衡，而当运输成本进一步下降并小于 $\tau_2(1)$ 时，我们可以得到 $k=0$，此时经济体只存在一个包含所有制造业部门的超大规模城市，该稳定均衡意味着完全专业化生产的情形。

进一步地，在考察经济体从对称均衡向非对称均衡过渡的过程中，将上述基本结论推广至多制造业部门的情形，我们可以发现专业化和多样化生产方式与城市规模演变之间的关联。此时，如同基准模型的设定，经济体中存在 I 类制造业部门，且第 i 个制造业部门工业品的替代弹性为 σ^i，则为了保证对称性均衡的存在，必须满足 $\sigma_1(\mu) < \sigma^i < \sigma_2(\mu)$。另外，虽然生产彼此异质的工业品，但经济体中的制造业部门之间不存在特别显著的差异，这意味着各制造业部门产品的替代弹性也不存在太大的差别。此时，若经济体一开始处于非对称均衡状态，即存在 2^k 个规模有差异的城市。根据之前的结论，这些城市中有一半是规模相同的较大城市，另一半则是规模相同的较小城市，虽然所有城市在非对称均衡中均拥有完备的制造业部门体

第七章 制造业专业化、多样化与城市生产率差异的分析 / 181

系,但各制造业部门在较大城市的规模均比在较小城市中的对应规模大。根据由式(7-9)所表示的间接效用函数,此时代表性消费者在较大城市中获取的效用水平高于其在较小城市中获取的效用水平,从而会产生从较小城市迁移至较大城市的动机。随着运输成本的不断下降,较小城市内部的制造业部门将通过劳动力迁移的方式逐步被在地理位置上邻近的较大城市吸收乃至消失,当运输成本降至低于 $\tau_2(2^{k-1})$ 的水平时,所有较小城市内部的制造业部门将全部被邻近的较大城市吸纳,使原有的较小城市消失,现有的较大城市进一步扩大自身的规模,最终形成只包含 2^{k-1} 个规模相同的城市的对称均衡。

在制造业部门转移的过程中,最先被较大城市吸收的是产品替代弹性最大的制造业部门,余下的制造业部门将按照产品替代弹性从大到小的顺序依次被较大城市吸收。这是因为产品替代弹性相对较大的制造业部门面临着更为激烈的市场竞争环境,相对而言更有迁往较大城市获取更大容量的市场空间并享受规模经济好处的动机,同时向居住在不同城市的代表性消费者出售差异化产品的成本也将随着运输成本的下降而下降,而产品替代弹性相对较小的制造业部门面临的市场竞争环境较为宽松,在运输成本较高时,分散化的布局更有利于维持代表性厂商的利润水平,但当运输成本不断下降时,空间上的分隔会使厂商之间的竞争程度更加激烈,故这些部门最终也将向较大的城市迁移。这一过程可以用如图7-1所示的简单的城市体系演化模型加以说明。

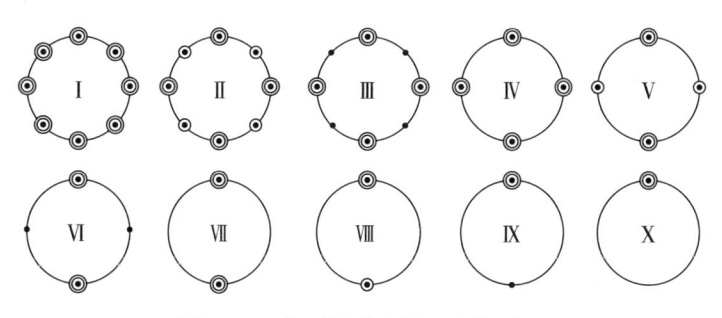

图7-1 典型的城市体系演化过程

在图7-1中,经济体在第Ⅰ阶段处于对称均衡状态,在圆周上等距离分布着 8 个均拥有三类制造业部门且规模完全相同的城市，且三类制造业部门各自所生产的工业品的替代弹性差别不大（假设 $\sigma_1=5$，$\sigma_2=6$，$\sigma_3=7$），则在处于第 I 阶段的各城市中，最外侧的圆圈代表产品替代弹性最大的第三类制造业部门，最内侧的黑点代表产品替代弹性最小的第一类制造业部门。随着运输成本不断下降并跌破 $\tau_1(8)$ 这一阈值，原有的对称均衡将被打破，其中在第 II 阶段，4 个城市的第三类制造业部门将完全迁往与之相邻的城市，规模也随之缩小，城市间规模存在差异的非对称性均衡开始出现，在第 III 阶段，这 4 个城市的第二类制造业部门也将完全被相邻城市所吸收，规模进一步缩小，直至第 IV 阶段，运输成本跌破 $\tau_2(4)$ 这一阈值，随着 4 个较小城市的第一类制造业部门最终完全迁往相邻城市，非对称性均衡又进一步演化为只包含 4 个城市的对称均衡。紧接着，随着运输成本的又一轮下降直至跌破 $\tau_1(4)$ 这一阈值，城市体系的演化便开始重复前述第 I 阶段至第 IV 阶段的过程，直到最后形成所有的制造业部门集中至一个城市的均衡结果（第 X 阶段）为止。在这一演化过程中，我们可以发现规模较大的城市会通过不断吸收邻近城市的制造业部门强化自身的多样化生产模式，而规模较小的城市则由于制造业部门不断外迁而出现了日益明显的专业化生产模式。这就使城市体系的演化与专业化和多样化生产方式的选择联系了起来，也为本章余下部分的经验分析提供了必要的理论基础。

二　对专业化和多样化程度的衡量

对产业专业化和多样化程度的衡量，国内外通行的方法是采用区位熵、赫芬达尔—赫希曼指数或克鲁格曼指数等一系列指标进行计算，例如，亨德森等（Henderson et al.，1995）、格莱泽等（Glaeser et al.，2002）、薄文广（2007）和樊福卓（2007）所采取的方法。在 2004 年出版的《区域和城市经济学手册》（第四版）中，库姆斯、欧弗尔曼和福尔摩斯等人用了三章的篇幅详述了北美地区、欧盟地区和东亚地区（主要是中国和日本）各行业部门的生产专业化情况，其中综合运用了基尼系数、区位熵和 E-G 指数等统计指标描述了上述各地区不同行业部门的生产布局，在国外诸多关于生产专业化的定量研究中具有代表性和权威性。然而，这些指标虽然常用，但却并不适用于衡量本章所述及的某一城市制造业部门专业化及多样化程度，其原因在于这些指标通常着重于从行业的角度考察其在某一区域是否集中，而本章则着重于从城市的视角出发考察各行业部门在某一特定城市的产值（或就业）结构比例，根据各行业部门占比的分布情况确定生产的多样化或专业化状态。例如，杜兰顿和普加（Duranton & Puga，2001）所提出的相对专业化指标，其具体的计算公式为：

$$S_i = \max_j \{s_{ij}/s_j\} \tag{7-14}$$

其中，s_{ij}表示地区i内部第j个行业部门就业人数（或总产值）占该地区所有产业部门的比例，s_j表示第j个行业部门就业人数（或总产值）在全国范围内所占的份额，S_i表示地区i的专业化程度。该指标能够在一定程度上反映某区域内部特定行业的集聚程度，但多样化和专业化虽然与集聚相关联，却并非可以完全相互替代。即使某一行业在区域内部相对于整个经济体而言呈现出相当可观的集聚程度，也无法断言该区域的产业部门具有较高的专业化水平，因为该区域可能同时存在多个集聚程度较高的行业部门，从而呈现出明显的多样化特征。基于以上考虑，本章采用体现城市内部不同行业之间比例结构的相对分散化指数衡量城市生产的多样化和专业化特征。要计算相对分散化指数，首先必须计算城市各行业部门的变异系数，其具体的计算公式为：

$$VI_i = \frac{\sqrt{Var(L_{ij})}}{\sum_{j=1}^{m} L_{ij}/m} \tag{7-15}$$

其中，L_{ij}表示地区i内部第j个行业部门的就业人数（或总产值），m为行业部门的个数，VI_i表示地区i行业部门的变异系数。该系数的取值始终大于或等于0，且该系数的值越大，表明地区内部各行业部门的分布越不均匀，即专业化生产的程度越高，反之则表明地区多样化生产的程度越高。当该系数为0时，实际上代表了地区内部各行业部门就业人数（或总产值）均占相同比例的完全多样化情形。[①] 之后，计算相

---

① 当城市内部只存在一个行业部门时，该系数的取值同样为0，但此时该地区呈现完全专业化的特征。由于在现实经济生活中并不存在此类城市，故本书对该极端情形不予考虑。

对分散化指数的公式如下:

$$RSI_i = \frac{\min_i\{VI_i\}}{VI_i} \qquad (7-16)$$

其中，RSI_i 表示地区 i 行业部门的相对分散化指数。容易看出，该指数的取值范围介于 0 到 1 之间，且该指数的取值越大，表明地区的多样化程度越高，反之则说明地区的专业化程度越高。特别地，对于在所有地区中间多样化程度最高（变异系数最小）的地区，其相对分散化指数为 1（相对完全分散）。本章在计算相对分散化指数时，同样利用中国工业企业数据库中的微观数据，以地级市为单位，选取制造业部门内部各细分行业部门的从业人员数以及工业总产值分别对其进行计算，以衡量我国城市制造业部门专业化和多样化的程度。

三 我国城市制造业部门专业化和多样化的分布现状

在展开实证分析之前，我们首先观察全国以及城市层面制造业部门专业化与多样化的变化趋势及现状。将根据上述式（7-15）和式（7-16）计算得出的我国各地级市制造业部门相对分散化指数（分别以从业人员数和工业总产值代入计算）以分区染色的形式分别标于我国地图上（以 2007 年为例），用地级市所对应的色块的深浅程度表示多样化或专业化程度的大小，颜色越深表明多样化程度越高，颜色越浅表明专业化程度越高，并同时将 2007 年我国各地级市地区生产总值的大小情况一并标出，以便于在直观上判断多样化、专业化与城市经济规模之间的关系，如图 7-2 至图 7-4 所示。①

从图 7-2 至图 7-4 中所获得的信息有助于我们初步形成关于我国城市制造业部门多样化与专业化分布情况的整体认知，并且有效地建立起了制造业部门多样化、专业化程度与城市经济规模（发展程度）之间的关系。图 7-2 和图 7-3 清晰地表明了我国制造业部门的多样化程度从总体而言仍处于较低的水平，但部分经济较为发达的区

---

① 此处的地图绘制利用 Stata 12.0 软件完成，色块颜色越深表示相应指标越大，无色区域表示数据缺失。为更好地体现对应关系，同样将因数据缺失而无法计算多样化和专业化指标的城市标示为数据缺失，尽管其地区生产总值可以在《中国城市统计年鉴》中查到。

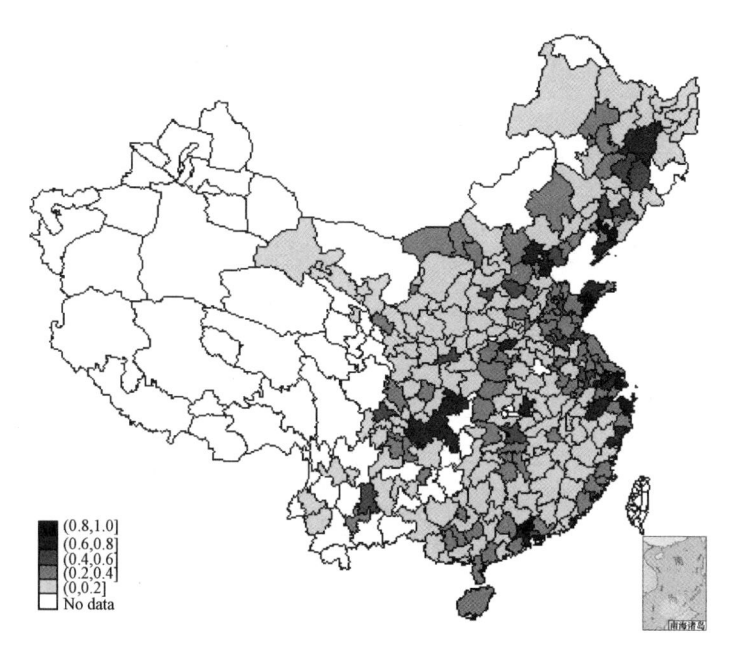

第七章 制造业专业化、多样化与城市生产率差异的分析 / 185

图7-2 2007年我国各地级市制造业相对分散化指数
（按从业人员数计算）的分布情况

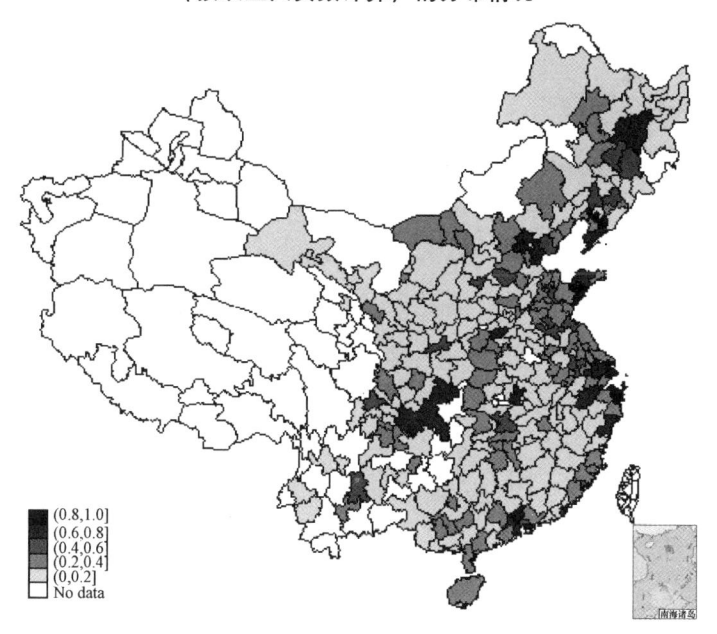

图7-3 2007年我国各地级市制造业相对分散化指数
（按工业总产值计算）的分布情况

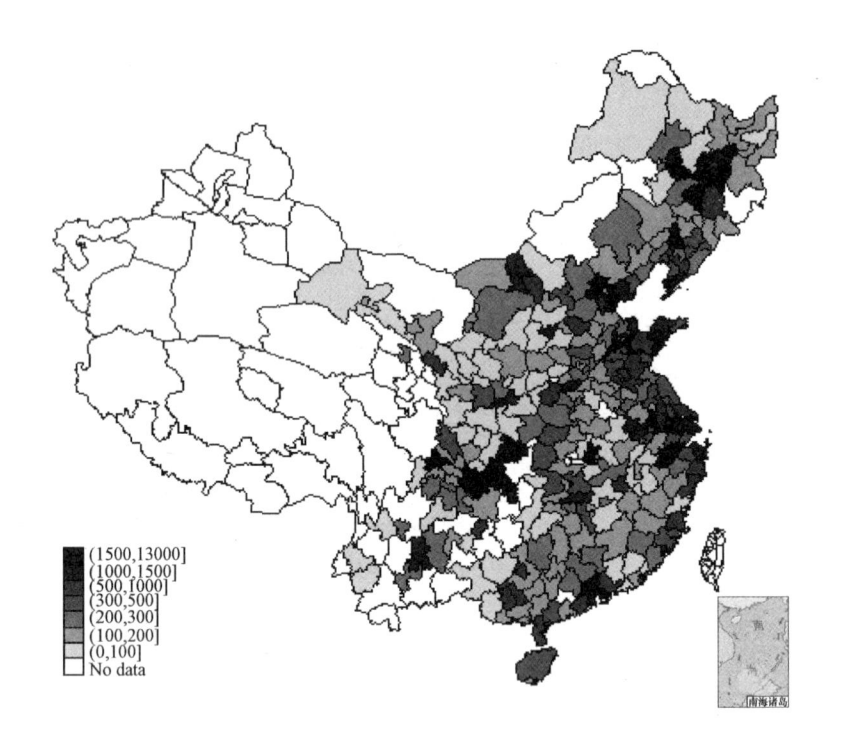

186 / 产业集聚、结构转变与经济增长

图 7-4　2007 年我国各地级市地区生产总值的分布情况（单位：亿元）

域内的城市已经实现了程度较高的多样化，例如，珠三角经济区、长三角经济区、京津冀工业区以及环渤海经济区，而其余地区（主要是中西部地区）的城市制造业多样化的趋势大多不明显，但其中重庆市是一个例外。将图 7-2 和图 7-3 分别与图 7-4 进行比较可以得知，这一分布情形大致与我国城市地区生产总值的分布情形吻合，即在我国，经济规模较大的城市同时拥有较强的制造业多样化程度。与此同时，经济规模相对较小的城市拥有较强的制造业专业化程度。

为了进一步表明制造业部门多样化和专业化程度与城市经济发展水平之间的关联，我们以地区生产总值大小为标准，选取 1998—2007 年间各年份位居全国前 50 位和后 50 位的城市，结合时间趋势审视其各自制造业部门相对分散化指数平均水平的变化情况。图 7-5 和图 7-6 分别显示了地区生产总值在各年份位居全国前 50 位和后 50 位的城市制造业部门相对分散化指数的平均水平在 1998—2007 年的演变趋势。

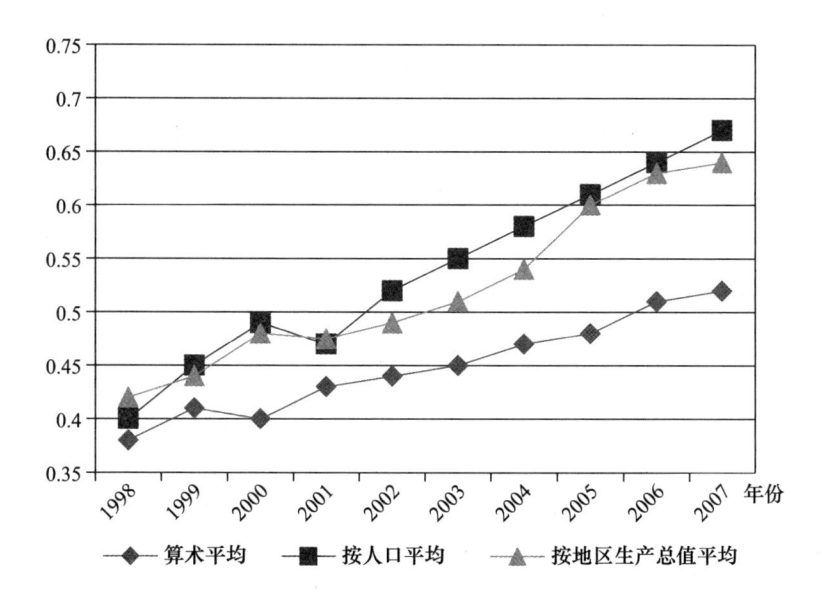

第七章 制造业专业化、多样化与城市生产率差异的分析 / 187

图 7-5 地区生产总值排名全国前 50 位的城市制造业部门相对
分散化指数的演变（1998—2007 年）

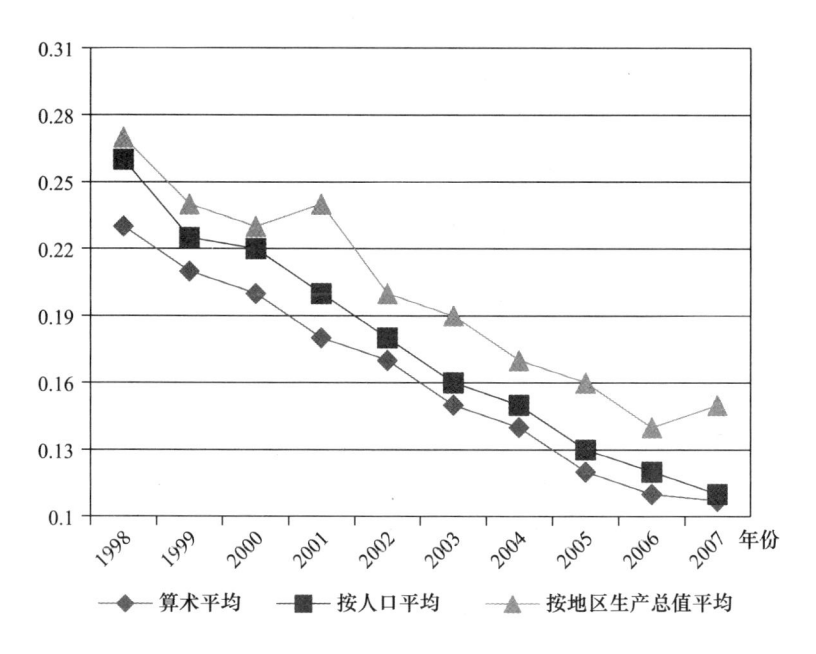

图 7-6 地区生产总值排名全国后 50 位的城市制造业部门相对
分散化指数的演变（1998—2007 年）

从总体上观察图 7-5 和图 7-6，可以发现经济发展水平较高的城市所对应的相对分散化指数在总体上大于经济发展水平较低的城市，这意味着经济规模更大的城市制造业部门多样化的程度也相应更高，这与图 7-2 至图 7-4 所揭示的现象相一致。根据图 7-5 所示，在 1998—2007 年，经济发展水平较高的城市相对分散化指数的水平在三种加权平均算法下均呈现不断上升的态势，这说明这些城市基本上经历了制造业部门多样化程度不断加强的过程。这说明经济发展状况较好的城市不仅如前所示具有相对较高的多样化程度，而且多样化水平也呈现上升趋势。另外，图 7-5 中 50 个城市制造业部门相对分散化水平按照地区生产总值和总人口数的加权平均值在各年份均高于相应的算术平均值，这表明在这些城市内部，当人口总量或经济总量相对更大的城市被赋予了较多的权重之后，相对分散化指数的均值得到了一定程度的提升，即人口规模或经济规模更大的城市通常具有更高的多样化水平这一现象并不随时间的变化而改变。同时，图 7-5 中三条曲线的上升幅度也有所不同，按照地区生产总值和总人口数加权平均的曲线上升幅度大于算术平均曲线（末期相对于初期的增长率分别约为 36.8%、67.5% 和 52.4%，年平均增长率分别约为 3.2%、5.3% 和 4.3%），这说明在经济发展水平较高的城市中间，经济规模更大的城市相对而言有着略微更快的多样化水平增长幅度和速度。

而在图 7-6 中，我们首先发现经济规模较小的城市在总体上呈现制造业部门相对分散化指数不断下降的趋势，即生产的专业化程度得到加强。与此同时，各地级市专业化水平按照地区生产总值和总人口数的加权平均值在各年份同样高于相应的算术平均值，这表明在这些城市内部，人口总量或经济总量相对更大的城市被赋予了较多的权重之后，相对分散化指数的均值得到提升，即其中规模相对较大的城市具有更高的相对分散化指数（更高的多样化程度）。从而，人口规模或经济规模更小的城市通常具有更高的专业化水平这一现象在研究的时间区间内同样稳健。但是，图 7-6 中的三条曲线下降幅度大体相同，从而不同于经济规模较大的城市，在经济规模较小的城市组内，专业化水平的提升幅度与其本身的经济规模之间并不存在明显的关联。

通过观察上述统计数据，我们可以得出关于我国城市制造业部门多样化和专业化分布及演变情况的大致特点：首先，城市多样化和专业化程度的分布在空间上呈现出明显的非均衡特征。其中，东部沿海地区（主要是长三角和珠三角经济区）、京津冀工业区以及环渤海经济区的大部分城市均呈现出相对较高的多样化水平，而中西部地区以及东北地区的大部分城市则主要采取专业化的集聚形式。其次，各城市多样化和专业化水平均与城市本身的经济规模存在一定程度上的相关关系。其中，多样化水平较高的城市一般具有较大的经济规模（较高的地区生产总值），而以专业化生产为主的城市经济规模相对较小，并且这一现象并不随时间的变化而改变。最后，我们还发现，在经济总量较大的城市组内，经济规模越大，经济发展水平越高，其多样化水平的提升幅度也相对更大，而在经济总量较小的城市组内，专业化水平的提升幅度与其本身的经济规模并无显著的相关关系。

第三节 马歇尔外部性还是雅各布斯外部性：拓展的视角

一 马歇尔外部性和雅各布斯外部性：理论回顾

以上，我们通过对已有文献的回顾以及现状分析，初步了解了专业化和多样化这两种不同的集聚形式在我国现实经济生活中的发展状况。在进一步具体分析我国城市应选择何种类型的集聚形式之前，必须对专业化和多样化各自产生的集聚效应（马歇尔外部性和雅各布斯外部性）进行理论上的区分。只有对这两类城市集聚经济的来源加以明晰的区分，才能准确回答在某一特定城市中，究竟由何种集聚形式所带来的集聚效应才能更好地促进城市经济增长这一问题。

马歇尔外部性这一术语源于马歇尔（Marshall，1890）在论述城市集聚经济现象时所提出的所谓"产业区观点"。他认为，"当一个产业为了自身选择了一个区位，它就倾向于在该区域停留很长时间，因为人们同相邻的地区彼此采用同样熟练的贸易所获得的优势是如此之大。贸易的神秘不再神秘，好像存在于空气，被孩童无意识地学会。好的工作能得到欣赏，诸如机器、商业进程和商业组织的发明和改进都有迅速加以讨论的价值，如果一个人开始有新想法，就会被他人接受并和他们的建议组合在一起，这样就形成了产生更新思想的源泉。"可以看出，马歇尔最初对专业化所带来的外部性的论述并不十分清晰，只是间接地表明了专业化生产所带来的分工细化以及知识溢出等好处。后来，克鲁格曼（Krugman，1991）按照自身的理解重述了马歇尔的观点，认为由产业地方化（专业化生产）所带来的所谓马歇尔外部性主要体现在如下三个方面：一是产业专属技能的劳动力市场；二是非贸易的特定投入品；三是知识和信息溢出所导致的生产效率的提高与生产函数形式的改进。藤田和蒂斯（Fujita & Thisse，2002）对马歇尔外部性所做的界定与之大同小异，但更强调知识溢出的重要性。李金滟和宋德勇（2008）认为，在使用马歇尔外部性解释城市专业化集聚经济的来源及机制时，存在两个方面的假设：一是对生产技术的假设，即技术扩散只能在同类产业的企业之间产生，并且只能被特定产业所分布的区域集中吸收，这一假设是对特定产业内部生产技术专用性的自然延伸；二是对市场结构的假设，马歇尔外部性要求最终产品或中间品的生产采取垄断竞争的市场结构。从最终产品的角度看，地方性的市场势力阻碍的创新思想的区域外溢，从而最大限度保护了企业从创新活动中所获得的垄断利润。从中间品的角度看，即使最终产品市场是完全竞争市场，根据拉赫曼和藤田（Rahman & Fujita，1993）的研究结论，可知由于产业的上下游关联性，中间品市场的垄断竞争市场同样可以带来集聚经济效益。

雅各布斯外部性这一术语源于雅各布斯（Jacobs，1969）对城市多样化集聚经济产生原因的探讨。雅各布斯认为多样化的好处至少可以包括以下几点：一是安全、交往与同化；二是偏好的多样性；三是对制造业部门而言，小企业将对外部市场需求的变化更为敏感，而所有企业都将从对外人员交流中获益。此后，格莱泽等（Glaeser et al.，1992）着重强调了雅各布斯外部性中的知识溢出这一要素，认为雅各

第七章 制造业专业化、多样化与城市生产率差异的分析 / 191

布斯外部性主要关注知识在具有互补性而非同质产业之间的溢出效应，互补性的知识在多样化生产的环境下可以通过在企业和个人之间的传播与交换促进创新活动的实践，并进一步导致规模收益递增。与马歇尔外部性相似，在使用雅各布斯外部性解释城市多样化集聚经济的来源及机制时，同样存在两个方面的假设：一是对生产技术的假设，即生产技术主要在互补的产业之间产生溢出效应；二是对市场结构的假设，雅各布斯外部性要求商品市场或劳动力市场采取完全竞争的市场结构。同时，企业之间的竞争还包括对思想和知识的竞争，这体现在企业对思想和知识的载体——劳动力的雇佣率上。

从本章第一节的文献回顾部分可以看到，已有的国内外相关研究以上述外部性理论为依据，围绕着多样化、专业化以及经济增长的相互关联问题展开了一系列理论与实证方面的研究。然而，这些研究对于多样化和专业化在区域或城市经济增长中所发挥的作用并未形成一致的认识，我们也无法确定区域或城市经济增长究竟受益于何种集聚形式所带来的外部性。究其原因，除了上述研究在样本、控制变量和相关指标的选取上存在差异之外，很重要的一点在于现有研究几乎未涉及基于城市经济规模的分类讨论。我国的城市数量众多，且各城市之间的人口规模和经济规模均存在巨大的差异，从小型城市到特大城市，不同规模的城市究竟应采取何种集聚形式仍然缺乏实证研究的支撑。虽然亨德森（Henderson，1986）提出了专业化生产形式将随着城市经济规模的不断扩大逐渐衰退并最终消失的观点，杜兰顿和普加（Duranton & Puga，2001）从产业生命周期的视角认为处于成熟期阶段的产业会从原来所处的从事多样化生产的城市迁出，转而布局于具有专业化生产特征的城市，但他们均未明确讨论城市规模对马歇尔外部性以及雅各布斯外部性发挥效果的影响，也未得出城市经济增长在存在规模差异的条件下究竟更多得益于马歇尔外部性还是雅各布斯外部性的经验证据。因此，本章将从城市规模的视角入手研究马歇尔外部性以及雅各布斯外部性在不同规模城市中所发挥的增长效应的差异，从而为我国产业结构转变和城市化进程中产业发展战略和产业布局设计提供一定的依据。

二 基于我国地级市制造业部门的实证分析

在本节的实证分析中,我们主要采用前述构建的相对分散化指数体现我国地级市制造业部门多样化和专业化的程度,并以此体现城市经济发展中正外部效应的两类来源——马歇尔外部性和雅各布斯外部性。同时,我们还将进一步结合城市的经济规模和人口规模,分类探讨两种不同的集聚形式对城市经济的作用效果。本节实证研究的数据来源同样为《中国城市统计年鉴》和中国工业企业数据库中的微观数据,样本城市也同样为经过剔除的 225 个地级市,研究区间为 1998—2007 年。

(一) 基准计量模型及回归结果

首先,我们采用我国地级市层面的面板数据模型考察制造业部门多样化和专业化程度与城市经济增长之间的关联,基准计量模型如下所示:

$$gdp_{it} = cons + \beta_1 rsi_{it} + \beta_2 edu_{it} + \beta_3 fis\_rate_{it} + \beta_4 inv\_rate_{it} + \beta_5 com_{it} + \delta_i + \mu_t + error_{it} \tag{7-17}$$

其中,gdp_{it} 表示城市制造业部门生产总值的增长率,rsi_{it} 表示城市内部制造业部门的相对分散化指数,com_{it} 表示城市内部制造业部门的竞争程度,之所以引入该变量,是因为城市经济增长在一定程度上受到行业部门所面临的市场竞争程度的影响。格莱泽 (Glaeser, 1992) 将由企业竞争而引起的正外部效应命名为所谓"波特外部性",并将其与马歇尔外部性和雅各布斯外部性并列为影响城市经济增长的三大动态外部性之一。另外,根据亨德森 (Henderson, 2004) 的研究,我国改革开放以来伴随着经济转型深化而逐步提升的产业市场化程度使市场力量在经济增长过程中发挥了重要的作用,市场化进程创造了一个促进产业内和产业间知识和信息溢出的市场环境。面对着激烈的市场竞争,企业更多通过集群式的发展建立自身的创新网络,从而强化地方性的知识溢出效应。因此,市场化程度高、市场竞争程度相对更激烈的产业部门和城市更容易获得波特外部性所带来的好处,从而实现更为理想的增长绩效。借鉴贺灿飞和潘峰华 (2009)、吴三忙和李善同 (2011) 以及董晓芳和袁燕 (2014) 的做法,我们构建城市

第七章 制造业专业化、多样化与城市生产率差异的分析 / 193

内部制造业部门的人均企业数与全国范围内制造业部门的人均企业数之比这一指标衡量城市制造业部门的竞争程度，具体计算公式如下：

$$com_{it} = \frac{N_{it}/L_{it}}{N_{nt}/L_{nt}} \quad (7-18)$$

其中，N_{it} 表示第 t 期城市 i 内部制造业部门的企业总数，L_{it} 表示第 t 期城市 i 内部制造业部门的就业总数，N_{nt} 表示第 t 期全国范围内制造业部门的企业总数，L_{nt} 表示第 t 期全国范围内制造业部门的就业总数。该指标越大，表明城市内制造业部门的企业数量相对越多，市场竞争的强度越大。其余控制变量的含义与第四章的计量模型相同，分别体现了教育、资本以及政府（制度）因素对城市经济增长的影响。另外，此处同样引入了分别控制地区和时间固定效应的变量 δ_i 和 μ_t。

在具体估计方法的选取上，本节仍然选取动态面板数据的 GMM 估计法对模型参数进行估计。根据 GMM 估计法的思路，表 7-1 和表 7-2 分别报告了模型各变量的平稳性检验结果以及全国范围下模型的参数估计结果（L1 为被解释变量的滞后项）。

表 7-1　各变量的单位根（平稳性）检验结果（滞后一阶）

变量	gdp_{it}	rsi_{it}	com_{it}	edu_{it}	fis_rate_{it}	inv_rate_{it}
t 统计量值	6.014	10.676	10.207	-8.672	9.771	11.303
p 值	0.002	0.000	0.000	0.000	0.000	0.000

表 7-2　全国范围内制造业部门多样化和专业化程度对城市经济增长作用的回归结果（1998—2007 年）

	（1）	（2）	（3）	（4）
L1	0.2179 (0.8805)	0.4645*** (0.0911)	0.2275* (0.1243)	0.4098* (0.2355)
rsi_{it}	0.1739 (0.6450)	0.3811** (0.1134)	-0.5321 (0.7769)	-0.3280 (0.5197)

续表

	（1）	（2）	（3）	（4）
com_{it}	0.2604*	-0.4374*	-0.2658	0.3391**
	(0.1568)	(0.2327)	(0.7559)	(0.0846)
edu_{it}	0.4325***	0.3930*	0.4066*	0.1686*
	(0.0648)	(0.2113)	(0.2392)	(0.1028)
fis_rate_{it}	0.3751**	0.2907**	0.3850	-0.0819*
	(0.0964)	(0.1172)	(0.7320)	(0.0463)
inv_rate_{it}	0.2913*	-0.3582**	0.4006***	0.2858
	(0.1549)	(0.1082)	(0.0657)	(0.7110)
观测值	2250	2025	2250	2025

根据表7-1所示结果，当相关数据经过取对数处理之后，单位根检验的t统计量的绝对值均大于相应的t分布的分位点，落入拒绝域内。根据p值的大小，模型中的每一个变量均可以在1%的显著性水平下拒绝存在单位根的原假设，这表明此处所采用的面板数据通过了单位根检验，所有的变量在1%的显著性水平下均是平稳的。

在表7-2中，第（1）列和第（3）列分别为采用从业人员数和工业总产值计算相对分散化指数rsi_{it}所得的回归结果，第（2）列和第（4）列分别为将第（1）列和第（3）列中的解释变量rsi_{it}替换为相应的一阶滞后变量作为工具变量（出于减轻模型内生性问题的考虑）的回归结果。从各组回归结果来看，rsi_{it}所对应的系数基本上均未能通过显著性检验，这表明在全国范围内，我们无法得出关于专业化或者多样化的制造业部门布局形式对于城市经济增长效果的确定性结论。造成这一结果的原因可能在于专业化和多样化在不同规模的城市所起的效果不尽相同甚至完全相反，这在很大程度上抵消了其在整体上对城市经济的影响。为了表明这一点，以下，我们基于城市规模的大小进一步探讨制造业部门专业化和多样化程度对城市经济增长的效果差异。

（二）专业化和多样化的不同效果：基于城市规模的探讨

在本章第二节对于我国多样化和专业化发展程度的现状分析中，

第七章 制造业专业化、多样化与城市生产率差异的分析

我们发现我国地级市制造业部门专业化和多样化的空间布局情况与城市的经济发展水平（经济规模的大小）格局有着较为密切的关联。这一观察结果可以得到城市经济学相关理论的支持。根据亨德森（Henderson，1986）关于专业化、多样化与城市规模关系的观点，假设存在一些具备效率规模的城市且城市相互之间由于分工协作关系而构成完整的城市等级体系，那么城市的规模以及种类都会发生分化，其中以人口或经济总量衡量的中等规模以及较小规模的城市会专业化地生产不同的贸易商品，从而在生产格局上实现高度的专业化，而较大规模的城市则更多地得益于产业结构分散化的好处。

在此基础上，亨德森（Henderson，2003）进一步指出，对于中小规模的城市而言，行业部门生产活动的规模经济效应是地方化经济而非城市化经济的一部分，地方化经济对于每个行业部门（行业规模由城市内部该行业的总产出或总就业人数加以衡量）而言被内在化，在这种情形下，规模经济效应可以通过把所有同类生产活动集中于同一个地理区域而实现最大化，从而城市居民收入也会以同样的方式实现最大化。反之，将就业分散在城市内部的诸多行业部门中便会消除原本规模效应的正外部性。对于大规模的城市而言，行业部门生产活动的规模经济效应主要体现为城市化经济的一部分，其对于每个行业部门而言被外在化，此时，专业化生产的好处便显得无关紧要，因为此时提高城市生产率水平的是经济活动的总体水平，而非特定行业部门在地理空间上的集中。

由此，为了进一步利用我国地级市制造业企业层面的微观数据验证上述观点，我们按照人口数量和经济总量将各地级市进行基于规模大小的分类，并通过计量分析探究专业化和多样化的生产方式对不同规模城市经济增长作用的差异。首先，我们以人口数量为标准进行分类。在我国，依照人口数量划分城市规模的标准经历过两次重要的变化。1980年，我国首次对1955年国家建委颁布的《关于当前城市建设工作的情况和几个问题的报告》中确定的城市规模等级划分标准做出改动，将城市规模划分为四个等级，即特大城市、大型城市、中型城市和小型城市。当时，在全国范围内达到特大城市标准的地级市共

计34个。随着国民经济和区域经济近三十余年来的迅速发展，传统的城市规模划分标准逐渐不能适应城市规模普遍大幅扩张的现状。因此，由中小城市经济发展委员会等机构于2010年出版的《中小城市绿皮书》中提出了新的城市规模划分标准。两类标准的对比见表7-3。

表7-3　1980年和2010年我国城市规模按人口数量的划分标准

年份 城市类型	1980	2010
巨型城市	无此分类	中心城区和近郊区的非农业人口达到1000万人以上
特大城市	中心城区和近郊区的非农业人口达到100万人以上	中心城区和近郊区的非农业人口在300万到1000万人之间
大型城市	中心城区和近郊区的非农业人口在50万到100万人之间	中心城区和近郊区的非农业人口在100万到300万人之间
中型城市	中心城区和近郊区的非农业人口在20万到50万人之间	中心城区和近郊区的非农业人口在50万到100万人之间
小型城市	中心城区和近郊区的非农业人口在20万人以下	中心城区和近郊区的非农业人口在50万人以下

此处，我们采用1999—2008年《中国城市统计年鉴》中各地级市年末非农业人口中"市区"（2003年及之后的年鉴中改为"市辖区"）一栏的人口数近似代替上述划分标准中涉及的中心城区和近郊区的非农业人口数。综上，此处在确定城市规模等级时基本采用表7-3中2010年对城市规模的划分标准。但由于在研究区间内，仅有上海市在2002—2007年达到了巨型城市的标准，在地级市中并不具有代表性，因此此处将巨型城市与特大城市加以合并，统称为特大城市。通过在基准计量模型（7-17）中添加关于城市人口规模等级的虚拟变量，我们可以得到如下计量模型：

$$gdp_{it} = cons + \left(\beta_1 + \sum_{j=1}^{3}\delta_j D_{ji}\right) \times rsi_{it} + \beta_2 com_{it} + \beta_3 edu_{it}$$
$$+ \beta_4 fis\_rate_{it} + \beta_5 inv\_rate_{it} + \mu_t + error_{it} \qquad (7-19)$$

在模型中，$D_{ji}(j=1,2,3)$ 为虚拟变量。其中，各虚拟变量的含义如下所示：

$$D_{1i}=\begin{cases}1, & i\text{ 为特大城市}\\ 0, & \text{其他情形}\end{cases} \quad D_{2i}=\begin{cases}1, & i\text{ 为大型城市}\\ 0, & \text{其他情形}\end{cases}$$

$$D_{3i}=\begin{cases}1, & i\text{ 为中型城市}\\ 0, & \text{其他情形}\end{cases}$$

另外，与之前类似，μ_t 仍然控制了时间固定效应，但由于式(7-19)已经引入关于城市人口规模特征的虚拟变量，故此处不再单独控制地区固定效应。根据计量模型 (7-19) 进行动态面板数据的 GMM 估计，其回归结果如表 7-4 所示。

表 7-4　制造业部门多样化和专业化程度对城市经济增长作用的回归结果（按人口规模分类，1998—2007 年）

	(5)	(6)	(7)	(8)
L1	0.3087***	-0.1295*	0.2544**	0.3679**
	(0.0593)	(0.0732)	(0.0627)	(0.1198)
rsi_{it}	-0.2207**	0.1873	-0.2995*	-0.1521**
	(0.0605)	(0.4158)	(0.1731)	(0.0390)
$D_{1i}\times rsi_{it}$	0.5029**	0.2886*	0.3514	0.3865***
	(0.1572)	(0.1535)	(0.8502)	(0.0778)
$D_{2i}\times rsi_{it}$	0.3659	0.1139**	0.2087**	0.1734**
	(0.5066)	(0.0354)	(0.0407)	(0.0428)
$D_{3i}\times rsi_{it}$	-0.3922	-0.3071*	-0.1283**	0.0462**
	(0.6283)	(0.1651)	(0.0327)	(0.0126)
com_{it}	0.2376***	0.1559	-0.1160*	0.4095
	(0.0588)	(0.0881)	(0.0699)	(0.6822)
edu_{it}	0.3830*	0.4285**	0.2256*	0.3324***
	(0.2307)	(0.1110)	(0.1297)	(0.0685)
fis_rate_{it}	-0.1063*	0.2778**	0.3941	0.2361**
	(0.0569)	(0.0687)	(0.9188)	(0.0745)
inv_rate_{it}	0.1505**	0.2562	0.2098***	0.4933
	(0.0443)	(0.4875)	(0.0411)	(1.1586)
观测值	2250	2025	2250	2025

在上表中，第（5）列至第（8）列的含义分别对应表 6-3 中第（1）列至第（4）列的含义。根据表 7-4 的结果，我们可以发现专业化与多样化在不同的城市人口规模下对经济增长的推动作用呈现出显著的差异。对于超大城市而言，其相对分散化指数 rsi_{it} 以及交互项 $D_{1i} \times rsi_{it}$ 所对应的参数估计值之和在不同的情形下均稳健表现为显著为正的结果，大型城市所对应的参数估计值同样为正，但是其在每种情形下均小于超大城市的参数估计值。反之，对于人口规模相对较小的中型城市而言，其相对分散化指数 rsi_{it} 以及交互项 $D_{3i} \times rsi_{it}$ 所对应的参数估计值之和在不同情形下均稳健表现为显著为负的结果，但小型城市所对应的参数估计值（rsi_{it} 一项前面的系数）尽管同样在各情形下均显著为负，却与中型城市的参数估计结果相差无几。由于 rsi_{it} 的增加意味着多样化程度的提高，故以上结果表明在人口规模较大的城市（超大城市和大型城市）中，多样化的制造业部门结构能够显著推动经济增长，且该效果随着城市人口规模的增大而有所提升，而在人口规模较小的城市（中型城市和小型城市）中，专业化的制造业部门结构更加有利于经济增长，但该效果并不随着城市人口规模的增大或减小而有显著的变化。

接下来，我们按照经济总量为标准对城市进行分类。为简便起见，我们仍然按照前述第五章第三节计量分析中的处理方法将 225 个地级市分为居前、居中和居后三组。并且与模型（7-19）相似地，设置关于城市经济规模分组的虚拟变量如下所示并以交互项的形式引入基准模型（7-17）中：

$$D_{1i} = \begin{cases} 1, & i \text{ 为居前组城市} \\ 0, & \text{其他情形} \end{cases} \quad D_{2i} = \begin{cases} 1, & i \text{ 为居中组城市} \\ 0, & \text{其他情形} \end{cases}$$

对在式（7-17）的基础上引入上述虚拟变量的计量模型进行动态面板数据的 GMM 估计，可以得到如表 7-5 所示的回归结果。

在表 7-5 中，第（9）列至第（12）列的含义分别对应表 6-3 中第（1）列至第（4）列的含义。从表 7-5 的回归结果中可以看出，在以经济总量作为衡量城市规模标准的条件下，制造业部门专业化和多样化的程度仍然在不同城市规模之间表现出明显的差异。对于

表7-5 制造业部门多样化和专业化程度对城市经济增长作用的回归结果（按经济规模分类，1998—2007年）

	(9)	(10)	(11)	(12)
$L1$	0.4114** (0.0999)	0.3295*** (0.0642)	0.2758** (0.0776)	0.3967** (0.1387)
rsi_{it}	-0.0818* (0.0467)	-0.1897* (0.1066)	-0.2175** (0.0533)	0.1761 (0.5802)
$D_{1i} \times rsi_{it}$	0.4626* (0.2474)	0.4057** (0.1245)	0.3559* (0.2045)	0.2954 (0.6786)
$D_{2i} \times rsi_{it}$	0.1965*** (0.0445)	0.2538** (0.0840)	0.3320** (0.1012)	0.2007* (0.1209)
com_{it}	0.5892** (0.1466)	0.3977 (0.5823)	-0.4865 (0.7072)	0.3975* (0.2366)
edu_{it}	0.1845** (0.0561)	0.2579* (0.1491)	0.2428** (0.0605)	0.1633* (0.0961)
fis_rate_{it}	-0.1374* (0.0718)	0.1892 (0.6619)	0.2720*** (0.0530)	0.1958* (0.1042)
inv_rate_{it}	0.3885** (0.0981)	0.1572*** (0.0237)	-0.3370 (0.9397)	-0.2535 (0.8084)
观测值	2250	2025	2250	2025

经济规模相对较大的居前组城市，其相对分散化指数rsi_{it}以及交互项$D_{1i} \times rsi_{it}$所对应的参数估计值之和在不同的情形下基本均稳健表现为显著为正的结果，这说明经济发展程度较高的城市更加依赖制造业部门多样化生产所带来的增长效应。而对于经济规模居中的B组城市，其相对分散化指数rsi_{it}以及交互项$D_{2i} \times rsi_{it}$所对应的参数估计值之和虽然也同样在各种情形下显著为正，但却小于每种情形下居前组城市相应的参数估计值，这表明制造业部门的多样化在中等经济规模的城市中同样发挥着一定程度的增长效应，但其效果并不如经济规模更大的城市明显。最后，经济发展水平较低的居后组城市较多地从制造业部门专业化生产中获益（rsi_{it}一项的系数大多显著为负）。从而，综合

表7-4和表7-5所示的回归结果可以发现，无论是以人口数量还是经济总量作为衡量城市规模的标准，规模较大的城市主要受到制造业部门多样化生产的增长效应的影响，而在规模较小的城市，专业化比多样化更能解释其经济的增长。

第四节 小结与讨论

本章延续了之前数章对于经济活动的空间集聚、产业结构演变以及区域经济增长之间的关联性的探讨，首先介绍了一个具有启发意义的探讨城市等级体系演变过程中城市规模与专业化和多样化生产方式关联性的理论模型，然后以我国225个地级市的制造业部门作为主要研究对象，展开关于经济活动空间聚散形式的选择以及产业结构的布局形式对城市经济增长作用效果的经验分析。为体现制造业部门内部细分行业的产业结构比例以及其在城市内部的聚散情况，本章选取了基于变异系数而构建的相对分散化指数衡量各城市制造业部门的专业化和多样化程度大小，并依据亨德森（Henderson，1986；2003）的理论假说，以城市规模为标准分类讨论专业化和多样化在不同城市内部作用效果的差异。经过统计分析和计量分析，我们得出了如下主要结论：

第一，在1998—2007年，我国225个地级市的相对分散化指数空间分布情况基本与各地级市地区生产总值的空间分布情况保持一致，这意味着经济发展程度较高的城市通常会选择制造业部门的多样化作为主要的生产形式，而经济发展程度相对较低的城市则致力于在制造业的某一细分行业部门实现专业化。进一步的统计数据分析显示，经济总量位居全国前列的城市呈现出多样化程度的稳步增长，且其中经济或人口规模更大的城市有着更高的多样化程度并体现出更快的多样化增速；而对于经济总量较小的城市而言，其专业化程度也在研究的时间区间内持续上升，且其中经济或人口规模更小的城市对应更高的专业化程度，但专业化水平的增速与城市规模并无明显的关联。

第二，基于全国范围的动态面板数据 GMM 估计结果显示无法拒绝制造业部门的相对分散化指数所对应的参数估计值为零的原假设，即专业化或多样化的程度并不能在全国范围内解释城市经济的增长，其原因可能在于专业化和多样化的增长效应基于城市规模不同而存在明显差异，从而抵消了整体的作用效果。在之后通过引入代表城市人口规模和经济规模大小的虚拟变量可以进一步发现，规模较大的城市更多得益于多样化的影响，而规模较小的城市则正好相反。具体而言，基于人口数量划分的超大城市与大型城市的经济增长主要可由多样化解释，且超大城市更能体现多样化的作用，而中型城市与小型城市的经济增长可主要归结为专业化生产的贡献，但贡献的程度并不随人口规模变化而有显著的改变。基于经济总量对城市规模进行划分可以得到完全类似的结果。这与前述亨德森（Henderson，1986；2003）的理论假说基本吻合。

上述结论对于我国城市经济的发展有着较为现实的意义。具体而言，在开展城市经济建设的过程中，不可盲目地一味追求产业结构专业化或多样化，而应该根据城市经济发展的实际情况因地制宜，合理设计和调整产业结构布局，选择适当的集聚形式。对于经济较为发达的大型城市而言，应鼓励建立综合性的产业结构体系，通过多产业协调发展充分发挥雅各布斯外部性（城市化经济）的作用；对于经济相对落后的中小城市而言，应基于自然资源等比较优势有选择性地培育重点产业，通过合理的区际专业化分工体系充分发挥马歇尔外部性（地方化经济）的作用。另外，对于面临规模大幅扩张和经济转型的城市，应及时调整产业发展战略和产业集聚形式，实现从专业化向多样化的合理过渡，从而为城市经济持续稳定增长提供坚实的基础。

第八章 主要结论与政策建议

第一节 主要结论

总体而言，本书通过数理模型分析与计量分析方法，基于经济结构转变的不同层次逐级深入探讨产业集聚在区域乃至城市经济增长中所扮演的重要角色。从中我们可以发现，无论是国民经济整体层面的二元结构转变（主要体现为城市化），抑或现代产业部门（包括以制造业为代表的第二产业部门和以生产性服务业为代表的第三产业部门）内部的结构转变（主要体现为产业结构高端化），还是相对更为微观的制造业部门内部的结构转变（主要体现为产业结构升级以及对专业化或多样化生产方式的选择），均离不开经济活动的空间集聚。在通过上述三个层面展开结构转变、集聚与经济增长相互关联性的探讨之后，本书完成了对其所持核心观点的论证：随着我国的经济发展步入新的历史时期，集聚效应的发挥将成为决定我国能否坚定不移地贯彻科学发展的理念并满足增长方式和结构转型的迫切需求的最重要因素之一。进一步地，经济活动的集聚程度有助于为解释我国区域和城市之间经济发展水平所存在的差异提供更为合理与科学的洞见。具体而言，本书的主要结论可分为以下几点：

第一，在二元经济结构转变（城市化）和技术进步的背景下，产业活动的空间集聚将成为区域经济增长的有力推动器。通过第四章的理论模型分析可以发现，在一个简单的两地区两部门二元经济模型中，农村劳动力每一期向城市的转移量（衡量结构转变程度）以及稳态转移量均受到现代产业部门集聚程度的影响。而对于经济体的增长状况而言，经济体每一期的增长率、相应的稳态增长率以及现代产业部门的技术进步率均受到结构转变和集聚的共同推动。同时，当结构转变趋于稳态时，集聚还能通过提高其稳态水平进一步推动经济增长。之后基于我国省级面板数据的实证分析进一步验证了模型的主要结论，即虽然东部地区城市化推动经济增长的效能已经进入了"瓶颈"期，其程度相比于中西部地区而言处于落后的地位，但是在考虑产业集聚因素之后，东部地区城市化的综合增长效应仍然远高于中西部地区。这说明在经济体发展的初期阶段，城市化的增长效应较为明显，而在发展进入成熟阶段之后，单纯依靠城市化推动经济增长将出现后继乏力的情况，只有在城市化的同时伴随经济活动的集聚，才能使城市化重新焕发应有的活力。

进一步地，正如第四章的理论模型所揭示的，现代产业部门的集聚效应主要体现为劳动力集聚所带来的知识外部性。因此，在城市化的发展过程中，要格外重视掌握先进知识和生产技术的熟练劳动力和专业化人才的集聚，而非一味追求所谓高楼林立的表面聚合。

第二，在现代产业部门内部结构转变和产业结构高端化的背景下，基于投入产出上下游关联而形成的第二和第三产业共同集聚对于推动城市经济增长有着重要的意义。首先，我们借鉴阿西莫格鲁和圭利埃里（Acemoglu & Guerrieri，2008）的非平衡增长模型探讨现代产业部门的共同集聚对长期经济增长的影响，发现产业共同集聚在长期内不仅能够直接作用于经济增长，还能通过推动产业结构高端化进一步强化这一增长效应。进一步地，我们利用中国工业企业数据库以及我国城市层面的微观数据，建立计量模型分析第二和第三产业共同集聚对于我国城市经济增长的影响。其中，通过对中国工业企业数据库的匹配、筛选与整合，我们建立了地级市层面的制造业细分行业部门（两位数细分行业）数据库，并以其作为后面章节统计分析和实证分析的重要数据基础。

在具体的实证分析中，我们首先借鉴德弗鲁（Devereux，2008）与刘志彪和郑江淮（2008）的方法构建了衡量产业共同集聚程度的指标，克服了传统的 E-G 指数及其修正版本无法衡量某一地区产业共同集聚程度的缺陷。而后，来自我国地级市的经验事实表明经济发展水平（以地区生产总值或人均值衡量）较高的城市体现出经济发展程度与第二和第三产业集聚水平同步变化的趋势，而这一趋势在经济发展水平较低的城市中间无法体现。计量模型的回归结果从另一个角度验证了这一点：在发达城市内部，第二和第三产业共同集聚能够对城市经济增长起到相当显著的推动作用，并且该作用超过了全国层面的平均水平；而在相对落后的城市内部，第二和第三产业的共同集聚推动增长的效果并不明显，这可能是由于落后城市两类产业部门各自的发展水平均较为低下，并不具备形成充分共同集聚的基础所致。

另外，本书还发现不同的细分行业部门之间的共同集聚效应表现出明显的差异：劳动密集型制造业部门与交通仓储邮电业或批发零售贸易业部门的共同集聚在总体上产生了较为显著的增长效应；资源密集型制造业部门与交通仓储邮电业以及金融保险业部门的共同集聚产生了良好的效果；而资本和技术密集型制造业部门与金融保险业部门和科研综合技术服务业部门的共同集聚效果均较为显著。这是由细分行业部门的具体性质以及行业之间的上下游产业关联强度所决定的。

第三，资本和技术密集型产业部门的集聚在制造业部门内部的结构转变中同样起到了关键的作用。对于制造业部门内部的行业结构而言，其转变的过程实际上体现为结构转型升级的进程。全国层面的数据表明制造业部门结构升级的程度在近年来呈现不断提高的趋势，但提高的速度和幅度均有限，这说明制造业结构升级在我国还有着相当大的提升空间。另外，经济发展程度较高的城市普遍具有更高的结构升级程度，且以区位熵衡量的资本和技术密集型行业的集聚程度相对于落后城市而言也更强。金属制品业、通用设备制造业、铁路、船舶、航空航天和其他运输设备制造业以及计算机、通信和其他电子设备制造业四个细分行业部门在经济发展程度不同的城市之间体现出较大的结构升级程度差异。

根据本书实证分析的结果，在全国整体范围内，制造业结构升级对城市经济增长起到了一定的推动作用，在此基础上，资本和技术密集型行业的集聚能够更进一步地强化这一效应。基于经济发展水平不同的城市分组回归结果表明，制造业结构升级本身在发达城市体现的增长效应低于全国平均水平，但这一增长效应能够得到集聚所带来的规模经济效应的进一步推动。而资本和技术密集型产业集聚通过推动结构升级而产生的增长效应在其余城市的体现均不明显，其中的原因主要在于经济发展水平较低的城市刚开始经历制造业结构升级的历程，从而相关产业也并未能形成理想的集聚规模。总之，只有伴随集聚的产业结构升级才能持续为经济增长提供动力。

第四，在制造业部门具体集聚形式的选择上，多样化与专业化所发挥的增长效应的强度取决于城市本身的经济规模。在第七章中，本书首先介绍了一个探讨城市规模大小与专业化和多样化生产方式选择的代表性理论模型，然后为了更为科学合理地体现制造业部门产业结构的组成与占比情况，尝试选用基于变异系数而构建的相对分散化指标衡量其多样化和专业化的程度。通过统计分析，我们发现经济总量位居全国前列的城市制造业部门的多样化程度不断提升，且其中经济或人口规模更大的城市有着更高的多样化程度并体现出更快的多样化增速；而对于经济总量较小的城市而言，其制造业部门的专业化程度也同样有不断强化的趋势，且其中经济或人口规模更小的城市对应更高的专业化程度，但专业化水平的增速与城市规模并无明显的关联。进一步地，基于地级市层面制造业细分部门的微观数据而展开的计量分析表明虽然多样化或专业化的程度无法从整体上解释我国经济的增长，但基于城市经济规模和人口规模的虚拟变量回归模型表明大型城市更倾向于受到制造业部门多样化布局的正向影响，而小型城市则更明显受益于制造业部门专业化生产的推动作用。从而大城市主要得益于多样化的好处（雅各布斯外部性）、小城市主要得益于专业化的好处（马歇尔外部性）这一新经济地理学的一般结论在我国同样适用。

第二节 政策建议

对于人类社会而言，经济结构的转变可以在某种程度上被理解为经济发展历程中的缩影。无论是从农耕社会向工业社会的蜕变，还是从工业社会向信息化、服务化社会的转轨，都无不伴随着生产力水平的极大飞跃。而根据本书的论证，在我国经济未来增长的道路中，各个层面的经济结构转型皆需与经济活动的空间集聚相结合才能最大限度地发挥自身的所谓"结构红利"。同时，由于集聚外部性所具有的地方化特征，城市较之于其他地域单元更能够有效地体现结构转变与经济活动空间聚散的作用效果。因此，为了充分发挥现阶段经济结构转型中的集聚效应，城市理应成为相关配套政策措施最重要的出发点和落脚点。为了最大限度强化集聚对我国经济结构转型升级的正向效应进而对国民经济稳定、健康、持续发展的推动作用，政府应从如下几个方面入手：

第一，通过继续推动大城市的发展促进集聚效应的发挥。本书的实证研究从多个角度表明了城市经济规模与集聚效应强度之间的正向关系，这意味着大城市在目前以及可以预见的将来均必须承担发挥集聚效应的"生力军"角色。虽然随着我国城市化进程的深入，集聚的负外部性已经在部分大城市初露端倪，主要表现为环境污染、交通拥堵、犯罪率上升等问题，但我们不能因为诸如此类"城市病"的发生便全盘否定集聚效应的积极一面，更不能据此认为大城市在我国城市等级体系中的重要性将不如以往。实际上，越来越多的国内外相关研究均表明我国城市的集聚效应严重受到总体偏小的城市规模以及滞后的城市化水平的制约（Fujita et al., 2004; Au & Henderson, 2006; 陆铭等，2008；陈钊等，2009；王小鲁，2010）。我们认为，来自规模经济的集聚效应能够有效地通过促进结构转变提升城市的劳动生产率，故我国目前城市的总体规模不是过大，而是过小，大城市的数量也并非过多，而是过少。因此，各级地方政府应该逐步破除城市化路径中存在的认识误区,意识到所谓"城市病"并非大城市发展的必然结局,同时中小城市的发展也必须以大城市的存在及其集聚效应的充分发挥作为前提和依托。在此基础上,政府应对未来城市化和区域经济发展的目标做出合理的政策调整,以继续发挥大城市的集聚效应。

首先,各大城市要进一步降低人口流动的制度成本,放宽对劳动力流动的限制政策。在城市二元户籍结构彻底退出历史舞台之前,关键在于消除对非城市本地户籍人口在子女教育和社会保障等方面的歧视,并且在现阶段逐步做到给予在城市就业的常住人口与拥有城市本地户籍的人口平等的待遇。除此之外,还必须建立全国性的社会保障体系,使各大城市之间在社会保障服务上相互衔接。同时由于涌入大城市的农民工数量相对较多,必须对于房屋租赁市场给予足够的重视,使租房居住者与自住房拥有者在户口申报以及子女教育等方面享受同等的权利。其次,还要逐渐采取措施克服国内市场所存在的市场分割与行政性壁垒等问题,以促进集聚效应的充分发挥。在市场经济体制改革逐步深化的背景下,政府需要为市场经济建立规则而非一味进行微观干预。具体措施包括完善交通等基础设施、合理规划产业空间布局、促进产业链的形成、完善金融市场、建立有助于产业集聚的工商管理制度、打造吸引专业人才的文化氛围等。

第二,通过全国范围内产业布局空间结构的调整以及城市功能区的重新整合等措施推动第二和第三产业的共同集聚。要致力于发挥区域中心城市的辐射作用,加强都市圈和经济带建设,并在战略上通过空间结构的调整推进区域城市化和集聚区的整合,在此基础上打造更多经济关联合作程度较强的都市圈,提高制造业和生产性服务业部门集聚的整合度,实现生产性服务业部门在区域中心城市集聚,制造业在周边城市集聚的"服务—生产"都市圈城市功能分工。另外,由于东、中、西部地区各自中心城市的辐射能力有所差异,在实践中要特别注意在中西部地区重点培育具备一定影响力的都市圈。同时,在产业结构的空间布局调整过程中,必须在制度上破除地方保护主义所带来的影响,通过推动行政体制改革加快区域经济一体化进程,促进生产要素的自由流动,从而为第二和第三产业的共同集聚提供良好的体制环境。最后，由于产业共同集聚依细分行业部门的异质性存在差异，各地政府在相关政策制定上也要体现行业间的区分度，针对行业的异质性分门别类地出台相应措施促进能够发挥共同集聚效应的细分行业部门之间有机结合的程度。

第三，在推进产业结构升级的过程中，应通过培育资本和技术密集型行业的集群式发展强化产业集聚的效果。具体而言，首先，政府应通过公共政策的引导，充分发挥已经初具规模的高新技术企业群在专业化劳动力、上下游产业配套和信息交流三方面的优势，帮助企业尽可能获得更多的集聚外部效益，并通过完善企业间的网络关联，引导企业群内部的企业融入本地外资企业已经成熟的配套生产和营销网络。对于具备一定实力的民营企业，政府还可以通过多种渠道帮助其直接融入包括综合贸易商、国际旗舰企业和专业代理商在内的海外营销网络。其次，政府应为该类行业的发展提供金融支持，积极组织银行与企业之间的合作，努力为高新技术企业和金融部门之间开辟"绿色通道"，向金融部门推介优质项目和优势企业。通过推行企业财产抵押贷款、组建股份制商业银行、组建中小企业跟踪监督机构、建立专门的信用担保体系和企业债权维护机制等措施放宽对企业信贷的限制。最后，政府应鼓励高新技术人才的集聚，牵头组织外资研发机构与本地的研发机构、高校和企业开展一系列合作研发活动，联合创建工程技术研究中心、实验室和科技开发基地。通过举办研讨会、洽谈会、聘请专家讲学、联合培养人才等多种方式，广泛开展各个层次的国际交流与合作，不断提高区域知识溢出的外部效益以及企业的合作创新能力。

第四，在考虑城市内部产业部门的多样化或专业化布局问题时，必须结合城市经济发展的实际情况，不可"一刀切"地盲目推行全盘的多样化或专业化。具体而言，必须依据城市规模等特征设计与调整产业部门的具体集聚形式。对于大城市而言，应鼓励多种产业部门的协调发展，建立并完善门类齐全的制造业与生产性服务业部门体系，充分发挥雅各布斯外部性的作用；而对于经济发展水平相对落后的中小城市而言，应该集中优势资源发展重点产业与主导产业，以专业化分工为手段强化区域之间的产业关联，推动区域之间更为科学合理的分工协作体系的形成，从而充分发挥马歇尔外部性和地方化经济的优势。另外，对于城市规模在现阶段扩张较快并向大城市过渡的中小城市而言，必须在转型当中适时调整产业布局策略，进行集聚形式的重新选择，实现由专业化生产向多样化生产的转变，为城市经济的持续增长奠定坚实的基础。

第三节 主要创新点与不足之处

一 主要创新点

首先，国内外相关文献虽然在经济增长理论的分析框架下分别基于结构转变和集聚的视角开展了大量理论研究，但同时包含结构转变和集聚因素并探讨其关联性的增长模型却较难见到。本书最大的创新点在于基于前人的理论模型做出了构建同时包含结构转变和集聚因素的动态增长模型的尝试，同时也相应地拓展了后续的计量研究，使得在计量模型中同时考虑结构转变和集聚因素对增长率的影响具备了理论层面的基础。相关的理论与实证研究结论也是对"结构红利假说"和"鲍莫尔成本理论"的有益增补。

其次，国内外相关文献虽然已经注意到第二和第三产业共同集聚这一现象，但鲜有研究关注共同集聚与经济增长之间的关联。本书以我国地级市作为研究的地域单元，利用城市以及工业企业层面的微观数据建立了各地级市制造业细分行业部门的统计指标数据库并在此基础上构造了更为合理地体现地级市产业共同集聚程度的指标，研究产业关联、共同集聚与城市经济增长的关系问题，并在这一新视角下考察了城市经济规模和细分行业关联程度对共同集聚所起的作用。

最后，本书在分析产业结构升级与经济增长的关系时引入了集聚的因素，并基于城市经济发展程度的视角分类讨论了资本和技术密集型行业的空间集聚对制造业结构升级进而对城市经济增长的作用效果。另外，本书在衡量城市制造业部门生产专业化和多样化程度时构造了相对更为合理的统计指标，使得关于集聚形式选择标准的结论与讨论更加具有可信度。

二　主要的不足之处

首先，虽然本书在第四章和第五章的分析中利用理论模型分别从二元结构和现代产业部门内部的视角展示了集聚、结构转变与经济增长之间的相互关联性，为计量分析提供了一定的理论支撑，但是在之后的分析当中，由于可资借鉴和拓展的国内外理论分析框架较少，我们暂时无法为第六章和第七章的经验研究提供与之相吻合的理论模型。

其次，由于受到数据可得性的限制，一些较为理想的反映产业结构转变、经济活动空间集聚、产业关联程度和产业升级的指标无从构建，只能选择较为贴近的替代指标，这在一定程度上影响了本书实证研究部分的可信程度。另外，基于更为微观的层面（如县域层面以及三位数和四位数制造业细分行业部门层面）基础上展开的结构转变、集聚与增长的关系探讨无疑将会在更大程度上丰富本书的研究结论，由于相关数据和时间的限制，这一方面的议题也有待今后进一步的分析和研究。

参考文献

[1] Aarland, K., Ono, Y., Davis, J., J. V. Henderson, "Spatial Organization of Firms", Federal Reserve Bank of Chicago, 2004.

[2] Abraham, G., K. Taylor, "Firm's Use of Outside Contractors: Theory and Evidence", *Journal of Labor Economics*, 1996, 14 (1): 394 – 424.

[3] Accetturo, A., "Agglomeration and Growth: The Effects of Commuting Costs", *Papers in Regional Science*, 2010, 89 (1): 173 – 190.

[4] Acemoglu, D., Johnson, S., Robinson, J., Y. Pierre, "Reevaluating the Modernization Hypothesis", *Journal of Monetary Economics*, 2009, 56 (4): 1043 – 1058.

[5] Acemoglu, D., V. Guerrieri, "Capital Deepening and Nonbalanced Economic Growth", *Journal of Political Economy*, 2008, 116 (3): 467 – 498.

[6] Aghion, P., P. Howitt, *The Economics of Growth*, MIT Press: Cambridge, Massachusetts, 2009.

[7] Ago, T., Isono, I., T. Tabuchi, "Locational Disadvantage of the Hub", *The Annals of Regional Science*, 2006, 40 (4): 819 – 848.

[8] Alonso, W., *Location and Land Use*, Cambridge, MA: Harvard University Press, 1964.

[9] Alvarez – Cuadrado, F., M. Poschke, "Structural Change out of Agriculture: Labor Push versus Labor Pull", *American Economic Journal: Macroeconomics*, 2011, 3 (3): 127 – 158.

[10] Amiti, M., "Location of Vertically Linked Industries: Agglomeration versus Comparative Advantage", *European Economic Review*, 2005, 49 (4): 809 – 832.

[11] Amiti, M., *Regional Specialization and Technological Leapfrogging*, La Trobe University Press, 1998.

[12] Anselin, L., *Spatial Econometrics: Methods and Models*, Dordrecht: Kluwer Academic Publishers, 1988.

[13] Arellano, M., S. Bond, "Some Tests of Specification for Panel Data: Monte Carlo Evidence and an Application to Employment Equations", *Review of Economic Studies*, 1991, 58 (2): 277 – 297.

[14] Arrow, K., G. Debreu, "Existence of an Equilibrium for a Competitive Economy", *Econometrica*, 1954, 22: 265 – 290.

[15] Attaran, M., "Industrial Diversity and Economic Performance in U. S. Areas", *The Annals of Regional Science*, 1986, 20 (4): 44 – 54.

[16] Au, C., V. Henderson, "Are Chinese Cities too Small?", *Review of Economic Studies*, 2006, 73 (2): 549 – 576.

[17] Baldwin, R., T. Okubo, "Heterogenous Firms, Agglomeration and Economic Geography: Spatial Selection and Sorting", *Journal of Economic Geography*, 2006, 6 (3): 323 – 346.

[18] Baldwin, R. E., Martin, P., G. Ottaviano, "Global Income Divergence, Trade and Industrialization: The Geography of Growth Take – off", *Journal of Economic Growth*, 2001, 36 (1): 5 – 37.

[19] Baldwin, R. E., P. Martin, *Agglomeration and Regional Growth*, Handbook of Regional and Urban Economics, Vol. 4. Elsevier, Amsterdam, 2004.

[20] Baldwin, R. E., R. Forslid, "The Core – periphery Model and Endogenous Growth: Stabilising and Destabilising Integration", *Econometrica*, 2000, 67 (2): 307 – 324.

[21] Baldwin, R. E., T. Okubo, "Heterogenous Firms, Agglomeration and Economic Geography: Spatial Selection and Sorting", *Journal of Economic Geography*, 2006, 6 (3): 323 - 346.

[22] Baldwin, R. E., "Agglomeration and Endogenous Capital", *European Economic Review*, 1999, 43 (3): 253 - 280.

[23] Banerjee, A. V., E. Duflo, *Growth Theory Through Lens of Development Economics*, Handbook of Economic Growth, Vol. 1. Elsevier, Amsterdam, 2005.

[24] Baptista, A., "Agglomeration Economies, Economic Growth and the New Economic Geography in Mexico", EconWPA Working Paper, No. 0508001, 2006.

[25] Baptista, R., G. Swann, "Do Firms in Clusters Innovate More?", *Research Policy*, 1998, 27 (2): 527 - 542.

[26] Barrios, S., Bertinelli L., "E. Strobl, Co - agglomeration and Growth", CEPR Discussion Paper, No. 3969, 2003.

[27] Batisse, C.：《专门化、多样化和中国地区工业产业增长的关系》,《世界经济文汇》2002 年第 4 期。

[28] Baumol, W. J., "Macroeconomics of Unbalanced Growth: The Anatomy of Urban Crisis", *American Economic Review*, 1967, 57 (2): 415 - 426.

[29] Beckman, M. J., "Von Thunen Revisited: A Neoclassical Land Use Model", *Swedish Journal of Economics*, 1972a, 74: 1 - 7.

[30] Behrens, K., P. M. Picard, "Transportation, Freight Rates and Economic Geography", *Journal of International Economics*, 2011, 85 (2): 280 - 291.

[31] Berliant, M., Reed, R., P. Wang, "Knowledge Exchange, Matching, and Agglomeration", *Journal of Urban Economics*, 2006, 60 (1): 69 - 95.

[32] Berry, B., "Internal Structure of the City", *Law and Contemporary Problems*, 1965, 30 (1): 111 - 119.

[33] Bertinell, L., D. Black, "Urbanization and Growth", *Journal of Urban Economics*, 2004, 56 (1): 80 – 96.

[34] Black, D., J. V. Henderson, "A Theory of Urban Growth", *Journal of Political Economy*, 1999, 107 (2): 252 – 284.

[35] Bonatti, L., G. Felice, "Endogeous Growth and Changing Sectoral Composition in Advenced Economies", *Structural Change and Economic Dynamics*, 2008, 19 (2): 109 – 131.

[36] Bracalente, B., C. Perugini, "The Components of Regional Disparities in Europe", *Annal of Regional Science*, 2010, 44 (3): 621 – 645.

[37] Bradly, R., J. S. Gans, "Growth in Australian Cities", *Economic Record*, 1998, 74 (226): 266 – 278.

[38] Brandt, L., Johannes, B., Y. Zhang, "Creative Accounting or Creative Destruction: Firm – level Productivity Growth in Chinese Manufacturing", *Journal of Development Economics*, 2012, 97 (2): 339 – 351.

[39] Braudel, F., *Civilization and Capitalism 15th – 18th Century: The Principle of the World*, New York: Harper Collins, 1979.

[40] Braunerhjelm, P., B. Borgman, "Geographical Concentration, Entrepreneurship and Regional Growth: Evidence from Regional Data in Sweden", *Regional Studies*, 2004, 38 (1): 929 – 947.

[41] Brezis, S., P. Krugman, "Technology and the Life Cycle of Cities", *Journal of Economic Growth*, 1997, 2 (4): 369 – 383.

[42] Brulhart, M., F. Sbergami, "Agglomeration and Growth: Cross – country Evidence", *Journal of Urban Economics*, 2009, 65 (1): 48 – 63.

[43] Brulhart, M., N. Mathys, "Sectoral Agglomeration Economies in a Panel of European Regions", *Regional Science and Urban Economics*, 2008, 38 (4): 348 – 362.

[44] Cerina F., F. Murredu, "Agglomeration and Growth with Endoge-

nous Expenditure Share", *Journal of Regional Science*, 2012, 52 (2): 324 – 360.

[45] Charlot, S., G. Duranton, "Communication Externalities in Cities", *Journal of Urban Economics*, 2004, 56 (3): 581 – 613.

[46] Chenery, H. B., *Interregional and International Input – Output Analysis*, New York: John Wiley & Sons, 1956.

[47] Chenery, H. B., M. Syrquin, *Patterns of Development: 1950 – 1970*, London: Oxford University Press, 1975.

[48] Chenery, H. B., *Structural Change and Development Policy*, Oxford University Press, 1979.

[49] Chenery, H. B., "Patterns of Industrial Growth", *American Economic Review*, 1960, 50 (4): 624 – 654.

[50] Chenery, H. B., "The Evolution of Development Planning", *Journal of Policy Modeling*, 1984, 6 (2): 159 – 174.

[51] Chenery, H. B., "The Structuralist Approach to Development Policy", *American Economic Review*, 1975, 65 (2): 310 – 315.

[52] Ciccone, A., "Agglomeration Effects in Europe", *European Economic Review*, 2002, 46 (2): 213 – 227.

[53] Clark, C., *The Conditions of Economic Progress*, London: Macmillan, 1940.

[54] Coe, D. T., E. Helpman, "International R&D Spillovers", *European Economic Review*, 1995, 39 (1): 859 – 887.

[55] Coe, D. T., Helpman, E., A. W. Hoffmaister, "North – South R&D Spillovers", *The Economic Journal*, 1997, 107 (3): 134 – 149.

[56] Combes, P., Duranton, G., Gobillon L., S. Roux, *Estimating Agglomeration Economies with History, Geology and Worker Effects*, Agglomeration Economics, University of Chicago Press, 2010.

[57] Combes, P., Duranton, G., L. Gobillon, "The Indentification of Agglomeration Economies", *Journal of Economic Geography*, 2011,

11 (2): 253 - 266.

[58] Combes, P., et al., "Urbanization and Migration Externalities in China", CEPR Discussion Paper, No. DP 9352, 2013.

[59] Combes, P., et al., "The Productivity Advantages of Large Cities: Distinguishing Agglomeration from Firm Selection", *Econometrica*, 2012, 80 (6): 2543 - 2594.

[60] Combes, P., "Economic Structure and Local Growth: France, 1984 - 1993", *Journal of Urban Economics*, 2000, 47 (3): 329 - 355.

[61] Crozet, M., P. Koenig, "The Cohension versus Growth Tradeoff: Evidence from EU Regions, 1980 - 2000", Mimeo Working Paper, 2007.

[62] Debreu, G., *Theory of Value*, New York: Wiley, 1959.

[63] Dekle, R., J. Eaton, "Agglomeration and Land Rents: Evidence from the Prefectures", *Journal of Urban Economics*, 1999, 46 (1): 200 - 214.

[64] Desmet, K., M. Fafchamps, "Changes in the Spatial Concentration of Employment Across U.S. Counties: A Sectorial Analysis from 1972 - 2000", *Journal of Economic Geography*, 2005, 5 (3): 261 - 284.

[65] Desmet, K., S. Parente, "The Evolution of Markets and the Revolution of Industry: A Unified Theory of Growth", *Journal of Economic Growth*, 2012, 17 (3): 205 - 234.

[66] Devereux, P., Griffith, R., B. Simpson, "The Geographic Distribution of Production Activity in the U.K.", *Regional Science and Urban Economics*, 2008, 34 (5): 533 - 564.

[67] Dixit, A., J. Stigliz, "Monopolistic Competition and Optimum Product Diversity", *American Economic Review*, 1977, 67 (3): 297 - 308.

[68] Dohse, D., S. Steude, "Concentration, Coagglomeration and

Spillovers: The Geography of New Market Firms in Germany", ERSA Conference Papers, 2003.

[69] Dunn, E. S., "The Equilibrium of Land – use Pattern in Agriculture", *Southern Economic Journal*, 1954, 21: 173 – 187.

[70] Dupont, V., "Do Geographical Agglomeration, Growth and Equity Conflict?", *Papers in Regional Science*, 2007, 86 (2): 193 – 213.

[71] Duranton, G., D. Puga, *Micro – foundation of Urban Agglomeration Economies*, Handbook of Regional and Urban Economics, Vol. 4. Elsevier, Amsterdam, 2004.

[72] Duranton, G., D. Puga, "From Sectoral to Functional Urban Specialization", *Journal of Urban Economics*, 2005, 57 (2): 343 – 370.

[73] Duranton, G., D. Puga, "Nursery Cities: Urban Diversity, Process Innovation and the Life Cycle of Products", *American Economic Review*, 2001, 91 (5): 1454 – 1477.

[74] D'Aspremont, C., Gabszewicz, J. J., J. F. Thisse, "On Hotelling's 'Stability in Competition'", *Econometrica*, 1979, 47: 1145 – 1150.

[75] Eaton, B. C., R. G. Lipsey, "The Introduction of Space into the Neoclassical Model of Value Theory", In M. Artis and A. Nobay (eds.), *Studies in Modern Economics*, Oxford: Basil Blackwell, 1977, 59 – 96.

[76] Eaton, C., G. Lipsey, "An Economic Theory of Central Places", *The Economic Journal*, 1982, 92 (3): 56 – 72.

[77] Eaton, J., S. Kortum, "Trade and Ideas: Patenting and Productivity in the OECD", *Journal of International Economics*, 1996, 40 (2): 251 – 278.

[78] Echevarria, C., "Changes in Sectoral Competition Associated with Economic Growth", *International Economic Review*, 1997, 38

(2): 431-452.

[79] Ellison, G., E. Gleaser, "Geographic Concentration in U. S. Manufacturing Industries: A Dartboard Approach", *Journal of Political Economy*, 1997, 105 (5): 889-927.

[80] Ellison, G., Glaeser, E., W. Kerr, "What Causes Industry Agglomeration: Evidence from Co-agglomeration Patterns", *American Economic Review*, 2010, 100 (3): 1195-1213.

[81] Eswaran, M., A. Kotwal, "The Role of the Service Sector in the Process of Industrialization", *Journal of Development Economics*, 2002, 68 (2): 401-420.

[82] Fagerberg, J., "Technological Progress, Structural Change and Productivity Growth: A Comparative Study", *Structural Change and Economic Dynamics*, 2000, 35 (1): 393-411.

[83] Fei, C. H., G. Ranis, "A Theory of Economic Development", *American Economic Review*, 1961, 9: 533-565.

[84] Feldman, M., D. Audretsch, "Innovation in Cities: Science-based, Diversity, Specialization and Localized Competition", *European Economic Review*, 1999, 43 (1): 409-429.

[85] Foellmi, R., J. Zweimuller, "Structural Change, Engel's Consumption Cycles and Kaldor's Facts of Economic Growth", *Journal of Monetary Economics*, 2008, 55 (7): 1317-1328.

[86] Forslid, R., T. Okubo, "Sptial Sorting with Heterogeneous Firms and Heterogeneous Sectors", *Regional Science and Urban Economics*, 2014, 46 (3): 42-56.

[87] Franke, R., P. Kalmbach, "Structural Change in the Manufacturing Sector and its Impact on Business-related Services: An Input-output Study for Germany", *Structural Change and Economic Dynamics*, 2005, 16 (4): 467-488.

[88] Fritsch, M., V. Slavtchev, "Industry Specialization, Diversity and the Efficiency of Regional Innovation Systems", *Jena Economic Re-*

search Papers, 2007.

[89] Fritsch, M., V. Slavtchev, "How Does Industry Specialization Affect the Efficiency of Regional Innovation Systems", *The Annals of Regional Science*, 2010, 45 (1): 87 – 108.

[90] Fu, S. H., Dong, X. F., G. J. Cai, "Industrial Specialization, Diversification, Churning and Unemployment in Chinese Cities", *China Economic Review*, 2010, 21 (4): 508 – 520.

[91] Fuchs, V., "The Service Economy", National Bureau of Economic Research, 1968.

[92] Fujita, M., Henderson, V., Kanemoto, Y., T. Mori, *Spatial Distribution of Economic Activities in Japan and China*, Handbook of Urban and Regional Economics, Vol. 4, North – Holland, 2004.

[93] Fujita, M., J. Thisse, *Economics of Agglomeration*, Cambridge University Press, 2002.

[94] Fujita, M., Krugman, P., A. Venables, *The Spatial Economy*, Cambrige, MA: MIT Press, 1999.

[95] Fujita, M., Krugman, P., T. Mori, "On the Evolution of Hierarchical Urban Systems", *European Economic Review*, 1999, 43 (2): 209 – 251.

[96] Fujita, M., P. Krugman, "A Monopolistic Competition Model of Urban Systems and Trade", *Economics of Cities: Theoretical Perspectives*, Cambridge: Cambridge University Press, 2000.

[97] Fujita, M., T. Mori, "Structural Stability and Evolution of Urban Systems", *Regional Science and Urban Economics*, 1997, 27 (4): 399 – 442.

[98] Gabszewicz, J. J., J. F. Thisse, *Spatial Competition and the Location of Firms*, Chur: Harwood Academic Publishers, 1986.

[99] Galor, O., D. Weil, "Population, Technology and Growth: From Malthusian Stagnation to the Demographic Transition and Beyond", *American Economic Review*, 2000, 90 (4): 806 – 828.

[100] Garretsen, H., R. Martin, "A Decade on: Where Do We Go from Here?", *Journal of Economic Geography*, 2011, 11 (2): 207 – 213.

[101] Geddes, P., *Cities in Evolution*, Williams & Norgate, London, 1915.

[102] Gereffi, G., "International Trade and Industrial Upgrading in the Apparel Commodity Chain", *Journal of International Economics*, 1999, 48 (2): 37 – 70.

[103] Gleaser, E., Kallal, H., Scheinkman, J., A. Shleifer, "Growth in Cities", *Journal of Political Economy*, 1992, 100 (6): 1126 – 1152.

[104] Gotteman, J., *Megalopolis: The Urbanized Northeastern Seaboard of the United States*, Cambridge, MA: MIT Press, 1957.

[105] Greunz, L., "Industrial Structure and Innovation: Evidence from European Regions", *Journal of Evolutionary Economics*, 2004, 14 (1): 563 – 592.

[106] Guerrieri, P., V. Meliciani, "Technology and International Competitiveness: The Interdependence between Manufacturing and Producer Services", *Structural Change and Economic Dynamics*, 2005, 16 (4): 489 – 502.

[107] Hanson, G., E. Prescott, "Malthus to Solow", *American Economic Review*, 2002, 92 (4): 1205 – 1217.

[108] Hanson, G., "Regional Adjustment to Trade Liberalization", *Regional Science and Urban Economics*, 1998, 28 (4): 419 – 444.

[109] Hanson, G. H., "Scale Economies and the Geographic Concentration of Industry", *Journal of Economic Geography*, 2001, 1 (3): 255 – 276.

[110] Harsanyi, J. C., R. Selten, "A Generalized Nash Solution for Two – Person Bargaining Games with Incomplete Information", *Management Science*, 1972, 18: 80 – 106.

[111] Hayashi, F., E. Prescott, "The Depressing Effect of Agricultural Institutions on the Prewar Japanese Economy", *Journal of Political Economy*, 2008, 116 (4): 573 – 632.

[112] Heckscher, E., *The Effect of Foreign Trade on the Distribution of Income*, Economisk Tidskrift, 1919.

[113] Helsley, R. W., W. Strange, "Matching and Agglomeration Economies in a System of Cities", *Regional Science and Urban Economics*, 1990, 20 (2): 189 – 212.

[114] Henderson, J. V., "How Urban Concentration Affects Economic Growth", World Bank Policy Research Working Paper, No. 2326, Washington D. C., 2000.

[115] Henderson, J. V., J. F. Thisse, *Handbook of Regional and Urban Economics*, Vol. 4, Elsevier, Amsterdam, 2004.

[116] Henderson, J. V., Kuncoro, A., M. Turner, "Industrial Development in Cities", *Journal of Political Economy*, 1995, 103 (2): 1067 – 1090.

[117] Henderson, J. V., "The Effects of Urban Concentration on Economic Growth", NBER Working Paper, No. 7503, 2000.

[118] Henderson, J. V., "Efficiency of Resource Usage and City Size", *Journal of Urban Economics*, 1986, 19 (2): 47 – 70.

[119] Henderson, J. V., "Externalities and Industrial Development", *Journal of Urban Economics*, 1997, 42 (3): 449 – 470.

[120] Henderson, J. V., "Increasing Returns to Scale, Free Trade and Factor Mobility: A Note on Equilibrium", *Canadian Journal of Economics*, 1972, 5 (2): 293 – 298.

[121] Henderson, J. V., "Marshall's Scale Economies", *Journal of Urban Economies*, 2003, 53 (1): 1 – 28.

[122] Henderson, J. V., "The Sizes and Types of Cities", *American Economic Review*, 1974, 64 (4): 640 – 656.

[123] Hoffman, W. G., *The Growth of Industrial Economies*, Manches-

ter, England: Manchester University Press, 1931.

[124] Hohenberg, M., L. Lees, *The Making of Urban Europe: 1000 - 1950*, United States: Harvard University Press, 1985.

[125] Hotelling, H., "Stability in Competition", *Economic Journal*, 1929, 39: 41 - 57.

[126] Howard, E., *Tomorrow, A Peaceful Path to Social Reform*, Swan Sonnenschein & Co., London, 1898.

[127] Humphery, J., H. Schimitz, "How Does Insertion in Global Value Chains Affect Upgrading in Industrial Clusters?", *Regional Studies*, 2002, 36 (9): 1017 - 1027.

[128] Ihara, R., "Factor Distribution, Capital Intensity and Spatial Agglomeration", *Annals of Regional Science*, 2005, 39 (1): 107 - 120.

[129] Isard, W., *Location and Space Economy*, Cambridge, MA: MIT Press, 1956.

[130] Jacob, J., "Late Industrialization and Structural Change: Indoensia, 1975 - 2000", *Oxford Development Studies*, 2005, 33 (3&4): 427 - 451.

[131] Jacobs, J., *The Economy of Cities*, New York: Vintage, 1969.

[132] Jaffe, A., M. Trajtenberg, "International Knowledge Flows: Evidence from Patent Citations", NBER Working Papers, No. 6507, 1998.

[133] Jaffe, A., Trajtenberg, M., R. Henderson, "Geographic Localization of Knowledge Spillovers as Evidenced by Patent Citationsa", *The Quarterly Journal of Economics*, 1993, 108 (2): 577 - 598.

[134] Jorgensen, D. W., "The Development of a Dual Economy", *Economic Journal*, 1961, 11: 309 - 334.

[135] Kaldor, N., "Market Imperfection and Excess Capacity", *Econometrica*, 1935, 2: 35 - 50.

[136] Keeble, D., F. Wilkinson, *High - technology Clusters, Networ-*

king and Collective Learning in Europe, Aldershot: Ashgate, 2000.

[137] Keeble, D., Lawson, C., Moore, B., F. Wilkinson, "Collective Learning Process, Networking and 'Institutional Thickness' in the Cambridge Region", Regional Studies, 1999, 33 (2): 295-303.

[138] Keller, W., "Geographic Localization of International Technology Diffusion", American Economic Review, 2002, 92 (3): 120-142.

[139] Kolko, J., "Agglomeration and Co-agglomeration of Service Industries", MPRA Discussion Paper, No. 3362, 2007.

[140] Kongsamut, P., Rebelo, S., D. Xie, "Beyond Balanced Growth Path", Review of Economic Studies, 2001, 68 (4): 869-882.

[141] Koopmans, T. C., M. J. Beckmann, "Assignment Problems and the Location of Economic Activities", Econometrica, 1957, 25: 1401-1414.

[142] Krugman, P., A. J., "Veneables, Globalization and the Inequality of Nations", The Quarterly Journal of Economics, 1995, 110 (4): 857-880.

[143] Krugman, P., Development, Geography and Economic Theory, Cambridge, MA: MIT Press, 1995.

[144] Krugman, P., Geography and Trade, Cambridge, MA: MIT Press, 1991a.

[145] Krugman, P., "Increasing Returns and Economic Geographya", Journal of Political Economy, 1991b, 99: 483-499.

[146] Krugman, P., "Scale Economies, Product Differentation and the Pattern of Trade", American Economic Review, 1980, 70 (3): 950-959.

[147] Kuznets, S., Economic Growth of Nations: Total Output and Production Structure, Cambridge, MA: Harvard University Press,

1971.

[148] Kuznets, S., *Growth and Structural Shifts*, London: Cornell University Press, 1979.

[149] Kuznets, S., "On Comparative Study of Economic Structure and Growth of Nations", NBER Working Paper, 1959.

[150] Kuznets, S., "Modern Economic Growth: Findings and Reflections", *American Economic Review*, 1973, 63 (3): 247-258.

[151] Lampard, E., "The History of Cities in the Economically Advanced Areas", *Economic Development and Cultural Change*, 1955, 3 (1): 81-136.

[152] Larson, E., Ackere, A., K. Warren, "The Growth of Service and the Service of Growth: Using System Dynamics to Understand Service Quality and Capital Allocation", *Decision Support Systems*, 1997, 19 (4): 271-287.

[153] Launhardt, W., *Mathematical Principles of Economics*, Aldershot: Edward Elgar, 1993.

[154] Ledebur, L., R. Moomaw, "A Shift-share Analysis of Regional Labor Productivity in Manufacturing", *Growth and Change*, 1983, 1 (1): 2-9.

[155] Leontief, W., *Structure of American Economy, 1919-1939*, New York: Oxford University Press, 1951.

[156] Levin, A., Lin C., C. Chu, "Unit Root Tests in Panel Data: Asymptotic and Finite-sample Properties", *Journal of Econometrics*, 2002, 108 (1): 1-24.

[157] Lewis, W. A., "Economic Development with Limited Supply of Labor", *The Manchester School of Economic and Social Studies*, 1954, 5: 139-191.

[158] Li, D., Lu, Y., M. Wu, "Industrial Agglomeration and Firm Size: Evidence from China", *Regional Science and Urban Economics*, 2011, 42 (1): 135-143.

[159] Lu, J., Z. Tao, "Trends and Determinants of China's Industrial Agglomeration", *Journal of Urban Economics*, 2009, 65 (3): 167-180.

[160] Lucas, R. E., "Externalities and Cities", *Review of Economic Dynamics*, 2001, 4 (2): 245-274.

[161] Lucas, R. E., "Life Earnings and Rural - urban Migration", *Journal of Political Economy*, 2004, 112 (1): 29-59.

[162] Lucas, R. E., "On the Mechanics of Economic Development", *Journal of Monetary Economics*, 1988, 22 (1): 3-42.

[163] Lucio, D., Herce, J., A. Goicolea, "The Effect of Externalities on Productivity Growth in Spanish Industry", *Regional Science and Urban Economics*, 2002, 32 (2): 241-258.

[164] Marshall, A., *Principles of Economics*, London: Macmillan Press, 1890.

[165] Martin, P., G. Ottaviano, "Growing Locations: Industry Locations in a Model of Endogenous Growth", *European Economic Review*, 1999, 43 (3): 281-302.

[166] Massard, N., S. Riou, "Impact of Structure, Location and Innovation in France: Specialization or Diversity?", *Regions of Development*, 2002, 16 (2): 111-136.

[167] Matsuyama, K., "Agricultural Productivity, Comparative Advantage and Economic Growth", *Journal of Economic Theory*, 1992, 58 (2): 317-334.

[168] McCoskey, S., C. Kao, "A Residual - Based Test of the Null of Cointegration in Panel Data", *Econometric Reviews*, 1998, 17 (1): 57-84.

[169] Melitz, M. J., "The Impact of Trade on Intra - industry Reallocations and Aggregate Industry Productivity", *Econometrica*, 2003, 71 (6): 1695-1725.

[170] Miller, R., P. Blair, *Input - output Analysis: Foundations and*

Extensions, London: Cambridge, 2009.

[171] Mills, E. S., *Studies in the Structure of the Urban Economy*, Baltimore: The Johns Hopkins University Press, 1972.

[172] Mirrlees, J., "The Optimum Town", *Swedish Journal of Economics*, 1972, 74: 114 – 135.

[173] Mitra, A., H. Sato, "Agglomeration Economies in Japan: Technical Efficiency, Growth and Unemployment", *Review of Urban and Regional Development Studies*, 2007, 19 (3): 197 – 209.

[174] Moomaw, R., A. Shatter, "Urbanization and Economic Development: A Bias toward Large Cities", *Journal of Urban Economics*, 1996, 40 (1): 13 – 37.

[175] Mori, T., Nishikimi, K., T. E. Smith, On the Empirical Identification of Industrial Agglomerations and Their Spatial Coordination, Institute of Economic Research, Kyoto University, 2005.

[176] Mun, S., G. Hutchinson, "Empirical Analysis of Office Rent and Agglomeration Economies: A Case Study of Toronto", *Journal of Regional Science*, 1995, 35 (2): 437 – 455.

[177] Murata, Y., "Engel's law, Petty's law, and Agglomeration", *Journal of Development Economics*, 2008, 87 (1): 161 – 177.

[178] Myrdal, G., *Economic Theory and Underdeveloped Regions*, London: Duckworth, 1957.

[179] Neven, D., G. Siotis, "Technology Sourcing and FDI in the EC: An Empirical Evaluation", *International Journal of Industrial Organization*, 1996, 14 (5): 543 – 560.

[180] Ngai, R., C. Pissarides, "Structural Change in a Multisector Model of Growth", *American Economic Review*, 2007, 97 (1): 429 – 443.

[181] Ogawa, H., M. Fujita, "Equilibrium Land Use Patterns in a Non – monocentric City", *Journal of Regional Science*, 1980, 20: 455 – 475.

[182] Ohlin, B. , *Interregional and International Trade*, Cambridge: Harvard University Press, 1933.

[183] Okubo, T. , "Anti – agglomeration Subsides with Heterogeneous Firms", RIEB Discussion Paper Series, 2011.

[184] Okubo, T. , E. Tomiura, Industrial Relocation Policy and Heterogeneous Plants Sorted by Productivity: Evidence from Japan, Research Institute for Economics & Business Administration, Kobe University, 2010.

[185] Okubo, T. , Picard, P. M. , J. F. Thisse, "On the Impact of Competition on Trade and Firm Location", *Journal of Regional Science*, 2014, 54 (5): 731 – 754.

[186] Oort, V. F. , "Innovationa and Agglomeration Economies in the Netherlands", *Tijdschrift voor Economische en Sociale Geografie*, 2002, 93 (3): 344 – 360.

[187] Oosterhaven, J. , L. Broersma, "Sector Structure and Cluster Economies: A Decomposition of Regional Labor Productivity", *Regional Studies*, 2007, 41 (5): 639 – 659.

[188] Ota, M. , M. Fujita, "Communication Technologies and Spatial Organization of Multi – unit Firms in Metropolitan Areas", *Regional Science and Urban Economics*, 1993, 23: 695 – 729.

[189] Ottaviano, G. , Firm Heterogeneity, Endogenous Entry and the Business Cycle, NBER International Seminar on Macroeconomics, University of Chicago Press, 2012, 8 (1): 57 – 86.

[190] Ottaviano, G. , Tabuchi, T. , J. F. Thisse, "Agglomeration and Trade Revisited", *International Economic Review*, 2002, 43 (2): 409 – 435.

[191] Ottaviano, G. , "New 'New' Economic Geography: Firm Heterogeneity and Agglomeration Economies", *Journal of Economic Geography*, 2011, 11 (2): 231 – 240.

[192] Paci, R. , S. Usai, "Externalities, Knowledge Spillovers and the

Spatial Distribution of Innovation", *Geo Journal*, 1999, 49 (4): 381 - 390.

[193] Pender, M., Kaniovski, S., B. Dachs, "What Follows Tertiarisation? Structural Change and the Role of Knowledge - based Services", *The Service Industries Journal*, 2003b, 23 (1): 47 - 66.

[194] Pender, M., "Structural Change and Aggregate Growth", WIFO Working Paper, Austrian Institute of Economic Research, Vienna, 2002.

[195] Picard, P. M., D. Z. Zeng, "Agriculture Sector and Industrial Agglomeration", *Journal of Development Economics*, 2005, 77 (1): 75 - 106.

[196] Porter, M. F., *The Competitive Advantage of Nations*, New York: Free Press, 1990.

[197] Puga, D., "The Magnitude and Causes of Agglomeration Economies", *Journal of Regional Science*, 2010, 50 (1): 203 - 219.

[198] Quah, D., "Twin Peaks: Growth and Convergence in Models of Distribution Dynamics", *The Economic Journal*, 1996, 106 (2): 1045 - 1055.

[199] Quigley, J. M., "Urban Diversity and Economic Growth", *The Journal of Economic Perspectives*, 1998, 12 (2): 127 - 138.

[200] Rahman, A., Hesham, M., M. Fujita., "Specialization and Diversification in a System of Cities", *Journal of Urban Economics*, 1993, 30 (2): 159 - 184.

[201] Rahman, A., M. "Hesham, Agglomeration Economies, Types and Sizes of Cities", *Journal of Urban Economics*, 1990, 27 (1): 25 - 45.

[202] Rahman, A., M. "Hesham, When Do Cities Specialize in Production?", *Regional Science and Urban Economics*, 1996, 26 (1): 1 - 22.

[203] Richardson, H., "National Urban Development Strategies in De-

veloping Countries", *Urban Studies*, 1981, 18 (3): 267 - 283.

[204] Roethorn, R., R. Ramaswamy, "Growth, Trade and Deindustrialization", *IMF Staff Papers*, 1999, 46 (1): 18 - 41.

[205] Rosenthal, S., W. Strange, *Evidence on the Nature and Sources of Agglomeration Economies*, Handbook of Regional and Urban Economics, Vol. 4. Elsevier, Amsterdam, 2004.

[206] Rosenthal, S., W. Strange., "Geography, Industrial Organization and Agglomeration", *Review of Economics and Statistics*, 2003, 85 (2): 377 - 393.

[207] Samuelson, P. A., "The Transfer Problem and Transport Cost II: Analysis of Effects of Trade Impediments", *Economic Journal*, 1954, 64: 264 - 289.

[208] Savona, M., A. Lorentz, "Demand and Technology Determinants of Structural Change and Tertiarisation: An Input - output Structural Decomposition Analysis for 4 OECD Countries", Working Papers of BETA 2006 - 01, 2006.

[209] Saxenian, A. L., *Regional Advantage: Culture and Competition in Silicon Valley and Route*, Harvard University Press, 1994.

[210] Sbergami, F., "Agglomeration and Economic Growth: Some Puzzles", HEI Working Paper, No. 2, 2002.

[211] Schweizer, U., P. Varaiya, "The Spatial Structure of Production with a Leontief Technology", *Regional Science and Urban Economics*, 1976, 6: 231 - 251.

[212] Scotchmer, S., J. F. Thisse, "Space and Competition: A Puzzle", *Annals of Regional Science*, 1992, 26: 269 - 286.

[213] Scott, A. J., "Flexible Production Systems and Regional Development: The Rise of New Industrial Spaces in North America and Western Europe", *International Journal of Urban and Regional Science*, 1988, 12 (3): 1551 - 1563.

[214] Singh, L., Technological Progress, Structural Change and Pro-

ductivity Growth in Manufacturing Sector of South Korea, The Institute of World Economy, Seoul National University, 2004.

[215] Solow, R. M., "A Contribution to the Theory of Economic Growth", *The Quarterly Journal of Economics*, 1956, 70 (1): 65-94.

[216] Starrett, D., "Market Allocations of Location Choice in a Model with Free Mobility", *Journal of Economic Theory*, 1978, 17: 21-37.

[217] Strulik, H., J. Weisdorf, "Population, Food and Knowledge: A Simple Unified Growth Theory", *Journal of Economic Growth*, 2008, 13 (3): 195-216.

[218] Tabuchi, T., J. F. Thisse, "A New Economic Geography Model of Central Places", *Journal of Urban Economics*, 2011, 69 (1): 240-252.

[219] Tamura, R., "Human Capital and the Switch from Agriculture to Industry", *Journal of Economic Dynamics and Control*, 2002, 27 (2): 207-242.

[220] Timmer, M., A. Szirmai, "Productivity Growth in Asia Manufacturing: The Structural Bonus Hypothesis Examined", *Structural Change and Economic Dynamics*, 2000, 35 (1): 371-392.

[221] Van, A. B., M. Timmer, "Aisa's Prodictivity Performance and Potential: The Contribution of Sectors and Structural Change", University of Groningen and Conference Board: Groningen, The Netherlands, 2003.

[222] Venables, A., "Productivity in Cities: Self-selection and Sorting", *Journal of Economic Geography*, 2011, 11 (2): 241-251.

[223] Venables, A. J., "Equilibrium Locations of Vertically Linked Industries", *International Economic Review*, 1996, 37 (2): 341-360.

[224] Veneables, A. J., "Productivity in Cities: Self-selection and Sorting", *Journal of Economic Geography*, 2011, 11 (2): 241-252.

[225] Verspagen, B., "Evolutionary Marcoeconomics: A Synthesis between Neo-Schumpeterian and Post-Keynesian Lines of Thought", *The Electronical Journal of Evolutionary Model and Economic Dynamics*, 2002, 10 (7): 212-228.

[226] Wallsten, S. J., "An Empirical Test of Geographic Knowledge Spillovers using Geographic Information Systems and Firm-level Data", *Regional Science and Urban Economics*, 2001, 31 (1): 571-599.

[227] Yang, R., C. He, "Intermediaries and Export Agglomeration", Peking University, Mimeo, 2011.

[228] Young, A., "The Razor's Edge: Distortions and Incremental Reform in the People's Republic of China", *The Quarterly Journal of Economics*, 2000, 115 (4): 1091-1135.

[229] 阿尔弗雷德·韦伯:《工业区位论》,李钢剑等译,商务印书馆2010年版。

[230] 爱德华·格莱泽:《城市的胜利》,刘润泉译,上海社会科学院出版社2012年版。

[231] 奥古斯特·廖什:《经济空间秩序——经济财货与地理间的关系》,王守礼译,商务印书馆2010年版。

[232] 白重恩、杜颖娟、陶志刚、仝月婷:《地方保护主义及产业地区集中度的决定因素和变动趋势》,《经济研究》2004年第4期。

[233] 薄文广:《外部性与产业增长——来自中国省级面板数据的研究》,《中国工业经济》2007年第4期。

[234] 蔡昉、王德文:《中国经济增长可持续性与劳动贡献》,《经济研究》1999年第10期。

[235] 曹裕、陈晓红、马跃如:《城市化、城乡收入差距与经济增

长——基于我国省级面板数据的实证研究》,《统计研究》2010 年第 3 期。

[236] 陈国亮、陈建军:《产业关联、空间地理与第二和第三产业共同集聚——来自中国 212 个城市的经验考察》,《管理世界》(月刊) 2012 年第 4 期。

[237] 陈建军、陈国亮、黄洁:《新经济地理学视角下的生产性服务业集聚及其影响因素研究——来自中国 222 个城市的经验证据》,《管理世界》2009 年第 4 期。

[238] 陈良文、杨开忠、沈体雁、王伟:《经济集聚密度与劳动生产率差异——基于北京市微观数据的实证研究》,《经济学》(季刊) 2008 年第 1 期。

[239] 陈明森、陈爱贞、张文刚:《升级预期、决策偏好与产业垂直升级——基于我国制造业上市公司实证分析》,《中国工业经济》2012 年第 2 期。

[240] 陈钊、陆铭、许政:《中国城市化和区域发展的未来之路:城乡融合,空间集聚与区域协调》,《江海学刊》2009 年第 2 期。

[241] 大卫·李嘉图:《政治经济学及赋税原理》,丰俊功译,光明日报出版社 2009 年版。

[242] 邓慧慧:《中国三大都市圈经济增长趋于收敛还是发散——基于协整分析和 Granger 因果检验》,《城市发展研究》2011 年第 11 期。

[243] 董青、刘海珍、刘加珍、李玉江:《基于空间相互作用的中国城市群体系空间结构研究》,《经济地理》2010 年第 6 期。

[244] 董晓芳、袁燕:《企业创新、生命周期与聚集经济》,《经济学》(季刊) 2014 年第 2 期。

[245] 段瑞君、安虎森:《中国城市化和经济增长关系的计量分析》,《经济问题探索》2009 年第 3 期。

[246] 樊福卓:《地区专业化的度量》,《经济研究》2007 年第 9 期。

[247] 范剑勇:《产业集聚与地区间劳动生产率差异》,《经济研究》2006 年第 11 期。

[248] 范剑勇、石灵云：《产业外部性、企业竞争环境与劳动生产率》，《管理世界》（月刊）2009 年第 8 期。

[249] 方创琳、宋吉涛、张蔷：《中国城市群结构体系的组成与空间分异格局》，《地理学报》2005 年第 9 期。

[250] 傅十和、洪俊杰：《企业规模、城市规模与集聚经济——对中国制造业企业普查数据的实证分析》，《经济研究》2008 年第 11 期。

[251] 干春晖、郑若谷：《改革开放以来产业结构演进与生产率增长研究——对中国 1978—2007 年"结构红利"假说的检验》，《中国工业经济》2009 年第 2 期。

[252] 高峰、刘志彪：《产业协同集聚：长三角经验及对京津唐产业发展战略的启示》，《河北学刊》2008 年第 1 期。

[253] 国家统计局：《中国统计年鉴》，中国统计出版社 1999—2013 年版。

[254] 国家统计局国民经济综合统计司：《新中国六十年统计资料汇编》，中国统计出版社 2010 年版。

[255] 韩峰、王琢卓、李玉双：《生产性服务业集聚与城市经济增长——基于湖南省地级城市面板数据》，《产业经济研究》2011 年第 6 期。

[256] 韩燕、聂华林：《我国城市化水平与区域经济增长差异实证研究》，《城市问题》2012 年第 4 期。

[257] 贺灿飞、潘峰华：《中国城市产业增长研究：基于动态外部性与经济转型视角》，《地理研究》2009 年第 3 期。

[258] 胡建伟：《沿海经济带与腹地经济面互动发展研究》，《管理世界》2010 年第 2 期。

[259] 胡毅、张京祥：《基于县域尺度的长三角城市群经济空间演变特征研究》，《经济地理》2010 年第 7 期。

[260] 霍利斯·钱纳里、鲁宾逊、塞尔奎因：《工业化和经济增长的比较研究》，吴奇、王松宝译，上海三联书店 1989 年版。

[261] 江静、刘志彪：《商务成本：长三角企业分布新格局的决定因

素考察》,《上海经济研究》2006 年第 11 期。

[262] 杰拉尔德·梅尔、詹姆斯·劳赫:《经济发展的前沿问题》,黄仁伟、吴雪明等译,上海人民出版社 2004 年版。

[263] 金荣学、解洪涛:《中国城市化水平对省际经济增长差异的实证分析》,《管理世界》(月刊)2010 年第 2 期。

[264] 金祥荣、朱希伟:《专业化产业区的起源和演化——一个历史与理论视角的考察》,《经济研究》2002 年第 8 期。

[265] 雷朝阳、陈永秀:《环鄱阳湖城市群发展阶段的判定分析》,《城市发展研究》2009 年第 11 期。

[266] 李金滟、宋德勇:《专业化、多样化与城市集聚经济——基于中国地级单位面板数据的实证研究》,《管理世界》(月刊)2008 年第 2 期。

[267] 李思慧:《产业集聚、人力资本与能源效率》,《财贸经济》2011 年第 8 期。

[268] 李小平:《中国制造业劳动生产率增长的源泉及其特征:基于"结构红利假说"的实证检验》,《当代财经》2008 年第 3 期。

[269] 李小平、陈勇:《劳动力流动、资本转移和生产率增长》,《统计研究》2007 年第 7 期。

[270] 李艳宏、齐俊妍:《跨国生产与垂直专业化:一个新经济地理学分析框架》,《世界经济》2008 年第 9 期。

[271] 梁琦、李晓萍、简泽:《异质性企业的空间选择与地区生产率差距研究》,《统计研究》2013 年第 6 期。

[272] 梁琦、詹亦军:《产业集聚、技术进步和产业升级:来自长三角的证据》,《产业经济评论》2005 年第 12 期。

[273] 林毅夫、苏剑:《新结构经济学:反思经济发展与社会政策的理论框架》,北京大学出版社 2014 年版。

[274] 刘培林、宋湛:《服务业和制造业企业法人绩效比较》,《经济研究》2007 年第 1 期。

[275] 刘伟、蔡志洲:《技术进步、结构变动与改善国民经济中间消耗》,《经济研究》2008 年第 4 期。

[276] 刘伟、李绍荣：《中国的地区经济结构与平衡发展》，《中国工业经济》2005年第4期。

[277] 刘伟、张辉：《中国经济增长中的产业结构变迁和技术进步》，《经济研究》2008年第11期。

[278] 刘雅南、邵宜航：《中国户籍制度下的城市化与结构转变》，《经济学动态》2013年第1期。

[279] 刘志彪：《国际贸易和直接投资：基于产业经济学的分析》，《南京大学学报》（哲学·人文科学·社会科学版）2002年第3期。

[280] 刘志彪、郑江淮：《服务业驱动长三角》，中国人民大学出版社2008年版。

[281] 陆铭、陈钊：《城市化、城市倾向的经济政策与城乡收入差距》，《经济研究》2004年第6期。

[282] 陆铭、陈钊、朱希伟、徐现祥：《中国区域经济发展：回顾与展望》，格致出版社2011年版。

[283] 陆铭等：《中国的大国经济发展道路》，中国大百科全书出版社2008年版。

[284] 路江涌、陶志刚：《中国制造业区域聚集及国际比较》，《经济研究》2006年第3期。

[285] 吕铁：《制造业结构变化对生产率增长的影响研究》，《管理世界》2002年第2期。

[286] 马国霞、石敏俊、李娜：《中国制造业产业间集聚度及产业间集聚机制》，《管理世界》（月刊）2007年第8期。

[287] 孟可强、陆铭：《中国的三大都市圈：辐射范围及差异》，《南方经济》2011年第2期。

[288] 聂辉华、江艇、杨汝岱：《中国工业企业数据库的使用现状和潜在问题》，《世界经济》2012年第5期。

[289] 皮埃尔-菲利普·库姆斯、蒂里·迈耶、雅克-弗朗索瓦·蒂斯：《经济地理学：区域和国家一体化》，安虎森等译，中国人民大学出版社2011年版。

［290］普兰纳布·巴德汉、克里斯托弗·尤迪：《发展微观经济学》，陶然译，北京大学出版社 2002 年版。

［291］乔彬、李国平：《城市群形成的产业机理》，《经济管理》2007 年第 22 期。

［292］丘海雄、徐建牛：《产业集群技术创新中的地方政府行为》，《管理世界》2004 年第 10 期。

［293］任晶、杨青山：《产业多样化与城市增长的理论及实证研究》，《地理科学》2008 年第 5 期。

［294］沈坤荣、蒋锐：《中国城市化对经济增长影响机制的实证研究》，《统计研究》2007 年第 6 期。

［295］世界银行：《2009 年世界发展报告：重塑世界经济地理》，胡光宇译，清华大学出版社 2009 年版。

［296］苏红键、赵坚：《产业专业化、职能专业化与城市经济增长》，《中国工业经济》2011 年第 4 期。

［297］苏振东、金景仲、王小红：《中国产业结构演进中存在"结构红利"吗——基于动态偏离份额分析法的实证研究》，《财经科学》2012 年第 2 期。

［298］藤田昌久、雅克-弗朗斯瓦·蒂斯：《集聚经济学：城市、产业区位与全球化》，石敏俊等译，格致出版社、上海三联书店、上海人民出版社 2014 年版。

［299］汪德华、张再金、白重恩：《政府规模、法治水平与服务业发展》，《经济研究》2007 年第 6 期。

［300］王成新、王格芳、刘瑞超、王明苹、李新华、姚士谋：《高速公路对城市群结构演变的影响研究——以山东半岛城市群为例》，《地理科学》2011 年第 1 期。

［301］王缉慈：《创新的空间——企业集群与区域发展》，北京大学出版社 2001 年版。

［302］王小鲁：《中国城市化路径与城市规模的经济学分析》，《经济研究》2010 年第 10 期。

［303］威廉·配第：《政治算术》，马妍译，中国社会科学出版社

2010年版。

[304] 文玫：《中国工业在区域上的重新定位和聚集》，《经济研究》2004年第2期。

[305] 沃尔特·克里斯塔勒：《德国南部中心地原理》，常正文等译，商务印书馆2010年版。

[306] 吴福象、刘志彪：《城市化群落驱动经济增长的机制研究——来自长三角16个城市的经验证据》，《经济研究》2008年第11期。

[307] 吴三忙、李善同：《专业化、多样化与产业增长关系——基于中国省级制造业面板数据的实证研究》，《数量经济技术经济研究》2011年第8期。

[308] 吴小波、曾铮：《"圈层"经济结构和我国区域经济协调发展》，《产业经济研究》2007年第2期。

[309] 肖小龙、姚慧琴、常建新：《中国西部城市群全要素生产率研究：2001—2010》，《西北大学学报》（哲学社会科学版）2012年第5期。

[310] 薛东前、姚士谋、张红：《关中城市群的功能关系与结构优化》，《经济地理》2000年第6期。

[311] 亚当·斯密：《国民财富的性质和原因的研究》，郭大力、王亚南译，商务印书馆1983年版。

[312] 杨开忠：《中国区域发展研究》，海洋出版社1999年版。

[313] 姚士谋、王书国、陈爽：《区域发展中"城市群"现象的空间系统探索》，《经济地理》2006年第5期。

[314] 姚奕、郭军华：《我国城市化与经济增长的因果关系研究——基于1978—2007年东、中、西部、东北地区面板数据》，《人文地理》2010年第6期。

[315] 姚志毅、张亚斌：《全球生产网络下对产业结构升级的测度》，《南开经济研究》2011年第6期。

[316] 余静文、王春超：《城市群落崛起、经济集聚与全要素生产率——基于京津冀、长三角和珠三角城市圈的分析》，《产经

评论》2011年第3期。

[317] 余良春、付强：《地区行政垄断与区域产业同构互动关系分析——基于省际的面板数据》，《中国工业经济》2008年第6期。

[318] 约翰·冯·杜能：《孤立国同农业和国民经济的关系》，吴衡康译，商务印书馆1986年版。

[319] 张萃：《异质性企业构成与产业集聚技术升级效应分解》，《当代财经》2014年第3期。

[320] 张萃、赵伟：《产业集聚与创新：命题梳理与微观机制分析》，《科学管理研究》2010年第3期。

[321] 张卉、詹宇波、周凯：《集聚、多样性和地区经济增长：来自中国制造业的实证研究》，《世界经济文汇》2007年第3期。

[322] 张杰、张少军、刘志彪：《多维技术溢出效应、本土企业创新动力与产业升级的路径选择——基于中国地方产业集群形态的研究》，《管理世界》2007年第3期。

[323] 张军、陈诗一、G. H. Jefferson：《结构改革与中国工业增长》，《经济研究》2009年第7期。

[324] 张军、吴桂英、张吉鹏：《中国省际物质资本存量估算：1952—2000》，《经济研究》2004年第10期。

[325] 张旭亮、宁越敏：《长三角城市群城市经济联系及国际化空间发展战略》，《经济地理》2011年第3期。

[326] 张亚斌、黄吉林、曾铮：《城市群、"圈层"经济与产业结构升级——基于经济地理学理论视角的分析》，《中国工业经济》2006年第12期。

[327] 章祥荪、贵斌威：《中国全要素生产率分析：Malmquist指数法评述与应用》，《数量经济技术经济研究》2008年第6期。

[328] 赵建吉、曾刚：《专业化、多样化与产业增长——以中原城市群为例》，《经济问题探索》2009年第8期。

［329］ 中国宏观经济增长与稳定课题组：《城市化、产业效率与经济增长》，《经济研究》2009 年第 10 期。

［330］ 周鹏、余珊萍、韩剑：《生产性服务业与制造业价值链升级间相关性的研究》，《上海经济研究》2010 年第 9 期。